中国传统文化教育研究

陈 苗◎著

中国原子能出版社
China Atomic Energy Press

图书在版编目（CIP）数据

中国传统文化教育研究 / 陈苗著 . -- 北京 : 中国原子能出版社 , 2022.12

ISBN 978-7-5221-2573-2

Ⅰ . ①中… Ⅱ . ①陈… Ⅲ . ①中华文化－文化教育－教育研究 Ⅳ . ① K203

中国版本图书馆 CIP 数据核字 (2022) 第 241639 号

中国传统文化教育研究

出版发行 中国原子能出版社（北京市海淀区阜成路 43 号 100048）

责任编辑 马世玉

责任印制 赵 明

印　　刷 北京天恒嘉业印刷有限公司

经　　销 全国新华书店

开　　本 787mm × 1092mm 1/16

印　　张 14.625

字　　数 290 千字

版　　次 2022 年 12 月第 1 版 2022 年 12 月第 1 次印刷

书　　号 ISBN 978-7-5221-2573-2 定 价 76.00 元

前言

中国传统文化历史源远流长，其内涵博大精深。当年，英国哲学家怀特海在中国文化衰落到极点时的 20 世纪初评价世界各大文明的地位和影响时说："就文明的历史之悠远和影响之深远来看，中华文明是世界上自古以来最伟大的发明"，可见中国文化在世界历史上所留下的印记是多么深刻。中国文化自古号称"雄踞万邦"，在周边国家的心目中具有极为崇高的地位，对周边各国的文化发展产生了巨大的影响。灿烂的中国文化闪烁着智慧之光，这光照亮着我们人生的智慧之门。

中国传统文化是中华文明成果根本的创造力，是民族历史上道德传承、各种文化思想、精神观念形态的总体。中国传统文化亦叫华夏文化、华夏文明，是中国五千年优秀文化的统领，且流传年代久远，分布广阔。文化是宇宙自然规律的描述，文化是道德的外延；文化是软实力，是决定一切的内在驱动力；文化又是社会意识形态，是中华民族的思想精神，是社会政治和经济的根本。

中国文化灿烂辉煌、博大精深、源远流长、兼容并蓄、形式多样、传承不衰、举世敬仰。古代文学，佳作纷呈；古代史学，群星闪亮；古代哲学，大师辈出；科学技术，影响深广；教育科举，人才济济；宗教信仰，本土味强；传统艺术，魅力无穷；礼仪习俗，独具风尚；伦理道德，美谈众多；典章制度，历经沧桑；语言文字，独一无二。

中国传统文化的智慧是中国人生存发展的精神动力和文化源泉。它体现于伟大的、悠久的中国传统，浓缩于古圣先贤奉献给我们的精神财富，凝结为儒家、释家、道家、兵家等思想文化形态，并渗透中国人的生活。作为炎黄子孙共有的精神归宿，在受到了长时间的冲击和漠视后，传统文化在最近几年又走向了兴盛。中国传统文化具有鲜明的历史特征与时代精神，与世界历史上任何一种文化形态一样。我们以历史主义的态度冷静地考察它在中国历史上的地位与作用，就能发现其独特的价值。

本书的主要内容包括儒家思想、释家思想、道家思想、兵家思想、阴阳五行、教育之光、文学殿堂、民俗风情、科学技术、艺韵人生等。

在本书编写过程中，参考了许多文献资料与图片，在此向有关专家、学者致以最诚挚的谢意！限于时间和能力，书中尚有诸多不尽如人意之处，敬请广大同人、学者不吝赐教！

目 录

第一章　儒家思想——为人之道

儒家思想是先秦诸子百家学说之一。儒家思想也称为儒教或儒学，由孔子创立，最初指的是司仪，后来以此为基础，逐渐形成完整的儒家思想体系，成为中国传统文化的主流，影响深远。它是中国影响最大的流派，也是中国古代的主流意识。儒家学派对中国、东亚乃至全世界都产生过深远的影响。

一、仁爱待人

儒家是中国优秀传统文化的集大成者，儒家思想在中国历史发展进程中有着不可磨灭的历史意义，深深地影响着整个华夏民族。儒家思想的内核可以概括为仁、义、礼、智、信、勇、恕、诚、忠、孝、悌。而“仁”又是儒家思想核心之核心。《礼记·中庸》有语：“仁者，人也。”“仁”是传统文化当中对于为人处世的大学问，很好地理解“仁”并继承和发扬“仁”的精神，对于当今社会有很深刻的现实意义。

从字形中我们就可以清楚地知道，“仁”代表两个人的关系，是人与人之间交往的方式，是为人处世的哲学。纵观当今社会，随着经济高速发展，人们一味追求自身利益的同时，有多少人摒弃了“仁”，甚至背离了“仁”。为官不仁，背离了为人民服务的宗旨，“庸懒散贪奢”，“四风问题”严重；为商不仁，背离了道德甚至越过了法律，“地沟油”上饭桌等食品安全问题严重；为医不仁，本该悬壶济世的职业成了某些人疯狂牟利的窗口，看病难、庸医误诊、医疗事故等事件频发。我们希望看到一个和谐社会，我们也希望共同营造一个和谐社会。而社会出现的这些问题确实应该引起我们的重视。呼唤人们在生活中回归“仁”的本质是十分必要的。

（一）仁以育人，有教无类

仁以育人，有教无类。《论语· 卫灵公》中记录了孔子的这样一段话：“子曰：‘有教无类。’”意思是说教育没有种类的差别，所有人无论贫富、贵贱、善恶、智愚，人人都可以接受教育。从古至今用来说，一方面，让每个人享受平等的教育是党和国家的义务，是对人民的承诺，是维护公平正义的基础。让人民享有平等受教育的权利，是对我国最广大人民利益的保护。教育是贫穷人家孩子改变自己命运的唯一途径和机遇，维护好平等受教育的机会，才能杜绝“一代穷，代代穷”的现实悲剧的发生。另一方面，教化人也是一项社会责任，无论被教化的人曾经有多么邪恶，我们都应该用真心去感召他们向善。

（二）仁以处人，推己及人

仁以处人，推己及人。《论语 · 卫灵公》有云：“己所不欲，勿施于人。”这既说明了人与人之间相处的哲学，又为人们的行为树立了标杆。一方面，人与人之间相处要将心比心，你不愿意做的事，不要强人所难。生活中我们大多数人都是以我为中心，万事要服务于我，而忘记了我们都是社会群众中的一分子，而非单独的个体存在。个体的行为有时应该多考虑群体的利益。人们如果都能以“己所不欲，勿施于人”作为自己的行为准则，生活中就会少一些摩擦，离和谐社会就会更进了一步。另一方面，无论是为官者，还是为商者、为医者等，“己所不欲，勿施于人”不也应该是各行各业该遵循的准则吗？为官者，只有深悟了这个道理，坚持走群众路线，时时刻刻心里装着老百姓，时时刻刻想着老百姓的难处，才能成为一个好官。为商者，如果设身处地为消费者着想，“地沟油”怎么会出现并流入餐桌？如果设身处地为顾客着想，在乎他们的感受，服务怎么会不好？商品怎么会不畅销？为医者，如果能设身处地为病人着想，做到医者父母心，怎么会出现那么多的医患纠纷？

（三）仁以待人，博施济众

仁以待人，博施济众。《论语·雍也》有云：“子贡曰：‘如有博施于民而能济众，何如？可谓仁乎？’”博施济众是要求我们要做到广施恩惠、拯救众民，形成一个公益性的社会。中国还处在一个发展不平均、贫富差距较大的阶段，我们的身边都存在着急需我们施以援手的人。我们应常怀“仁心”，当身边遇到需要帮助的人时，能主动有意识地去帮助他人，携手构建一个和谐友爱、平等互助的社会主义国家。

总而言之，“仁”是一种处世的哲学，也是一种行为的准则。只有做到仁以育人、仁以处人、仁以待人，这个社会才能做到有序和谐，这个国家才能实现政通人和。只有提升了中国的文化软实力，这个东方大国才能更好地屹立于世界之林。

二、公平正义

在历史上，儒家的社会理想与制度设计多是针对当世的弊病提出，并用来批评、指导当世的；儒家思想与专制体制是有距离的。儒家和谐社会思想的一个重要内容就是公平、公正、正义论。我们知道，没有抽象的公平正义，任何时空条件下的公平正义都是历史的、具体的。

（一）“富民”与“均富”论

孔子治国安民的主张是“庶、富、教”，“富之”“教之”（《论语·子路》），庶而后富，富而后教，肯定民生，强调藏富于民，把维护老百姓的生存权与受教育权看作为政之本。孔子所重在“民、食、丧、祭”（《论语 · 尧曰》），重视百姓的吃饭与生死问题，主张如子产那样“养民也惠”“使民也义”（《论语·公冶长》）。孔子说“节用而爱人，使民以时”（《论语·学而》），希望统治者不违农时，做到“恭、宽、信、敏、惠”（《论语·阳货》），“因民之所利而利之，斯不亦惠而不费乎？择可劳而劳之，又谁怨？”（《论语·尧曰》）这都是孔子“仁爱”思想与“仁政”学说的题中应有之义。孔子注意到分配正义、社会公正问题，反对贫富过于悬殊，指出“不患寡而患不均，不患贫而患不安。盖均无贫，和无寡，安无倾”（《论语·季氏》）。他对冉求说的这番话，是针对春秋末期季孙氏等新贵之暴富而提出的，意思是说，各诸侯或大夫不必着急自己的财富不多，而需要顾虑的是财富分配的不均，那会导致诸侯之国与大夫之家的颠覆。若是财富平均，消灭了贫穷，境内团结、平安、和睦，不仅不会倾危，而且还会有远处的人来归服于你。

孟子主张保障老百姓的财产权，他对齐宣王说：“无恒产而有恒心者，惟士为能。若民，则无恒产，因无恒心。苟无恒心，放辟邪侈，无不为已。及陷于罪，然后从而刑之，是罔民也……是故明君制民之产，必是仰足以事父母，俯足以畜妻子，乐岁终身饱，凶年免于死亡；然后驱而之善，故民之从之也轻。”（《孟子·梁惠王上》）良好的政治一定是使老百姓有产业、有收入的政治；一定要保证他们的收入所得；好年成，丰衣足食；坏年成，不至于饿死；然后再诱导他们走上善良的道路。老百姓就会拥戴你，跟着你走。孟子引用公明仪的话，严厉批判了战国中期的社会不公：“庖有肥肉，厩有肥马，民有饥色，野有饿莩，此率兽而食人也。”（《孟子·梁惠王上》）他主张“施仁政于民，省刑罚、薄税敛”（《孟子·梁惠王上》）。《孟子》书中多处谈到老百姓“八口之家”“五亩之宅”“百亩之田”的农家生活理想。

当然，孔子和先秦儒家不是绝对的平均主义者，他们重“礼”执“礼”。“礼”是社会公共生活的规范与秩序，随时空条件不同而有不同的变化。“礼”的功能是使社会财富与权力的分配与再分配有等级、有节度、有秩序，并导之以整体和谐。荀子指出，为了避免财产与权力分配上的混乱与争斗，先王制定礼来划分人群，使他们有贫富、贵贱的差别，但贫富、贵贱的差别一定要相称，符合中道，不能失去平衡。荀子主张的“礼”是使“贵贱有等，长幼有差，贫富轻重皆有称”（《荀子·礼论》）。“礼本于天”，“礼”的秩序源于宇宙的秩序。“天无私覆，地无私载”。秩序的价值有神圣性，同时就有抽象性、合理性、公共性、公义的内涵。这种人与人的差异性社会原则的“礼”不仅受制于“天”，而且其内在精神是“仁”。“仁”高于“礼”。荀子在肯定人的现实存在的社会性差异时，并没有忘记“公平”“正义”。综合孟子、荀子的思想，可以表达为：王者的法制，均等赋税，平正民事，裁制万物，这是用来抚养万民的。土地税，十分取一；关口和集市，只稽查坏人，而不征收税用；山林和渔场，按着时序关闭或开放，任何人都可以去，而不征收税用；依据土地的肥薄程度而征收赋税；流通财物，转运粮食，畅行无阻；犯罪的人，刑罚只及于他本人，不牵连到他的亲属。在历史上，这些均富论与权力公平论的主张部分地变为制度，或对制度予以修正、补充，它贯穿于用人、治狱、赏罚、收入和消费等方面。

（二）养老、救济弱者、赈灾与社会保障的制度设计

《孟子》中多次指出，要保证黎民不饥不寒，50岁以上的人有丝棉袄穿，70岁以上的人有肉吃。关于养老制度，《礼记·王制》保留了上古“五十养于乡，六十养于国，七十养于学”的分级养老制以及行养老礼的礼俗与制度。孟子指出，鳏、寡、孤、独，“此四者，天下之穷民而无告者。文王发政施仁，必先斯四者”（《孟子·梁惠王下》）。对于这些弱者，《礼记·王制》指出，都有“常饩”，即经常性的粮食救济。对于聋、哑及肢体有残疾、障碍的人则有供养制度，“百工各以其器食之”，即由工匠用自己的技能供养他们。

荀子主张“兴孝悌，收孤寡，补贫穷，如是，则庶人安政矣”（《荀子·王制》）。战国末年，《礼记·礼运》的作者假托孔子之口，抒发了对大同之世的向往：“人不独亲其亲，不独子其子，使老有所终，壮有所用，幼有所长，矜、寡、孤、独、废疾者皆有所养，男有分，女有归。货恶其弃于地也，不必藏于己；力恶其不出于身也，不必为己。是故谋闭而不兴，盗窃乱贼而不作，故户外而不闭，是谓大同。”该篇作者认为，在小康之世，虽然“天下为家，各亲其亲，各子其子，货力为己”，但仍然有仁、义、礼、乐来调治社会。“政必本于天”，这是儒家政治的根源性与正当性。“礼义也者，人之大端也。”“礼也者，义之实也……义者……仁之节也……仁者，义之本也”（《礼记·礼运》），这是小康之世的治世原则。礼是体现义的规范、定制；义是法则有分别的依据，是施行仁道的节度，是分限之宜、恰当、正当。

历史上的儒者对此身体力行。例如南宋朱熹曾努力劝农赈灾，宽恤民力，为减免贫困县的赋税，多次奏请朝廷。朱子曾向孝宗面奏七札，严词批评孝宗主政20年的弊病：大政未举，用非其人，邪佞充塞，货赂公行，兵怨民愁，盗贼间作，哀鸿遍野，民不聊生。朱子对此忧心如焚，视民如伤，大修荒政。他深入穷乡僻壤，拊问存恤，提出具体应对荒灾的办法，关注辑盗、捕蝗、兴修水利等事。足见古代廉吏在一定程度上实践儒家“王道”“仁政”思想，在传统专制政治下，竭力减缓苛政对百姓的压榨，使民众谋得温饱。儒家政治思想中的正义原则在开明专政、温和统治时期，在制度上亦得以体现。

（三）教育平等的思想

孔子“有教无类”的思想极其重要，向民间开放教育，是打破世卿世禄制、得以“举贤才”的基础。孔子又说：“举直错诸枉，则民服；举枉错诸直，则民不服。”（《论语·为政》）这是要把正直的人举拔在邪曲的人之上，即公正地选才用人。孟子指出：“尊贤使能，俊杰在位，则天下之士皆悦而愿立于其朝矣。”（《孟子·公孙丑上》）荀子说：“选贤良，举笃敬”；“君人者，欲安，则莫若平政爱民矣；欲荣，则莫若隆礼敬士矣；欲立功名，则莫若尚贤使能矣”（《荀子·王制》）。“大道之行也，天下为公，选贤与能，讲信修睦”（《礼记·礼运》）的理想，在古代的教育制度与官僚制度中得到不同程度的体现。中国历

史上的九品中正制与科举制等都有弊病，但从总体上看，这些制度贯穿了机会平等的原则，是中国文官制的依托。

值得注意的是，农家子弟读书受到了村社、宗族公田所得的资助。从杨宽的《西周史》、吕思勉的《燕石续札》等书可知，庠、序、校是村社成员公共集会的活动场所（包括前述的行养老礼）。从郑子产不毁乡校到何心隐的社会基层组织“聚和堂”，到黄宗羲的以学校为议政之所与议会之初步，均是中国政治平等与民主的重要资源。在公共生活中必有个人与群体的权力界限的规定。《吕氏乡约》《朱子家礼》中都有契约精神与公民社会之初步，是文明化的体现。

（四）防止公权力滥用的思想

中国传统政治哲学的根本经典《尚书·洪范》中指出，三德以正直为主，有刚有柔，求得刚柔互济的中正平和。其大中至正的标准为：“无偏无陂（颇），遵王之义……无偏无党，王道荡荡；无党无偏，王道平平；无反无侧，王道正直。会其有极，归其有极。”孔子说“政者，正也”（《论语·颜渊》）；“居敬而行简，以临其民”“博施于民而能济众”（《论语·雍也》）；“仁者安仁，知者利仁”（《论语·里仁》）；“修己以敬”“修己以安人”“修己以安百姓”（《论语·宪问》）；“先之，劳之”“无倦”（《论语·子路》）；“老者安之，朋友信之，少者怀之”（《论语·公冶长》）等。孔子强调“庄以莅之”“动之以礼”（《论语·卫灵公》），即以严肃庄敬的态度尊重百姓，合理合法地动员百姓。他提出五种美政：“惠而不费，劳而不怨，欲而不贪，泰而不骄，威而不猛”“君子无众寡，无小大，无敢慢”（《论语·尧曰》），反对以傲慢的态度对待人民，滥用权力，任意扰民，践踏民意，不顾民生。他提出以“敬”的态度谨慎地使用公共权力的问题，以安民济众、百姓平安为根本目的。孟子说：“穷则独善其身，达则兼善天下”（《孟子·尽心上》），亦含有公民权利的意识。在我国古代有监察制与考试制，甚为近代政治家孙中山先生所重视。

儒家民本思想是具体的、有丰富内涵的。以上所说的公平正义思想，是可以做现代转化的精神资源，值得我们珍视。

三、诚实守信

诚信是社会主义核心价值观念，也是以儒家伦理为主体的中国传统道德的基本规范。在儒家看来，诚心既是治国为政的基本准则，也是个人进德修业的根本。《论语》一再强调“民无信不立”“信则民任”“人而无信，不知其可也”“与朋友交，言而有信”。儒家诚信思想具有丰富的思想内涵，借鉴与吸收其合理内核，是培育和弘扬社会主义诚信价值观的重要途径。

诚信是中华民族的传统美德，也是中国传统主流文化——儒家文化伦理思想的基本内容之一。所谓“诚信”，就是诚实、守信，在孔子的伦理思想中主要以“信”这一概念出现。“信”字在《论语》中共出现了38次，其中36次是作为伦理概念来使用的。《说文》中指出“信，诚也。从人，从言”，所谓“人言成信”；“诚从成言而得”；近代蒋伯潜在《语义广解》中指出“信”有二义：“说话必须真实；说的话必须能践言”。因此，诚信这一思想主要包括两层意思：从言语方面看，说的话真实无妄，人己不欺，符合客观实际；从行动方面看，对说的话能信守、实行，不违背。孔子的诚信思想包括了这两个方面的含义，并在关于诚信的地位、标准、实行等问题上包含了丰富的思想。总结和弘扬孔子的诚信伦理思想，对于完整理解这一基本道德规范，加强当前公民道德建设，消除不讲信用、欺骗欺诈这一社会公害，具有重要意义。

（一）关于诚信的地位

在孔子的整个道德体系中，“仁”是其核心思想，“信”则是其重要内容。“子以四教：文，行，忠，信”，“信”也是孔子一生中用以教育学生的重要内容。关于诚信的地位，孔子从多个方面做了论述。

1. “信”是“仁”的必然要求

孔子的伦理思想，以“仁”为核心和最高的道德标准，“信”是这一道德标准的必然要求。仁者、贤者必然具备“信”这种道德品质，而试图通过修身以“成仁”“成贤”者，在人际交往中也就必须努力做到“信”。孔子提出，做人要“主忠信”，即以忠和信两种道德为主。他要求学生“入则孝，出则悌，谨而信，泛爱众而亲仁”，以便通过孝、悌、信、爱等品质的培养迈向“仁”的境界。对于古人“言之不出，耻躬之不逮”的重“信”作风，孔子推崇、赞叹不已。

孔子的学生曾参特别重视“信”的修养。他说：“吾日三省吾身：为人谋而不忠乎？与朋友交而不信乎？传不习乎？”《韩非子·外储说左上》记载了这样一个故事：有一天，曾参的妻子要去赶集，儿子哭闹着要同去。妻子就对儿子说：“你在家好好听话，等妈妈回来，杀猪给你吃。”儿子信以为真，不闹了。曾参回家后，儿子把妈妈要杀猪的事告诉了他。曾参沉吟片刻，就和儿子一起去把猪绑了起来，准备宰杀。妻子回来了，连忙制止：“别杀猪，我是跟孩子说着玩的。”曾参严肃地说：“对小孩子是不能随便开玩笑的，孩子年幼无知，父母教什么，孩子就学什么。你要骗他，他就会去骗别人，这怎能教育孩子向善呢？”最后还是把猪杀了。这个故事表现出曾参在“信”的问题上不容丝毫苟且，他既以此教育儿子，同时也自己修身以实现人格自我完善的需要。这正如庄子所说：“夫孝悌仁义，忠信贞廉，此皆自勉以役其德者也。”

“信”是“仁”的必要条件，但并非充分条件。所以孔子说“有德者必有言，有言者不必有德”，即有仁德的人必然能说出好的话，能做到“信”；但能说出好的话、能做到“信”的人却不一定就具备了仁德。那么，怎样才能做到“仁”呢？孔子的回答是：“能行五者于天下，为仁矣。”这五者即“恭、宽、信、敏、惠”，因为“恭则不侮，宽则得众，信则人任焉，敏则有功，惠则足以使人”。除“信”之外，还必须做到恭、宽、敏、惠，还有忠、敬、智、勇，甚至刚、毅、木、讷等。总之，“仁”既是孔子伦理思想的核心，也是一个兼涵诸德的总的道德规范，它要求在人际交往中必须做到“信”。

2. “信”是立身的关键

孔子说：“人而无信，不知其可也。大车无輗，小车无軏，其何以行之哉？”輗与軏虽然只是车上的一个小小的木销子，但它们锲嵌在车辕前面的横木上，起着关联固定作用，因而是车的一个关键部位。缺少了这个部位，车就将无法行走。“信”对于个人虽然不是最重要的道德品质，但它在人的言语、行为中同样起着重要的关联作用——言语是否符合实际；行为是否符合言语。因此，诚信是人安身立命的关键；人无信则无以立、无以行。

从马克思主义的观点来看，人是社会的人；人一生下来就处于一定的社会关系中；人只有在一定的社会关系中，相互交往、互相依赖，才能生存和发展。因而，对于这种社会关系，人们必须真实地肯定、反映和自觉地加以维护；这也是在肯定、维护和完善自己的本质，因为“在其现实性上，人是各种社会关系的总和”。因此，在人际关系中必须坚持诚信，这一方面是现实生活的客观需要：如果人与人之间没有诚信，社会秩序将变得混乱，整个社会将陷入互相猜忌、尔虞我诈、钩心斗角、人人自危、无法生存的境地。另一方面也是人的本质的客观需要：没有诚信这一人际交往的精神纽带，社会关系将趋于萎缩，人将面临退化。这也正如傅玄所说：“君不信以御臣，臣不信以奉君；父不信以教子，子不信以事父；夫不信以遇妇，妇不信以承夫，则君臣相疑于朝，父子相疑于家，夫妇相疑于室。大小混然而怀奸谋，上下纷然而竞相欺，人伦于是亡矣”。

孔子的这一思想在董仲舒那里被发展为“五常”之一：“夫仁、义、礼、智、信，五常之道，王者所当修饬也”，对维护封建社会宗法关系发挥了重要作用。

3. “信”是建立朋友关系的基础和维护朋友关系的准则

“诚信”这一道德要求，从其本质上看，是应当贯穿于一切社会关系和社会生活中的。但在诸种人际关系中，最需强调诚信的则是朋友关系。孟子将人际关系划分为五种，即“五伦”，提出：“父子有亲，君臣有义，夫妇有别，长幼有序，朋友有信”。相对而言，朋友关系是人一生中数量最多、最宽泛，但也最松散、最易变动的一层关系，因而也是最适宜和最需要强调诚信这一道德规范的一层关系。可以说，广义的“信”应运用于所有人，而狭义的“信”则主要针对朋友。当然，这里的朋友应宽泛地理解为在社会生活中相互之间产生了一定关系的任何人。

孔子的学生子夏说：“贤贤易色；事父母，能竭其力；事君，能致其身；与朋友交，言而有信。虽曰未学，吾必谓之学矣。”孔子及其学生一贯非常重视学习，而学习的目的是“知道义”，做好人，但如果有人没经过学习便能做到尚贤轻色，竭其力侍奉父母，忘己忘家事君主，同朋友交往诚实守信，那就等于学过了。因而，朋友之间的诚信是学习做人的重要内容。曾参每日反省的内容中也就有一条："与朋友交而不信乎？"

诚信是建立朋友关系的基础，是维护朋友关系的准则，而朋友之间的相互信任则是朋友关系的理想状态和境界。孔子说："不逆诈，不亿不信，抑亦先觉者，是贤乎！"认为贤者不会轻易去怀疑别人。孔子在谈到交友之道时指出："友直，友谅，友多闻，益矣"，主张要与正直、诚实、见闻学识广博的人交朋友。孔子与颜回、子路谈到了自己的志向："老者安之，朋友信之，少者怀之"，其中一条就是使朋友相互得到信任。而子路也着实地履行诚信，做到了"无宿诺"，连打官司的人都不愿去欺骗他，从而"片言可以折狱"，受到了孔子的赞扬。

4. "信"是事业成功的保证

孔子认为君子对于事业应当是"义以为质，礼以行之，孙以出之，信以成之"，在以道义为原则的基础上，靠诚信来完成。这正如南唐谭峭所言："信者，成万物之道也"。诚信是成事的关键，是事业成功的可靠保证。因为有了诚信的态度，就能脚踏实地，真心实干，实事求是，不自欺，最终了解事实的真相，发现真理。而且，诚信能够使人得到真正的朋友和帮助，为事业的成功创造有利的条件。所以，欲成就一番事业者，一定要争取做一个诚信的人。反过来，"自古以来，未有不信其言而能有大功者"。

孔子指出，是否有诚信的态度，其做事的效果是大不相同的，"言忠信，行笃敬，虽蛮貊之邦，行矣。言不忠信，行不笃敬，虽州里，行乎哉？"所以，他要子张将"忠信笃敬"这几个字时时刻刻牢记在心，"立则见其参与前也，在舆则见其倚于衡也"，认为这样才能使自己到处行得通，终至事事成功。

5. "信"是政治的基础

儒家是主张积极入世参政、建功立业的，所谓"修身齐家治国平天下"。因此，孔子的学生中有不少当过各诸侯国的大官，孔子自己也曾当过太宰等。诚信作为一种道德品质，它也是政治的基础和从政的需要。孔子说："道千乘之国，敬事而信，节用而爱人，使民以时"，认为诸侯国的治理者对政事应严肃认真，又严守信用。当子贡问怎样治理国家时，孔子回答："足食，足兵，民信之矣"，提出了三大要件。而当子贡一再追问三者中的"必不得已而去"时，孔子将"民之信"留到了最后，因为，"自古皆有死，民无信不立"。也就是说，获取民众的信任与支持、拥护是最重要的，它将决定国家政权的兴亡。所以，子夏指出，君子去从政时首先应当设法获信于民与君，应当"信而后劳其民""信而后谏"，这是取得政绩的前提条件；反之，对百姓而言，"未信，则以为厉己也"；对君王而言，"未信，则以为谤己也"。历史上有一个有名的故事，战国时，商鞅辅佐秦国，决心改革政治以充实国力。"令既具，未布，恐民之不信"，他就想了个办法，在都城的正门前放了一根粗原木，上边贴了一张告示："将此原木搬至北门者，赏黄金十两。"围观的人不相信有这样的好事，谁也不肯去搬。商鞅将黄金增至五十两。这时，一个男子半信半疑地将木头搬到了北门，他马上得到了意想不到的五十两黄金。围观的人后悔不已。这以后，商鞅很快得到了人们的信任，变法得以顺利推行。在这里，商鞅看到了“民之信”对于变法的极端重要性，因而采取策略获得了这宝贵的“民之信”。新法“行之十年，秦民大悦，道不拾遗，山无盗贼，家给人足”，从而取得成功。

孔子生活的春秋末年，礼坏乐崩，他试图通过信与礼去恢复社会秩序，特别是遭破坏的合理的封建制度。

（二）关于诚信的标准

孔子提倡诚信，强调诚信，但决不主张盲目的诚信。在“信”的标准问题上，孔子坚持“义以为上”“义以为质”，在具体运用中则又表现出了丰富的辩证法思想。

什么是“义”呢？“义者，宜也”；“义，人之正路也”；“行而宜之之谓义”。因此，所谓义指的是“合理的，有道理的，应当的”，指的是人们的思想和言行符合一定的道德标准。孔子对义表现出了相当的推崇。他说：“君子喻于义，小人喻于利”，把是否懂得“义”作为区分君子与小人的重要标志。在谈到建功立业的问题时，孔子说：“君子义以为质，礼以行之，孙以出之，信以成之”，认为“义”是立业的基本原则和根本。当子路问君子是否崇尚勇敢时，孔子没有简单地回答是或否，而是说“义以为上”，认为“义”是最高尚的，应以“义”去规范、评价“勇”。在“信”的问题上，孔子同样是坚持“义以为上”“义以为质”，即以“义”作为规范、评价“信”的标准。当子张问怎样提高品德时，孔子的回答是：“主忠信，徙义，崇德也”，认为要提高品德，就要以忠诚信实为主，并努力做到符合“义”。他又说：“君子之于天下也，无适也，无莫也，义之与比”，具体到诚信问题上，就是君子对于“信”，并不一定要做，也不一定不做，关键看是否合于“义”。基于这样一个标准和思路，孔子在“信”的实行问题上提出了“君子贞而不谅”“言必信，行必果，硁硁然小人哉！”“要盟不信”等观点。

（三）关于“信”的实行

“信”是一项重要的道德品质，每一个人都应当努力实行。那么，在“信”的实行中应注意些什么呢？孔子提出了以下几点。

1. 应该“敏于事而慎于言”

这是一种相对保守的做法。正如子贡所言：“驷不及舌”，话一出口是收不回来的。因此，为防止说出的话不符合实际或无法信守、实行，孔子认为君子应“敏于事而慎于言”或“讷于言而敏于行”，甚至应“先行其言而后从之”。当司马牛问仁于孔子时，孔子回答：“仁者，其言也讱”，因为“为之难，言之得无讱乎？”南宫适反复诵读诗经中的话：“白圭之玷，尚可磨也；斯言之玷，不可为也”，以提醒自己说话一定要小心谨慎。孔子对此极为赞许，竟把侄女嫁给了他。在现实生活中，为防止失信，确实应少说甚至不说而多做，或先做后说。

2. 应好学以使信合于义

这是一种积极的做法。孔子的一生从未放松过学习。他认为自己的博学不过是“好古，敏以求之者也”的结果。他说自己“十有五而志于学，三十而立，四十而不惑，五十而知天命，六十而耳顺，七十而从心所欲，不逾矩”。正因为从小立志学习，以后又努力不懈，不断精进，才至于深明道义，终至“从心所欲，不逾矩”。所以，他说“十室之邑，必有忠信如丘者焉，不如丘之好学也”，认为要想真正做到忠信，就必须好学以明道义。反过来，“好信不好学，其蔽也贼”，正如管同解释：“惟其为学而知义之所在也。苟好信不好学，则惟知重然诺而不明事理之是非，谨厚者则硁硁为小人；苟又挟以刚勇之气，必如周汉刺客游侠，轻身殉人，扞文纲而犯公义。自圣贤观之，非贼而何？”因此，要想真正实行“信”，要想实行真正的“信”，就必须好学以明道义。

3. 应坚守信义

在具体运用中，孔子提出了以下几个含有丰富辩证法思想的观点。

1）“君子贞而不谅”

“贞”就是正，固守正道，恪守节操，也就是“以义制事，咸合正道”，这是君子应当讲的大信，不容丝毫含糊。至于那种不问义理是非、固执拘泥的小人之信即“谅”，则无须计较，此所谓“大德不逾闲，小德出入可也”。《论语 · 宪问篇》中记载了孔子与子路、子贡评论管仲的事，充分地反映了孔子的上述思想。管仲本是齐国公子纠的家臣，后齐桓公杀纠而自立为君，管仲“不能死”，却做了桓公之相。子路与子贡都认为管仲不仁，孔子却认为管仲辅佐桓公“九合诸侯，不以兵车”以及“霸诸侯，一匡天下，民到于今受其赐”，正是一种重大节的仁德。反过来，如果管仲像召忽一样从公子纠死以示其忠信，那将无异于“匹夫匹妇之为谅也，自经于沟渎而莫之知也！”孔子对此是不赞成的。

2）“言必信，行必果，硁硁然小人哉！”

“信”，一般来说，是要求做到“言必信，行必果”的，然而，当子贡问到什么样的人才配称“士”时，孔子却认为这类“言必信，行必果”的人，是不大懂得是非曲直，在大事上可能有些糊涂的人，他们识量浅狭且固执，不知变通，犹如小人，只能勉强称得上“士”，既比不上那些“行己有耻，使于四方，不辱君命”的人，也比不上“宗族称孝焉，乡党称悌焉”的人。孟子发展了这一思想，明确提出“大人者，言不必信，行不必果，惟义所在”。对于当时以直爽、守信而著称，后因与女子相约，死守桥柱终被淹死的鲁国人微生高，孔子竟以嘲讽的口吻谈论他所谓的直爽，其实也暗含了对他死守信约终被淹死这一行为的不以为然。

3）“要盟不信”

《史记 · 孔子世家》记载，鲁定公十四年（公元前 496），孔子一行经过蒲邑时，遭蒲人拦截。蒲人要孔子答应不返卫国，就给他放行，孔子应允，后来却一离开蒲地就奔往卫国。子贡问："盟可负邪？"孔子回答："要盟也，神不听"，认为受胁迫所订的盟约是不必遵守的。所以，有子说："信近于义，言可复也"，指出只有符合于义的信约诺言，才能去实践、兑现。受胁迫所订的盟约往往有悖大义，自然是不值得去履行的。

总之，孔子关于诚信的伦理思想是相当丰富的，这特别表现在他对诚信的地位、标准及实行等问题的论述中，这是一笔宝贵的道德资源。

儒家思想的核心是"博爱、厚生，公平、正义，诚实、守信，革故、鼎新，文明、和谐，民主、法治"等道德思想。它对于我们从传统文化中寻找理论支援以夯实、筑高舆论阵地，对于社会树立核心价值观以寻求长治久安良策，对于我们传统文化的现代化、国际化，对于我们建设万国咸宁的和谐世界都有重大意义。

经典案例

一、仁爱待人

（一）己所不欲，勿施于人

春秋时候，郑国有个很有名的政治家和思想家，名叫子产，他曾经担任郑国的卿相，帮助国家实行改革，使郑国迅速富强起来，成为春秋时期的一个非常强大的国家。

子产能取得这么大的成就，在很大程度上是由于他有着宽容博爱、愿意吃亏的胸怀。子产在很小的时候就与一般人不同，他与小朋友们一起玩耍，经常让着别人，有时候做游戏，明明是自己赢了，可他却故意认输，并且还不表现出来。让他人没有什么心理负担，结果，别的小朋友都喜欢他，愿意和他一起玩。

长大之后，子产做了官，位居郑国卿相，这可以说是地位仅次于君王，可是子产却从不以权谋私，他仍然喜欢把好处让给别人，连君王对他的赏赐也经常分给别人，他的一位朋友对他这种做法就不理解了，有一天就问子产："你现在位高权重，没有什么地方需要别人帮忙的了，相反，只有别人会求你帮忙，那么你为什么还要讨好自己的下属呢？应该反过来才对啊！"子产沉吟了一会，跟他说："我今天的高位是众人拥护才得来的，没有他们的支持，我就不可能有今天的地位，所以得到的好处应该分给大家，这样大家都高兴了，我也就心安了。"朋友表示叹服。

当时，人民的生活很贫困，这样就导致了老百姓的怨恨。子产察觉到这个问题，就上书君王，说："国家应该为老百姓谋福利，如果只为一己之私就不顾百姓的死活而不停地盘剥人民、压榨人民，那么老百姓就会视国家为仇人，会奋起反抗，国家就不得安宁了，国家不安全，又如何能期望它能兴旺富强呢？所以国家要经常替老百姓着想，给他们一些好处，就像放水养鱼一样，表面上看似乎没有什么作用，其实更大的好处在后边，并不会真正吃亏的。"

君王同意了子产的建议，并让子产负责这件事。子产回去筹划一番，制定了许多的惠民措施，又让百姓畅所欲言而不加禁止，慢慢郑国就日渐安定了，国力也渐渐增强了许多。老百姓也都在传说着子产的仁政爱民故事。

子产为了国家长远的利益，甘愿吃亏，这是何等的胸怀，何等的睿智？因为他懂得“己所不欲，勿施于人”，能够体谅别人的难处。因此他不仅赢得了更多的人心，也让心怀叵测者汗颜。

静由心造，心无嫌隙，方寸之间皆海阔天空；胸怀坦荡，淡定自如，烦恼则无处藏身。人都有心，只是偶尔人们会看不透自己的心，所以要通过各种渠道来使自己心明。只有自己的心清净、明了，才能看到真我，也才能仁爱地对待别人。

（二）播种爱心，与人为善

楚惠王吃酸菜时，突然发现菜中有一条蚂蟥，他没有声张，不动声色地吞了下去，结果肚子痛得不能吃饭。令尹前来问候，关心地问道：“大王怎么得了这种病？”

楚惠王说：“我吃酸菜时见到一条蚂蟥，心想，如果把这事张扬出去，只是斥责庖厨等人，而不治他们的罪，就违反了法度，那样，今后我自己的威信就无法树立；如果追究他们的责任，就应该诛杀他们，这样，太宰、监食的人按法律都将处死，我于心不忍。所以，我只好把蚂蟥悄无声息地吞咽下去。”令尹深深地施了一礼，祝贺道：“我听说上天是铁面无私、六亲不认的，只是辅佐有德行的人。大王您大仁大德，正是上天保佑的人，这点小病是不会伤害您的。”当晚，楚惠王胃里的蚂蟥真的出来了，他也不用再忍受疼痛之苦了。

古语云：“人生一善念，善虽未为，而吉神已随之。”意思是说一个人只要心存爱心，即使还没有去付诸实践，吉祥之神已在陪伴着他了。为使他人免除灾难，而不惜自己忍受痛苦的人，怎么会得不到上天的眷佑呢？爱人者，人恒爱之；敬人者，人恒敬之。

弘一法师就是一位十分懂得去关怀生命的人，即使是一只小小的蚂蚁，在他的眼里也是值得去尊重和关怀的。

播种爱心，不仅能够得到内心的安静祥和，达到美好的境界，而且能够让别人获益，记取你的那份善良与美好。上善若水，涓涓细流，润物无声。播撒爱心，幸福触手可及。

（三）留一只冷眼观盛世

东汉光武帝刘秀9岁丧父，叔父将他养大。他在叔父任职的萧县读书，完成启蒙教育，后到长安太学游学，专攻儒家经典。寄养的生活和所受的教育，使他形成了谨厚诚信、勤俭自励的性格。

游学长安后，刘秀回到南阳家乡，操持家业，从事农业生产。史称他“乐施爱人，勤于稼穑”。由于“长于民间，颇达情伪”，深知百姓稼穑的艰难和民情的好恶，所以他为政宽简，并大力减轻百姓负担。

刘秀做了皇帝后，每日都是清晨即起，早早上朝，议政讲经，很晚才退朝。处理政务，“兢兢如不及”。太子见他太辛苦了，便劝他注意休息，他却说：“吾自乐此，不为疲也。”身为一国之君的他生活俭朴，不事浮华。“身衣大练，色无重彩，耳不听郑卫之音，手不持珠玉之玩。”他屡次拒绝群臣“封禅泰山”的进谏，直到死前一年，才带领百官，登封泰山。针对秦始皇开始形成并越演越烈的“厚葬”之风，他还屡次下诏提倡薄葬。他自己也是这么躬行实践的。在为自己修造寿陵的时候，他对窦融说：“今所制地不过二三顷，无为山陵、陵池，才令流水而已。”他在临终前又下了一道遗诏说：“朕无益百姓，皆如孝文皇帝制度，务从约者。”因而《后汉书·循吏传》称颂这个时期是“勤约之风，行于上下”。刘秀当政的时期，就是中国历史上有名的“光武中兴”时期。因国君的仁厚和提倡节俭，不劳民伤财，使得国泰民安。

国家富强，百姓才能安居乐业。“历览前贤国与家，成由勤俭败由奢”，这是一个已经被多次证明了的规律。孟子也说：“生于忧患，死于安乐”。虽然我们身处和平年代，但要时时保持清醒的头脑，要有居安思危的意识。在努力提高生活水平的同时，更要提高精神素养，不能一味地追求奢侈享受，而是应该崇尚勤俭生活，适度消费。愿我们每个人铭记“一粥一饭，当思来之不易；半丝半缕，恒念物力维艰。宜未雨而绸缪，毋临渴而掘井”的古训，在日常生活中，“常将有日思无日，莫待无时思有时”。

（四）与民同乐才是真正的快乐

齐宣王问孟子：“听说文王的园囿有方圆 70 里，有没有这回事？”孟子回答说：“史籍上有这样的记载。”齐宣王接着问：“真的有那么大吗？”他的意思是想按照文王的规模扩大自己的狩猎场。孟子看透了齐宣王的心事，欲擒故纵地说，“文王的园子那么大，百姓还以为太小了呢！”齐宣王不解地问，“我的园子才 40 里见方，可百姓还抱怨太大了，这是为什么呀？”孟子回答说：“文王的园子尽管大，可是打柴割草、捕鸟打猎的人都可以进去，老百姓以为小，这不是很自然的吗？你的园子不能与民共之，人们进去打一只鹿就犯了杀人一样的罪。你的园子尽管不如文王的大，然而却像一个 40 里见方的陷阱，民以为大，不亦宜乎！”孟子的意思是说，只有与民共乐，才能得到老百姓的拥护和爱戴。孟子接着上面的话，给齐宣王讲了与民同乐才是真正的快乐的道理。大意是说，如果王能与民同乐，那么当你鼓乐和田猎的时候，百姓听到你的音乐，看到你田猎的旌旗，便会发自内心高兴地说，我们的王一定很健康，不然怎么会奏乐打猎呢？相反，如果你不能与民同乐，那么，当你鼓乐打猎的时候，百姓就会愁眉苦脸地相互转告说，我们的王寻欢作乐，怎么搞得我们这样痛苦呀！可见，与民同乐才是真正的快乐。

孟子与民同乐的思想中包含着一个极普通而又极深刻的人生哲理：只有有道德的人，才是真正快乐的人。人生的快乐有多种多样的形式，但归根到底，真正的快乐是那种能使人感到充实、感到精神舒展、毫无愧怍的快乐。有德之人能与人分享快乐，这种乐本身既可以使自己快乐，也可以使别人快乐，因而是精神舒展的乐，是真乐；无德之人只顾自己一身之乐，甚至以别人的痛苦换取自己的快乐，这种乐是自私，与人隔碍不通的，因而转瞬便会转变成愧怍和不安，此种“独乐”不如说是一种精神折磨。

（五）每个人都不是孤立的一个人

南宋诗人杨万里的妻子在古稀之年，每到天寒时，天不亮就早早起来，然后径直走进厨房，熟练地生火、烧水、煮粥。满满的一大锅粥要熬上很长时间，杨夫人每次都耐心地等着。清甜的粥香顺着热气渐渐充满了厨房，飘到了院子里。

院子的另一边，仆人们伴着这熟悉的香气陆陆续续地起床，洗漱完毕后，来到厨房，并接过杨夫人盛起的满满一大碗热粥喝了起来。

杨夫人的儿子杨东山看到母亲忙碌的身影，甚是心疼，一次，他劝母亲说：“天气这么冷，您又何苦这么操劳呢？”杨夫人语重心长地说：“他们虽是仆人，也是各自父母所牵挂的子女。现在天气这么冷，他们还要给我们家里做活。让他们喝些热粥，心中有些热气，这样干起活来才不会伤身体。”

慈悲为怀的人，总是会设身处地地去体会别人的切身感受，为别人着想。随着社会的不断进步和发展，人们的交往越来越密切，人际关系也越来越复杂。培养推己及人的美德，搞好人际关系显得尤为重要。我们要以爱己之心来对待周围的人，无论做什么事，都要以自己的感受去体会别人的感受，以自己的处境去想象别人的处境，站在对方的立场上，将心比心，把别人当作自己来对待，设身处地地为别人着想。

当然，并不是所有的事都要己所欲而施于人，推己及人要有道，毕竟并不是所有于己有益的东西也同样适用于他人，也并不是所有对他人有益的东西，别人都能接受。在他们不想接受时，绝不可以“这是为他们好”为由，强迫其接受，因为每个人都有自由选择的权利，如果侵犯了这一权利，不是也掉进“己所不欲，勿施于人”的陷阱了吗？

二、公平正义

（一）君子之争

北宋时期，司马光比王安石长两岁，都曾在包拯手下为官。两人才华横溢，且相互仰慕，一度是好友。两个人同升翰林学士的时候，同样受到了宋神宗的赏识，然而也就在这个时候，他们却因政见不同而渐渐开始争吵、疏远甚至决裂。

由于当时官吏过多，俸禄颇高，整个大宋的国家财政已经入不敷出，出于对国家财政的考虑，宋神宗大胆起用一直以来在地方上享有盛誉、干脆果断且深知百姓疾苦的王安石为参知政事，让他主管变革事宜。王安石一上任，立即显示出了他非凡的行政才能和魄力，对旧有制度进行大刀阔斧的改革，可是王安石确立的新制度一出台，立即受到以司马光、文彦博等为代表的一大批正直文人的强烈反对。

其实司马光反对的并不是王安石变法，而是他急功近利的改革方式。司马光认为改革必须循序渐进、稳妥进行，而不可能立竿见影，不然会带来很多负面的影响。

司马光与当时身居高位的王安石政见不同，曾有很多人劝他弹劾王安石，然而司马光却一口回绝了他们，他认为王安石变法没有任何私利，没必要这样做。面对身为副宰相的王安石的如日中天，司马光毫不犹豫地选择了退让，回家开始了那场令世人惊叹的浩瀚之举，历经数十年之光阴，终于写出了《资治通鉴》。

多年后，王安石宰相之职被免，告老还乡。一向支持王安石的神宗皇帝在继续施行了近10年的新法之后驾崩，10岁的哲宗即位，由太后垂帘，时年66岁的司马光被召回开封，出任宰相，开始大刀阔斧地起用旧臣，恢复原有制度。尽管其在政治上全盘否定了王安石，可在王安石死后，他仍然吩咐手下要善待王安石的安葬事宜，由此足见其作为君子的坦荡之处。而且他在所著的《资治通鉴》中将社会对王安石的偏颇之言给予了斧正，他说世人都说王安石奸诈，这是过分之言。

司马光和王安石大有英雄相惜之情，只是他们的思想主张不同，但他们以独特的人格魅力征服了世人，同样受人景仰与崇拜，也为后人留下一段君子之争的佳话。

君子争义，小人争利。因此古往今来，用人者、成就大事者，都懂得在无害于大局的情况下满足各种人的利益要求，从而获得人心，获得人才。古代谋略家黄石公说："贪者丰之，欲者使之，畏者隐之，谋者近之"，意思是说，贪利的可以给他丰厚的收入，想立功的可以让他去冲锋陷阵，有隐私的要替他隐瞒，有谋略的要对他亲近信任。曾国藩则说得更加直截了当:武人给钱，文人给名。以众人之私，成一人之公。是做争义的君子，还是做争利的小人，按照正常的道德标准，其答案不言而喻。

（二）立身三宝：正义、尊严、人格

嵇康，"竹林七贤"之一，他一面崇尚老庄，恬静寡欲，好服食丹药求长生；一面却尚奇任侠，刚肠疾恶，在现实生活中锋芒毕露，他对那些传世久远、名目堂皇的教条礼法不以为然，更深恶痛绝那些乌烟瘴气、尔虞我诈的官场仕途。他宁愿在洛阳城外做一个默默无闻但自由自在的打铁匠，也不愿与竖子们同流合污。所以，当他的朋友山涛向朝廷推荐他做官时，他毅然决然地与山涛绝交，并写了历史上著名的《与山巨源绝交书》，以明心志。

不幸的是，嵇康那卓越的才华和不羁的性格，最终为他招来了祸端。他提出的"非汤武而薄周孔""越名教而任自然"的人生主张，深深刺痛了当政者。于是，在钟会之流的诽谤和唆使下，公元262年，统治者司马昭下令将嵇康处死。

在刑场上，有三千太学生向朝廷请愿，请求赦免嵇康。而此刻嵇康所想的不是他那神采飞扬的生命即将终止，却是一首美妙绝伦的音乐后继无人。他要过一架琴，在高高的刑台上，面对前来为他送行的人们，铮铮琴声响起，激越的曲调，铺天盖地，飘进每个人心中。弹毕，嵇康从容地引首就戮，那一刻，残阳如血。那一年嵇康39岁。

嵇康钟情于道家，孟子为儒，两人都有着狂放的性格以及绝不谀世的情操，真可谓大丈夫也。这就是自古高风亮节的代表。也许他们在当时志不能伸，却留一世英名与后人。因此，在《正气歌》中，文天祥诗云：“天地有正气，杂然赋流形。下则为河岳，上则为日星。于人日浩然，沛乎塞苍冥。皇路当清夷，含和吐明庭。时穷节乃见，一一垂丹青。”

“当今之世，舍我其谁也？”中国历史上能讲出这种话的人可谓空前绝后了。像这种大丈夫一定有大人格、大境界、大眼光、大胸襟！

在现代社会中，要想立身成事，浑身正气，就要守住大丈夫的尊严与人格，成功没有捷径，人间正道是沧桑。完美人生来自完美人格，我辈即使不能名垂千古，也要携一身正气，如果不能照亮世界，也要照亮自己的人生，这才不枉人世走一遭。

（三）浮云眼前过，富贵不着落

战国时代，孟子名气很大，府上每日宾客盈门，其中大多是慕名而来的求学问道之人。有一天，接连来了两位神秘人物，一位是齐国的使者，另一位是薛国的使者。对这种人物，孟子自然不敢怠慢，小心周到地接待他们。

齐国的使者给孟子带来赤金100两，说是齐王的一点小意思。孟子见其没有下文，坚决拒绝齐王的馈赠，使者灰溜溜地走了。

隔了一会儿，薛国的使者也来求见。他给孟子带来50两金子，说是薛王的一点心意，感谢孟先生在薛国发生兵难的时候帮了大忙。孟子吩咐手下人把金子收下。左右的人都十分奇怪，不知孟子葫芦里装的是什么药。

陈臻对这件事大惑不解，他问孟先生：“齐王送你那么多的金子，你不肯收；薛国才送了齐国的一半，你却接受了。如果你刚才不接受是对的话，那么现在接受就是错了；如果你刚才不接受是错的话，那么现在接受就是对了。”

孟子回答说：“都对。在薛国的时候，我帮了他们的忙，为他们出谋设防，平息了一场战争，我也算个有功之人，为什么不应该受到物质奖励呢？而齐国人平白无故给我那么多金子，是有心收买我，君子是不可以用金钱收买的，我怎么能收他们的贿赂呢？”

左右的人听了，都十分佩服孟子的高明见解和高尚操守。

世间有许多诱惑：桂冠、金钱，但那都是身外之物，只有生命最美，快乐最贵。我们要想活得潇洒自在，要想过得幸福快乐，就必须做到淡泊名利、割断权与利的联系，无官不去争，有官不去斗；位高不自傲，位低不自卑，欣然享受清新自在的美好时光，这样就会感受到生活的快乐和惬意。太看重权力地位，让一生的快乐都毁在争权夺利中，那就太不值得了，也太愚蠢了。

名利与钱财是世人所喜爱的，也是让世人疲于奔命的奇怪的事物。但是人不能违背自己的良心与道义去拿不属于自己的东西，所以不义之财就算被你拿到了，将来也会要你十倍去偿还。

（四）舍生取义，拓展生命的深度

秦朝末年，韩信发兵袭齐。齐军败退，齐将田横悲愤交加，为图复国之计，自立为王，率部属五百人隐入海岛（今田横岛）。

公元前202年，刘邦建汉称帝，为消灭各地残余反抗势力，刘邦又派使者来岛招降："田横来，大者王，小者及候耳；不来，且举兵加诛焉。"面对刘邦的再次召见，田横出于"国家危亡，利民至上"的思想，为保全五百部属性命，毅然带着两名随从前往洛阳朝见刘邦。但行至洛阳三十里外的尸乡时（今河南偃师），田横获悉刘邦召见的目的旨在"斩头一观"，愤然对随从说："当初我和刘邦都想干一番大事业，而如今一个贵为天子，一个却要做他的臣子，我忍辱负重只不过是想保全这五百人的性命，刘邦见我，无非是想看我面貌，此地离洛阳三十里，若拿着我的人头快马飞驰去见刘邦，面貌还不会变。"言外之意是：我死，刘邦会认为岛上群龙无首，500人的性命也就保住了。

说完，不顾随从再三跪求，遥拜齐国山河，悲歌："大义载天，守信覆地，人生遗适志耳。"慨然横刀自刎。田横自杀后，两随从急将田横之首送至洛阳，刘邦看到田横能为500人自杀，感动落泪说："竟有此事，一介平民，兄弟三人前仆后继为齐王，这能说不是贤德仁义之人吗？"遂派两千禁军，以王礼葬田横于河南偃师，并封田横的两随从为都尉。两随从不被官位所动，埋葬田横后，随即在其墓旁挖坑自尽。留岛的500兵士听说田横自杀后，深感"士为知己者死"，田横为保全属下性命而去洛阳，他们为表达对田横的忠义之心，遂集体挥刀自刎。

田横为民谋利殚精竭虑、捍卫国家坚贞不屈、大义载天守信覆地、舍生取义甘抛头颅的大无畏精神，真乃大英雄也。司马迁曾评价田横说："田横之高节，宾客慕义而从横死，岂非至贤！"唐朝的韩愈也这样说过："自古死者非一，夫子（田横）至今有耿光。"像田横这样的人，算是活出了人生的极致。

这正是孟子所说的舍生取义的道理。"生，亦我所欲也；义，亦我所欲也，二者不可得兼，舍生而取义者也。"几千年前的孟子面对心灵的选择，毅然发出了舍生取义的呐喊，是心灵的选择激发出了先哲的思想火花，这将是一条亘古不变的古训。只有将义定义为人生大利的人，才可能成为真君子、伟丈夫。

孟子不仅仅用这条标准来要求自己，还以之教化君王，他一直和梁惠王强调"亦有仁义而已矣"，只要有仁义就够了。主张居仁由义，极力宣扬仁义的美德。孟子所说的这种仁义之道，即是人生的大利。无论是什么伟大的义理，都是力行于义，才能有利于成其为君子，才能活出人生的极致。

（五）最大的自私是无私

春秋晋平公时期，南阳缺一个地方官。晋平公问祁黄羊："你看谁可以当这个县官？"祁黄羊说："解狐这个人不错，他当这个县官合适。"平公很吃惊，他问道："解狐不是你的仇人吗？你为什么要推荐他？”祁黄羊笑答道：“您问的是谁能当县官，不是问谁是我的仇人。”平公认为祁黄羊说得很对，就派解狐去南阳做县官。解狐上任后，为当地办了不少好事，受到南阳百姓的普遍好评。

过了一段时间，平公又问祁黄羊：“现在朝廷里缺一个法官，你看谁能担当这个职务？”祁黄羊说：“祁午能担当。”平公又觉得奇怪：“祁午不是你的儿子吗？”祁黄羊说：“祁午确实是我的儿子，可您问的是谁能去当法官，而不是问祁午是不是我的儿子。”平公很满意祁黄羊的回答，于是又让祁午当了法官，后来祁午果然成了能公正执法的好法官。

孔子听说这两个故事后，称赞说：“好极了！祁黄羊推荐人才，对别人不计较私人仇怨，对自己不排斥亲生儿子，真是大公无私啊！”

时隔千年，祁黄羊这么做的目的是什么已经不得而知，那么姑且按照孔子的说法，将他树立为大公无私的典型。其实他的大公无私何尝不包含着让国家安定、政治清明的大私心？只是这种“大私心”只有德才兼备的人才能拥有，普通人很难达到罢了。

按照自私与无私的关系，人们可以看到，在满足自己本身欲望的同时，再去要求无私，才是一种符合人性的道德标准，才能将无私这种道德标准更好地贯彻下去。当一个社会将自私和无私对立起来建立道德评判标准的时候，一般会出现两种情况，要么人们抛弃这种道德，变得彻底自私自利，这种人一般结局会很痛苦；要么人们痛苦地遵守着这种道德，善良、无私，这种人一般也会很痛苦。完全自始至终都坚持自私或者无私的人是少数的，大多数人在经历了痛苦的无私过程后会蜕变成自私，到最后也仍然要承受自私的苦果。因此可以说，最大的自私就是无私。

（六）成功者应具备的两种人格特质

鲁迅与胡适既是北大同事，又为《新青年》同人，在五四运动中并肩战斗过。

五四运动后期，随着《新青年》杂志的分裂，胡适与鲁迅日渐分道扬镳，走进了不同的营垒。胡适的“多研究些问题，少谈些主义”“整理国故”“钻入研究室”乃至后来的“好政府主义”主张皆为鲁迅所侧目。在《华盖集》正续编以及之后的每本杂文集中，我们几乎都不难读到鲁迅对胡适这些主张的愤慨与讽刺。最严厉的谴责是他不点名地称胡适为“向日本人献上‘攻心菜’的学者”，愤怒之情溢于言表。甚至以胡适为灵魂的“新月社”被国民政府查封了，鲁迅也没有只言片语的同情或慰问，反而说他们是焦大，被贾府塞了一嘴马粪。这并不是一个文人简单的谩骂，而是一个坚持自己思想的知识分子的磊落之言。鲁迅自己也说他所有的批评都是对事不对人，既敢于“横眉冷对千夫指”，也能“俯首甘为孺子牛”，一身铮铮铁骨，决不妥协。而胡适却对此抱宽容的态度，并且批评、规劝苏雪林等当时批判鲁迅的人，表现了一代学术大师的卓越风范。鲁迅逝世了，尽管鲁迅与自己生前政见相左，恶言有加，但胡适不仅不否定鲁迅的思想，还为他恢复名誉。胡适的这个态度，宽容、大度、雅量、明智，确实是常人难以做到的“绅士风度”。如果说鲁迅的光明磊落让人由衷敬佩，那么，胡适的这种“绅士风度”也同样让人高山仰止。

鲁迅和胡适体现出了“中国知识分子的两种不同选择”。与鲁迅的思想深刻、毫不妥协、坚韧不拔诸多品质相比，胡适表现出来的是一种平常心态，是渐进的、理性的。正如世界有好就有坏，有前就有后，有强势就有弱势，有激进就有保守。如果把鲁迅的犀利、深刻看作激进思想的表达，那么不妨把胡适看作介于激进与保守之间的温和派。

胡适先生如同一位温和的、善为他人着想的谦谦君子，而鲁迅先生就是一身正气、绝不与现实妥协的铮铮汉子。处当今之世，生活瞬息万变，人事纷繁复杂，若想成就普通人的平安与幸福，只修谦谦君子之人格，或者钟爱一身铮铮铁骨，最终很难如意。所以为人还需讲究方圆之道，修铮铮汉子的一身正气，心中方方正正，处世有底线，为人讲原则；取谦谦君子的圆融为人，左右逢源，在熙熙攘攘的人世间游刃有余。

三、诚实守信

（一）正直诚实的人才值得信赖

在东汉的时候，有两个非常要好的朋友，他们是张劭和范式，张劭是汝南郡人，范式是山阳郡人，他俩同在京城的某家书院读书而相互结识，谈笑之余引为知己。学业结束了，两人即将分别，在十里长亭，张劭送别范式，难舍之情萦绕于心，张劭望着前方的天空，凄然叹道：“唉，今日一别，不知与兄何时才能再相见。”说罢，泪水不觉流了下来。范式说道：“兄长莫要伤悲，两年后的今天，弟一定前去贤兄家里探望，到时再与兄长把酒言欢。”于是两人端起酒杯，饮完这杯送别酒。

凉风中落叶萧萧，院中篱笆墙上楹菊绽放，转眼间两年时间过去了，又是一季的深秋。张劭站在院中，偶然听得天空中一声雁鸣，顿时牵动了情思，不由得自言自语说道：“他应该快来了。”说完，回到屋里，对母亲说：“娘亲，刚才我听见天空雁叫，范式快来了，我们准备一下吧！”母亲不相信地说：“傻孩子，山阳郡离我们这有一千多里路，范家儿郎怎么会来？”张劭解释道：“娘亲，范贤弟为人正直、诚恳，有君子之风，他既答应我要来此，就一定会来的，我们还是赶紧准备吧！”母亲无奈，去厨房准备餐食了，张劭则赶忙跑去镇上买酒了。

午时刚过，便遥见远处一人风尘仆仆地往这边赶路，张劭一看，知是范式，不禁喜上眉梢。他亲自上前迎接，旧友重逢，老母亲也激动得在一旁擦拭眼泪，感叹地说：“天下真有这么讲信用的朋友。”兄弟俩把酒言欢，促膝而谈，直到深夜，方才睡去。

诚信是一种品质，是个人信誉和道德的基础，一个人如果连基本的诚信都做不到，那就会一事无成。古人的“人而无信，不知其可也”，民间的“一言既出，驷马难追”，都是极言守信的重要。几千年来，“一诺千金”的佳话不绝于史，广为流传。

诚信是一个人立身处世的基本原则，其意义就是对别人的承诺一定要兑现，不可言而无信；对自己定下的目标或者期望，一定要落到实处，在实践中达到。对个人而言，守信是高尚的人格力量；对企业而言，守信是宝贵的无形资产；对社会而言，守信是正常的生产生活秩序；对国家而言，守信是良好的国际形象。

（二）诚信胜过金

一个星期天，宋庆龄一家用过早餐后，就准备到父亲宋耀如的一位朋友家做客，小庆龄听了，高兴得一蹦三尺高，她最喜欢到那位叔叔家了，叔叔家养了鸽子，可漂亮了，那位叔叔还说要送她一只鸽子呢！小庆龄正准备和爸爸出门时，她突然想起要教好朋友小珍学做花篮，便停下脚步，把此事告诉了爸爸，爸爸和姐姐都让庆龄明天教小珍做花篮，但小庆龄说什么也要今天教，父亲听了心里很高兴，还对其他孩子说要向小庆龄学习。父亲到了朋友家，把事情告诉了他的朋友，那位叔叔也很高兴，还让父亲带回两只鸽子，算是对小庆龄的奖励。

宋庆龄的故事告诉了我们一个道理：许人一物，千金不移；一言既出，驷马难追。

言而有信、一诺千金是我们的祖先代代相传的美德。信用既是一种无形的力量，又是一种无形的财富，还是连接友谊的无形纽带。一个诚实的人，无论他有多少缺点，同他接触时，心神会感到清爽。这样的人，一定能找到幸福，在事业上有所成就。这是因为以诚待人的人，别人也会以诚相待。

（三）诚信——立身处世的原则

我国古代名士宋濂是一个诚实守信的人。他小时候特别喜欢读书，但是家里很穷，也没钱买书，只好向人家借书。每次借书，他都讲好期限，按时归还，从不违约，因此人们也都乐意把书借给他。

一次，他借到一本书，越读越爱不释手，便决定把它抄下来。可是还书的期限快要到了，他只好连夜抄书。时值隆冬腊月，滴水成冰。他的母亲说："孩子，都半夜了，那么冷，天亮了再抄吧，人家又不是等着看这书。"宋濂说："不管人家等不等看这本书，到期限就要还，这是个信用问题，也是尊重别人的表现。如果说话做事不讲信用，失信于人，怎么可能得到别人的尊重？"就这样，宋濂忍着严寒，终于抄完了书，按期把书归还给了人家，这种诚实守信的态度使得大家都尊敬他，乐于帮助他。

又一次，宋濂要去远方向一位著名学者请教，并约好见面日期，谁知出发那天下起了鹅毛大雪。当宋濂挑起行李准备上路时，母亲惊讶地说："这样的天气怎能出远门呢？再说，老师那里早已经大雪封山了，你这一件旧棉袄，也抵不住深山的严寒啊！"宋濂说："娘，今天不出发就会误了拜师的日子，就算失约了。失约，就是对老师不尊重。风雪再大，我也得去。"最后，当宋濂赶到老师家里时，老师感动地称赞他说："年轻人，守信好学，将来必有大出息！"

后来宋濂也印证了老师的话，成了一代名儒。

诚信的人才能得到人们的信任，自然能够得到大家的认同，这种众人的信赖和支持也将为以后的成功积累宝贵的资源。而一个没有诚信的人，既不会赢得别人的信任和尊敬，事业也不会成功。

诚信是一种品质，是个人信誉和道德的基础，一个人如果连基本的诚信都做不到，就会一事无成。古人的“人而无信，不知其可也”，民间的“一言既出，驷马难追”，都是极言守信的重要。几千年来，“一诺千金”的佳话不绝于史，广为流传。

（四）做人办事用真心

当年周武王伐纣，进入朝歌后，听说有一个德高望重的隐士，就亲自去拜访他，向他请教商朝灭亡的原因。隐士说：“您如果想知道的话，请明天中午再来吧！”周武王和周公旦第二天提前赶到隐士家，隐士却已经搬走了。周武王很奇怪，觉得一个德高望重的人不应该有不讲信用的行为。这时，周公旦说：“我已经明白了他的意思！约定的事却不守信，说过的话却不兑现，这正是商朝灭亡的原因啊！”

不讲信用，哪怕像纣王一样拥有号令天下的权势都行不通，何况无权无势的人呢？对自己守信也很难做到。例如对自己说明天一定努力学习。到了明天，有件好玩的事，就把学习放到一边了。对自己说，一定要努力赚钱，好好孝敬父母。可是赚钱不易，努力了几天就松懈了，孝敬父母也只好以后再说。当你屡屡失信于己时，你会变得越来越不敢相信自己，其负面影响将波及学习、工作、生活和交往的方方面面。

对自己所做的事守信，是什么意思呢？天下任何事，都需要相应的条件，需要付出相当的努力，还需要遵循办这件事的自然规律。当你决定办这件事时，即是承诺实现这件事需要的条件，付出相应的劳动，并按规律去做。不讲条件、不花力气、不依规律，等于是对这件事失信了，肯定做不好。

有一句话说得好：成功一定有方法，失败一定有原因。事情的结果不尽如人意，通常不是因为运气差，而是因为你对这件事“失信”了。你不误事，事就不会误你，只要你打消投机取巧的念头，按事情成功本来的要求去做，坏运气即告结束，好运气已经开始。

拓展阅读

一、民为贵，君为轻

明朝的茶叶是政府和西域人交换马匹的主要物资，为此朱元璋制定了“茶法”，并在茶叶产地和主要关隘设立了专门的机构，管理茶叶贸易事宜，严禁贩卖私茶。可是朱元璋的三女婿欧阳伦仗着特殊的身份和地位，目无法纪，贩卖私茶，谋取横财，还怂恿指使家人巧取豪夺，大量收买茶叶。地方官员对其作为十分不满，意欲告发。而欧阳伦不但不收敛自己，反而仗势欺人，对意欲告发者重刑拷打，逼其屈就。朱元璋知道后龙颜大怒，查明情况后即刻将自己的乘龙快婿欧阳伦赐死，同时对那些勇于告发者敕令嘉奖。

在这件事的处理中，朱元璋虽然失去了一个女婿，但他却赢得了天下的人心，使得“茶法”得以更加顺利施行，真可谓“法立令行，则民之用者众矣”。

“民为贵，社稷次之，君为轻。”这是孟子提出的一个重要思想观点，意思是说，人民应当放在第一位，国家其次，君王在最后。正因为有了人民，才谈得上建立国家；有了国家，才需要有个“君”。国家是为民众建立的，“君”的位置是为国家而设立的。这里，轻重主次的关系是很清楚的，国家政治，一切以民为本。要说真有什么“天子”，那么民众才是真正的“天子”。民众的意愿，“天”总是顺从的。可见民众才是“天”的代表，是真正的“天之骄子”。至于“君”，则是民众抬举出来的。“君者舟也，庶人者水也，水则载舟，水则覆舟。”民众有力量抬举出一个“君”，也有力量把“君”推翻。君位本是为天下民众设的，谁来做“君”完全应当由天下民众决定。这是古今天下通行的道理。历代先贤都以“为天地立心，为生民立命，为往圣继绝学，为万世开太平”。

二、子欲养而亲不待的痛悔

卡耐基在为成年人上的一堂人生课上，给他们出过一道家庭作业：“在下周以前去找你所爱的人，告诉他们你爱他，而那些人必须是你从没对其说过这句话的人，或者是很久没听到你说这句话的人。”

下一堂课程开始前，卡耐基问他的学生是否愿意把他们对别人说爱而发生的事和大家一同分享。一个中年男子从椅子上站起身，开始说话了：“卡耐基先生，上礼拜你布置给我们这个家庭作业时，我对您非常不满，因为我并没感觉有什么人需要我对他说这些话。但当我开车回家时，一个念头一闪而过，自从6年前我的父亲和我争吵过后，我们就开始彼此躲避，除在圣诞节或其他不得不见的家庭聚会之外，我们避而不见，即使见面也从不交谈。所以回到家时，我告诉我自己，我要告诉父亲我爱他。在我做了这个决定后，忽然感到胸口上的重量一下子减轻了。第二天，我一大早就起床了，整晚都在想这件事。我很早就赶到办公室，两小时内做的事比从前一天做的还要多。9点钟时，我打电话给爸爸，问他我下班后是否可以回家去，因为我有些事想要告诉他。父亲以暴躁的声音回答：‘又是什么事？’我跟他保证，不会花很长的时间，他同意了。下午5点半，我到了父母家，按门铃，祈祷爸爸会出来开门，如果是妈妈来开门，我恐怕会丧失告白的勇气。但幸运的是，爸爸打开了门。我没有浪费一点时间，踏进门就说：‘爸，我只是来告诉你，我爱你。’父亲听了我的话，不禁哭了，伸手拥抱我说：‘我也爱你，儿子，原谅我竟一直没能对你这么说。’这一刻如此珍贵，我甚至期盼时间停止。但这不是我要说的重点，重点是两天后，从没告诉过我有心脏病的爸爸突然病发，在医院里结束了他的一生。这一刻来得如此突然，让我毫无防备。如果当时我迟疑着没有告诉爸爸我对他的爱，可能永远都没有机会了！所以我想对所有儿女说的是：爱你的父母。不要迟疑，从这一刻开始！”

爱，需要用行动来表达，对父母的爱也是如此。像关心自己的子女一样关心自己的父母，你便不会总为自己推迟行孝的举动而寻找借口。爱你的父母，就像爱你的孩子，只有这种付出才是真正的孝。

你曾感受到时间的流逝吗？你曾感受到周遭人、事物随着时间不断改变吗？你曾想过最亲近的人有一天将离你而去吗？世人在年少时大多不能完全理解父母的爱，等自己也为人父母，理解父母的苦心时，父母已经等了很久了。所以，孝敬父母要趁早，现在就去做，不要等父母都不在了而空留遗憾。

三、百善孝为先

舜的父亲叫瞽叟，母亲在舜很小的时候就去世了，他跟着父亲和继母一起生活，继母后来又生了一个弟弟，名叫象。象是父母的心肝宝贝，而舜从小就不受父母亲的喜爱。因为家里生活困难，一家人生活实在很艰辛，于是父母商量着想除掉舜。

有一次，父亲让舜去修补谷仓的仓顶，等到舜爬到仓顶上准备修补的时候，他们就在下面放火，想把舜烧死，结果舜纵身跳下逃脱了；可是父母亲仍不死心，又让舜去掘井，等到舜下到井深处，他们就在上面往井里填土，想把舜活埋在井里，结果舜挖地道逃脱了。父母的多次加害都没有成功，舜在危难的时候总是能够化险为夷，可是舜却并未因此而憎恨自己的父母，反而一如既往地孝顺他们，有好东西总是自己舍不得用，拿回家给父母，田地里的活儿也是自己干；对弟弟仍然很友爱。

后来尧帝听说了这件事，觉得舜对父母尽孝，是个贤明的人，于是把自己的两个女儿娥皇和女英嫁给了他，后来还把天下也交给了他治理。舜登上帝位后，仍然经常去看望他的父母亲。

舜算是尽孝顺亲的最好表率。懂得顺亲，将顺亲的理论方法推而广之，恒顺众生，那就是普遍的贤行。

儒家说得好，“养父母之身”。我们孝养父母是以孝心养父母，对于父母的物质生活，要照顾到。还要懂得“养父母之心”，要让父母没有烦恼、心情愉快，这才叫顺。如果不顺，父母就会生出烦恼，就会有忧虑，所以要落实孝道是相当不容易的，是要用自己的真心的。还要知道“养父母之志”，父母之志就是对你的期望。

四、态度决定爱的深度

陈毅一生十分孝敬父母，投身革命后，虽然长年战乱、远离家乡，但总是千方百计寄回家书，让父母知道自己的近况，向父母请安问好。新中国成立后，父母没有同陈毅一起居住，陈毅除每月给父母寄上足够的生活费外，仍在百忙中挤出时间亲笔给父母写信，聊叙家事，宽慰老人。

1962年，身居要职的陈毅已62岁，这年春天，他工作途经成都，当时，他的老母亲已年过八旬，重病在身，住在成都陈毅弟弟的家中。当天下午，陈毅就与妻子张茜前去看望。由于老人病重，有时小便失禁，陈毅刚到母亲房中，恰遇母亲换下一条被尿弄湿的裤子。母亲担心让儿子见到污浊之物，便不停挥手、使眼色，要身边照顾她的保姆将尿裤藏起来，保姆慌忙中将裤子扔到了床下。

陈毅拉住母亲的手关切地问道："娘，您把啥子东西扔到床下了？"母亲连连摇头说："没啥子，不关你的事。快坐下，跟娘聊聊天！"陈毅笑了笑，对母亲说："娘，您怎么对我也保起密来了？"说着，弯下身去，要看个究竟。母亲见瞒不住，只好将事情的缘由告诉儿子。陈毅听罢，眼圈红了，动情地说："娘！您久病在身，我没能在您身边侍候，心里有说不出的难受。这裤子应该马上拿去洗了，还藏着干什么！"说着，他一手拿过裤子，并对保姆说："我母亲的病如此重，平时不知给你们添了多少麻烦！今天，就让我去洗吧！"

保姆怎么也不让，母亲也赶紧阻拦。陈毅诚恳地说："娘，我不是说着玩的，您就允了吧。小时候，您不知给我洗过多少尿裤、屎裤，儿子无论怎么做，都难报答养育之恩。"接着，对妻子笑道："我们家乡有句俗话，'婆媳亲，全家和'。你这个常年不能照顾婆婆的媳妇，也该尽点孝道，今天我们俩一起来洗这条裤子，好不好？"

很多人都说："我爱我的父母。"事实上，他们确实是发自内心爱自己的父母，只是在和父母对话时，常会态度恶劣，或者对父母的言语敷衍了事，相当不耐烦，或者是声色俱厉地呵斥父母，这些言语上的冲撞常会深深刺痛父母的心。

爱在态度上，孝敬父母就要由内而外，发自真心，给予父母同等的尊重，这才是真正的孝。

五、包容也是信任的标号

楚庄王逐鹿中原，连续几次取得了胜利。楚庄王设宴款待群臣。席间，楚庄王命最宠爱的妃子给参加宴会的人敬酒。

这时，天色渐渐暗下来，大厅里开始燃起蜡烛，猜拳行令，敬酒干杯，君臣喝得兴高采烈，好不热闹。忽然，一阵狂风刮过，客厅内所有的蜡烛一下子全被吹灭，整个大厅一片漆黑。楚庄王的那位宠妃正在席间轮番敬酒，突然，黑暗中有一只手拉住了她的衣袖。对这突然发生的无礼行为，宠妃喊又不敢喊，走又走不脱，情势紧迫之下，她急中生智，顺手一抓，扯断了那个人帽子上的帽缨。那人手一松，宠妃趁机挣脱身子跑到楚庄王身边，向楚庄王诉说被人调戏的情形，并告诉楚庄王，那人的帽缨被扯断，只要点明蜡烛，检查帽缨就可以查出这个人是谁。

楚庄王听了宠妃的哭诉，出乎意料地表示出很不以为然的样子，趁烛光还未点明，便在黑暗中高声说道："今天宴会，盛况空前，请各位开怀畅饮，不必拘礼。大家都把自己的帽缨扯断，谁的帽缨不断谁就是没有喝好酒！”群臣哪知楚庄王的用意，为了讨得楚庄王的欢心，纷纷把自己的帽缨扯断。等蜡烛重新点燃，所有赴宴人的帽缨都断了，根本就找不出那位调戏宠妃的人。就这样，调戏庄王宠妃的人，不仅没有受到惩罚，就连尴尬的场面也没有发生。按说，在宴会之际竟敢调戏宠妃，堪称杀头之罪了。楚庄王为什么蓄意开脱，不加追究呢？他对宠妃解释说：“酒后失态是人之常情，如果追查处理，反会伤了众人的心，使众人不欢而散。”

时隔不久，楚庄王借口郑国与晋国在鄢陵会盟，于第二年春天倾全国之兵围攻郑国。战斗十分激烈，历时三个多月，发动了数次冲锋。在这场战斗中有一名军官奋勇当先，与郑军交战斩杀敌人甚多，郑军闻之丧胆，只得投降。楚国取得胜利，在论功行赏之际，才得知奋勇杀敌的那位军官名叫唐狡，就是在酒宴上被宠妃扯断帽缨的人，他此举正是感恩图报。

容人之过，方能得人之心。有过之人非常希望得到他人的宽容和友谊，希望得到悔过自新的机会。这种需要一旦得到满足，其对立情绪便会立即消失，感恩戴德，“受人滴水之恩，应以涌泉相报”的情感很快在心理上占据主导地位。在这个基础上，稍加引导，就会产生像“戴罪立功”那样的心理效果。

如果说当年楚庄王“三年不鸣，一鸣惊人”之举表现出他在诸侯中问鼎称霸的韬略和气魄的话，那么在宴会中绝缨之事，则表现了他那宽容大度的襟怀。一名统御者能宽宥属下的某些过失，宽大为怀，容人之过，念人之功，谅人之短，扬人之长，必然会得到部下的奋力相报，在客观上为自己留下了一条后路。

六、三人行，必有我师

历史上，明州奉化县出了远近闻名的两个高僧：一个是沿街化缘的布袋和尚；另一个是闭关修炼的净瓶居士。一个年轻人想知道如何才能修成人间的正果，于是决定去拜访他们。他先在一个又脏又臭的巷子里遇到了布袋和尚，这个和尚又矮又胖，随便躺在地上就能呼呼大睡。年轻人邀请布袋和尚去吃饭，却让店里的小二端上一堆鸡鸭鱼肉，看布袋和尚怎么办。结果那个布袋和尚双手合十，虔诚地念道：“因缘！因缘！”拜完之后大吃大喝，毫不避讳，不过他吃每一样东西都要分出一点儿扔在布袋里，冲年轻人笑笑。“这样子也算是得道高僧吗？”年轻人大失所望，又去拜访另外那个净瓶居士，把自己在布袋和尚那里的经历描述一番，还有意嘲笑了布袋和尚一顿，并希望净瓶居士能给自己一点儿有益的启示。

净瓶居士正在参禅悟道，他听后一言不发，提起茶壶往供奉的净瓶里倒水，水溢出来还不停手。“居士，你的净瓶满了，怎么可能再倒进水呢？”年轻人忍不住地提醒他说。“是吗？”居士继续倒水，反问道，“那么你呢？”年轻人恍然大悟，感叹道：“果然是有道高僧！是我当时愚昧了！”“说来听听？”居士淡淡地问。“大师是教我做人谦虚、有容乃大，不要骄傲自满，为知识所累；布袋大师也在教我汲取每天的经验教训，用心琢磨。看来只有常以别人为师，才能真正做到千里得道。”

谦虚是中国人的优良传统，中国人在自己数千年的文化中融入了谦虚的精神。中华民族是一个非常谦虚的民族，她从来不会因为自己文明历史的悠久而对其他文明有所排斥，她常常是敞开自己的胸怀，包容和容纳一切传入的文明和文化。

中国人以“容”和“谦”来作为处世态度，因为真正的智慧总是与谦虚、包容相连，一个人懂得的越多，就会感觉到自己所知甚少。大凡有所成就的人，都是很低调、很谦虚的人。

孔子说：“三人行，必有我师焉。”如果你真有上进的志向，真的渴望造就自己、充实自己，必须认识到：无论何时、无论什么人都可能增加你的知识和经验。假如你有志于出版业，那么一名普通的印刷工也会帮助你了解书籍装帧的知识；假如你热衷于机械发明，那么一名修理工的经验也会对你有所启发。

七、做官一阵子，做人一辈子

清代康熙年间，北京城里延寿寺街上廉记书铺的店堂里，一个书生模样的青年站在离账台不远的书架边看书。这时账台前一位少年购买一本《吕氏春秋》，付书款时有一枚铜钱掉下滚到了这个青年的脚边，青年斜睨眼睛扫了一下周围，就挪动右脚，把铜钱踏在脚底。

不一会儿，那少年付完钱离开店堂，这个青年就俯下身去拾脚底下的这枚铜钱。凑巧，这个青年踏钱、取钱的一幕被店堂里面坐在凳上的一位老翁看见了。他见此情景，盯着这个青年看了很久，然后站起身来走到青年面前，同青年攀谈，知道他叫范晓杰，还了解了他的家庭情况。原来，范晓杰的父亲在国子监任助教，他跟随父亲到了北京，在国子监读书已经多年了。今天偶尔走过延寿寺街，见廉记书铺的书价比别的书店低廉，所以进来看看。老翁冷冷一笑，告辞离开了。

后来，范晓杰以监生的身份进入誊录馆工作，不久，他到吏部应考合格。被选派到江苏常熟县去任县尉官职。范晓杰高兴极了，便水陆兼程南下上任。到了南京的第二天，他先去常熟县的上级衙门江宁府投帖报到，请求谒见上司。

当时，江苏巡抚大人汤斌就在江宁府衙，他收了范晓杰的名帖，没有接见。范晓杰只得回驿馆住下。一天过去，又得不到接见。这样一连 10 天。第 11 天范晓杰耐着性子又去谒见，威严的府衙护卫官向他传达巡抚大人的命令：“范晓杰不必去常熟县上任了，你的名字已经写进被弹劾的奏章，革职了。”“大人弹劾我，我犯了什么罪？”范晓杰莫名其妙，便迫不及待地问。“贪钱。”护卫官从容地回答。“啊？”范晓杰大吃一惊，自忖：“我还没有到任，怎么会有贪污的赃证？”一定是巡抚大人弄错了。急忙请求面见巡抚大人陈述，澄清事实。护卫官进去禀报后，又出来传达巡抚大人的话：“范晓杰，你不记得延寿寺街上书铺中的事了吗？你当秀才的时候尚且爱一枚铜钱如命，今天侥幸当上了地方官，以后能不绞尽脑汁贪污而成为一名戴乌纱帽的强盗吗？请你马上解下官印离开这里，不要使百姓受苦了。”范晓杰这才想起以前在廉记书铺里遇到的老翁，原来就是正在私巡察访的巡抚大人汤斌。

一枚铜钱断了范晓杰的政治之路，让他在还没有起飞的时候就先折了翼，归根结底不是因为那一枚铜钱有多厉害，而是因为他不会做人，人都没做好，又如何能做好事情呢？做人要恪守自己的原则，做人要有正确的人生信念、执着的人生追求，做人要合乎历史潮流，不可随波逐流。陶渊明不为五斗米折腰，朱自清宁可饿死不食美国面粉，鲁迅“横眉冷对千夫指，俯首甘为孺子牛”。

做不好事情也做不好官，这就是做官一阵子，做人一辈子的核心。我们应该在实践中磨砺，自己在实践中锻炼自己，不愿吃苦、不肯艰苦奋斗的人，成就不了大事，也不可能成为顶天立地之才。

八、宽容是消灭敌人的最佳策略

东汉时期，苏不韦的父亲苏谦曾做过司隶校尉。另一个官员李皓和苏谦素有嫌隙，因此怀着私愤把苏谦判了死刑。当时苏不韦只有 18 岁，他把父亲的灵柩送回家，草草下葬，又把母亲隐匿在武都山里，自己改名换姓，用家财招募刺客，准备刺杀李皓，以报杀父大仇，但刺杀一直没有成功。很久以后，李皓升为大司农。

苏不韦暗中和人在大司农官署的北墙下开始挖洞，夜里挖，白天则躲藏起来。干了一个多月，终于把洞打到了李皓的寝室下。一天，苏不韦和他的人从李皓的床底下冲了出来，不巧李皓出去了，于是杀了他的妾和儿子，留下一封信便离去了。李皓回房后，看到这个场面大吃一惊，以后他每天都在室内布置许多荆棘，晚上也不敢安睡。苏不韦知道李皓已有准备，杀死他已不可能，就挖了李家的坟，取了李皓父亲的头拿到集市上去示众。李皓听说此事后，心如刀绞，又气又恨，却不敢声张，没过多久就吐血而死。

苏不韦的一生生活在仇恨之中，为报仇竭心尽力。李皓只因一点儿私人恩怨，不忍私仇，就置人于死地，结果招致老婆、孩子被杀，死了的父亲也跟着受辱，自己最终气愤而死，被天下人耻笑，真是愚蠢至极。冤冤相报就是如此，仇恨双方都得不到好处，这是一种“双输”的行为。因此何不将“冤冤相报何时了”变成“相逢一笑泯恩仇”的双赢，用一颗宽容的心对待仇恨?

九、别把真诚当作假仁义的面纱

郑庄公的母亲姜氏生有两个儿子，老大叫寤生，老二叫共叔段。姜氏对共叔段特别偏爱，几次请求郑武公立共叔段为世子，郑武公都没有同意。

郑武公死后，长子寤生继位，是为郑庄公。姜氏见扶植共叔段的计划失败，转而请求郑庄公将京邑封给共叔段，郑庄公不好推辞，只好答应了。

郑国大夫知道后，立即面见郑庄公说："分封的都城，它的周围超过三百丈的，就会对国家有害。按照先王的制度，规定国内大城不能超过国都的三分之一，中城不能超过国都的五分之一，小城不能超过国都的九分之一。现在将京邑封给共叔段，不合法度。这样下去恐怕您将不能控制他。"

郑庄公答道："母亲喜欢这样，我怎么能让她不高兴呢？"

大夫又说："姜氏哪里有满足的时候！不如早想办法处置，不要让祸根滋长蔓延，蔓延了就很难解决，就像蔓草不能除得干净一样。"

郑庄公沉吟了一会儿，说："多行不义必自毙。你姑且等着吧！"

其实，郑庄公心里早已有了对付共叔段的方略。他知道自己现在力量还不够强大，共叔段又有母后的支持，要除掉共叔段还比较困难，不如先让他尽力表演，等到其罪恶昭著后，再进行讨伐，一举除之。

共叔段到了京邑后，将城进一步扩大，还逐渐把郑国的西部和北部的一些地方据为己有。公子吕见此情形十分着急，对郑庄公说："国家不能使人民有两个君主统治的情况出现，您要怎么办？请早下决心。要把国家传给共叔段，那么就让我奉他为君。如果不传给他，就请除掉他，不要使人民产生二心。"

郑庄公回答说："你不用担心，也不用除他，他将要遭受祸端的。"

此后，共叔段又将他的地盘向东北扩展到与卫国接壤。此时，子封又来见郑庄公，说："应该除掉共叔段了，再让他扩大土地，就要得到民心了。"

郑庄公说："他多行不义，人民不会拥护他。土地虽然扩大了，也一定会崩溃的。"

共叔段见郑庄公屡屡退让，以为郑庄公怕他，更加有恃无恐。他集合民众，修缮城墙，收集粮草，修整装备武器，准备好了步兵和战车并与母亲姜氏约定日期作为内应，企图偷袭郑国都城，篡位夺权。

郑庄公对共叔段的一举一动早已看在眼里，并有防备。当他得知共叔段与姜氏约定的行动日期后，就命大将子封率领 200 辆战车提前进攻京邑，历数共叔段的叛君罪行，京邑的人民也起来响应，反攻共叔段，共叔段弃城而逃，后来畏罪自杀。他的母亲姜氏也因无颜见郑庄公而离开宫廷。

按照孔子的思想，他是讲究兄弟友爱的，也就是说，弟弟再有过错，你也不能放纵他继续错，更不能杀了他，而是应该给他讲道理，要他守好自己的本分，毕竟是血浓于水的亲兄弟。但是郑庄公不仅没有规劝，反而用了假装糊涂与欲擒故纵的计谋，他表面上装作很有肚量，对他的弟弟和母亲也是一忍再忍，可背地里早已经做好了杀弟逼母的准备。从这一点来讲，他也不愧是历史上第一个"奸雄"。也许有人会认为皇室从来就没有夫妻情，也没有父母子女情，又谈什么兄弟情呢？他们生来就是为权力和地位斗争的，谁输了谁就是阶下囚，也许比这个还惨烈。

我们作为普通的凡夫俗子，应本着仁爱的精神，爱他人才会被他人所爱。想一想，郑庄公的内心肯定不会快乐。他成了名副其实的孤家寡人，失去了胞弟，也失去了母亲。这样的人就算是能呼风唤雨又如何？毕竟他再也呼唤不来与他流着一样血液的亲人。活着，简单为好。

第二章　释家思想——修身之道

释家是佛教的别称，起源于古印度。核心理念是“博爱，禁欲”。研究人与社会之间的关系，即人生观。其行为过程称为修行，讲求天下为公。在与中国传统文化的相互融合中，对中华传统文化产生了重要影响。佛教以其基本教义对中国人的思想形态、文学艺术、语言习惯、生活方式等各个领域都影响深远，构成了中华民族集儒、佛、道为一体的精神气质。

一、度己度人

佛说：“自己未度，而欲度人，是菩萨发心。”

佛还说：“自己未度，而能度人，无有是处。”

拥有一个慈悲心就是要度人。何为度人？在汉字中度原来就有渡河的意思，从河水的此岸渡到彼岸去。人生就像一条大河：一边是善，另一边是恶；一边是光明，另一边是黑暗；光明的一边光辉灿烂，黑暗的一边泥潭火坑。度人就是帮助别人摆脱困境，离苦得乐，种善因得善果。

度人者，先要度己。道理就像是有人溺水，要救溺水的人，救人的人必须会游泳，救人的人游泳的本领越大，救的人就越多。如果我们自己都做得不好或是方法不对，我们就不能去度人。

达摩祖师手下弟子如云，其中三弟子和小弟子因热心帮助别人而赢得人们的称赞。有一天，达摩祖师让两个弟子下山云游四方，普度众生，两人很高兴地答应了。

下山期间，两个人都帮着人们做了很多善事，得到众人的感激，但是两个弟子在帮助人的方法上有所差别。

三弟子一副菩萨心肠，看见别人有什么难处，他都有求必应。小弟子则不同，每隔一段时间就往深山里跑。人们都非议小弟子做事不用心、耍滑。20 年后，达摩祖师圆寂了。他的弟子都将师父的教诲铭记在心，帮助更多的人脱离苦海，得到人间的快乐。其中，三弟子做得最好、名气大，得到众多弟子的好评。

但是，转眼间十年的时间又过去了，三弟子时常被各种疾病缠身，不但不能帮助别人，反而因病痛还需要别人的照顾。而此时，喜欢帮助别人的僧人增多了，而且隔一段时间就往深山上跑，习惯像极了当年的那个小弟子。

原来，这些僧人都是小弟子的徒弟，当年小弟子往深山上跑是教育更多弟子去了，这样既能得到充分的休息，不至于忙坏身体，当他老了的时候，还能有众多的弟子继续帮助别人。所以，后来人们才称达摩祖师的小弟子为高僧、智者。

度人先要度己，就像太阳一样，要想照亮别人，首先得自己发热。只有我们自己的身体健康了，我们的心态调得很好了，自己先得到解脱，才有能力度化别人脱离苦痛，为这个社会营造一种和谐的环境。

二、学会释怀

佛家是追求出世、讲究清净的，要求能看到《金刚经》所言的“一切有为法，如梦幻泡影”，做到《心经》所言的“照见五蕴皆空”。概括为三个字，就是“放得下”。

什么是“放得下”？且看这个“佛”字——左边一个“人”，右边一个“弗”，“弗”的意思是不，合起来就是“不人”和“人不”。“不人”就是无人，也就是放下自我，摆脱私心的困缚；“人不”就是懂得拒绝，也就是放下欲望，超脱对外物的追逐。这两点能做到，就是“放得下”。

如何才能“放得下”？唐代禅宗高僧青原行思曾提出参禅的三境界，那正是路径所在。

第一重境界是“看山是山，看水是水”。人之最初，例如年少之时，心思是简单的，看到什么就是什么，别人说什么就相信什么。这样看待世界当然是简单而粗糙的，所看到的往往只是表面。但同时，正是因为简单而不放在心上，于是不受其困扰，这就是放下的心境。只是还太脆弱，容易被现实击碎。

第二重境界是“看山不是山，看水不是水”。人随着年龄渐长，经历的世事渐多，就发现这个世界的问题越来越多、越来越复杂，经常是黑白颠倒、是非混淆，无理走遍天下、有理寸步难行，好人无好报、恶人活千年。这时人是激愤的、不平的、忧虑的、怀疑的、警惕的、复杂的，于是人不愿意再轻易地相信什么，容易变得争强好胜、与人比较、绞尽脑汁、机关算尽，永无满足的一天。大多数人都困在这一阶段，虽然纠结、挣扎、痛苦，这却恰恰是顿悟的契机。因为看到了，才能出来；经历了，才能明白。

第三重境界是“看山还是山，看水还是水”。那些保持住本心、做得到忍耐的人，等他看得够了，经得多了，悟得深了，终于有一天豁然顿悟，明白了万般只是自然，存在就有存在的合理性，生会走向灭，繁华会变成寂寞，那些以前认为好的、坏的、对的、错的，都会在规律里走向其应有的结局，人间只是无常，没有一定。这个时候他就不会再与人计较，只是做自己，活在当下。任你红尘滚滚，我自清风朗月；面对世俗芜杂，我只一笑了之。这个时候，就是放下了。

第一重境界是出得来，而进不去；第二重境界是进得去，而出不来；第三重境界才是进退自如、来去随意。放得下是因为看透了，超脱了，所以随缘。

学会释怀，别让我们的心活得太累，生活中总有一些人不得不离我们而去，总有一些东西不得不失去，所以当我们必须要面对这一切的时候，要学会释怀。

不要将眼光盯在那些不得不失去的东西上，怀着感恩之心，随时准备迎接自己应该得到的东西，这样，我们的生活才会快乐，我们的人生才会不断向前。因此，无论身处顺境还是逆境，都应该坦然面对，不要有太多的执着，这样的人生才会少很多烦恼与阻碍，才经得起风浪洗礼，才会更加轻松愉快。

很多时候，我们没有办法预知人生的坎坷，也没有办法控制生命的长度，即便今天是我们在这个世界上最后所拥有的日子，无论明天晨起的太阳是否还能从东方升起，我们所能做的就是让这仅有的一天的生活都变得充实，让我们生活中的笑更多些，千万不要放大痛苦。这样，我们真的就没有时间悲伤，也没有时间老去。在每个不凡的日子，都可以绽放如花。

三、活在当下

当过去已成为不可改变的历史，未来依旧是不能预知的憧憬，我们唯一能握在手中的便是现在经历的每一秒钟。“活在当下”是禅宗的人生态度，这简单的四个字蕴含着令人无尽深思的内力。

“活在当下”并非不回忆过去、预计未来，而是专注于过程，一个过程只干好一件事情。回忆就专心回忆，展望就专心展望，念经就专心念经，劳动就专心劳动，吃饭就专心吃饭，食不语。

（一）不沉溺于过去

沉溺于过去的失败只会使人灰心丧气、举步维艰，沉溺于过去的成功只会让人骄傲自大、裹足不前。

如果勾践沉溺亡国之君的耻辱不能自拔，怎能灭吴称霸？他的成功在于每日的卧薪尝胆，每日的慎重策划，紧紧抓住当下的招兵买马，不断发展壮大，增强自己，削弱敌人，终究成就大业。而吴王夫差则恰恰相反，抓住勾践使其成为阶下囚，便沉溺在过去的成功中，不加防备，不思进取，一步一步走向灭亡，终被勾践所灭。

（二）不妄想于未来

还记得《守株待兔》的故事吗？为了白白获得兔子，愚蠢的农夫整天做白日梦，妄想天上掉馅饼，终究一事无成，不但没等到兔子，连田地也荒废了。假使他不妄想于未来，脚踏实地除草、种田或带着弓箭、猎犬，部署陷阱，那么他一定会有所收获。再美好的想法，不把握当下也一定会一场空。

（三）把握现在

如愚公一般，每日不计较过去搬走了多少堆土，不计算未来还有多少堆土待搬，只是脚踏实地，活在当下。只要有力气便移一堆土，那么王屋、太行两座大山也终究会被移走。活在当下不是目光短浅，而是脚踏实地，活在当下不是忘记伤痛，而是努力进步。千里之行，始于足下。孔子说：“逝者如斯”。过去的日子就像清澈的水，固然清晰得历历在目，可是，若想抓住，却是不可能的。过去的已经过去，未来遥遥无期，不可猜测，为何要傻傻去憧憬呢？未来的梦只有靠今天的努力来实现，只有把握住今天，才能抓住未来。

活在当下，及时回首身边的人，及时珍惜身边的事，及时领悟身边的物，那么，今天已胜却无数个昨天、明天。把握现在，才能活出精彩。活在当下，才是最真实的人生态度。

经典案例

一、度己度人

（一）养浩然正气，做上品人

赵概是宋朝南京虞城人，曾与欧阳修同在馆阁任职。赵概性情敦厚持重，沉默寡言，欧阳修很看不起他。欧阳修任知制诰（为皇帝起草诏令）之职后，以赵概没有文采为由，将其贬为天章阁待制。赵概清静淡泊，对此并不计较。

后来欧阳修的外甥女与人淫乱，忌恨欧阳修的人借题发挥，以此事来诬蔑他。皇帝震怒，没人敢为欧阳修辩护，只有赵概为欧阳修上书，说："欧阳修因文才出众才成为皇上的近臣，皇上不能随便听信谗言，轻易诬蔑他。"有人问赵概："你不是与欧阳修之间有嫌隙吗？"赵概说："以私废公，我不能做这种事。"

最终皇帝并没有听赵概的话，欧阳修仍旧被贬官滁州。赵概后来执掌苏州，接着又辞官守丧，守丧期满后，被授职翰林学士，他再次上书，要求先为欧阳修恢复官职。

虽然赵概的请求没有被朝廷采纳，但当时的人们都非常赞赏赵概宽厚大度、不计私怨的品行。欧阳修也认识到了赵概的崇高德行，对其非常佩服，两人从此成为莫逆之交。

自古做人难，做一个有一身浩然正气的人更难，因为这是一个需要自我修行的过程。《菜根谭》中有语："欲做精金美玉的人品，定从烈火中煅来；思立掀天揭地的事功，须向薄冰上履过。"

修身养性，就是这样一个不断克服自身缺点、不断进步的过程。俗话说：不经历风雨，怎能见彩虹，不下一番苦功，如何练就金玉人格？要想达到大境界，必须在修身养性上下苦功，时时拂拭心灵，处处反思行为，莫让自己蒙尘。

赵概的德行如此高尚，这得益于他平时能够严谨克己修身。为了严格要求自己，他曾准备两个瓶子，如果起了善念，或做了好事，他就会把一粒黄豆投入一个瓶子中；如果起了恶念，或做了不好的事，他就会把一粒黑豆投入另一个瓶子中。刚开始的时候，黑豆总是比黄豆多。后来随着赵概对自己的磨砺，时时内省，努力克制自己，改过迁善，瓶子中的黄豆渐渐多了，黑豆也随之减少，赵概终于成为德行高尚的人。

赵概通过自我有意识的修行，达到了令身边人称颂的境界，这就是在自己身上起到效验的阶段。

（二）以爱己之心爱人，以度己之心度人

中国"体彩"发行"形象大使"林海燕，曾经是一个普通的打工者，做过护士，后

来在家乡广东化州经营一个体彩投注站。一天，林海燕接到化州彩票中心的电话，说自己售出的一组660元复式彩票中了518万元大奖。可怎么没人来领奖呢？林海燕突然想起，一个星期前一位吴先生通过电话请她代购一张这样的彩票，但到现在都没来交钱。她一核对，中奖的果然是这张彩票。

这时，林海燕完全可以将此事压下，设法据为己有，但她还是拨通了吴先生的手机。开始，吴先生以为她在找借口催要彩票钱，就关掉手机。林海燕一直坚持给他打了10天电话，他才相信了她。领取彩票时，吴先生拿出20万元表示感谢与歉意，林海燕却说："这是你的福气，我一分也不能拿。"

一张大奖彩票悄悄保存了10天，她当时连丈夫和父母都没有告诉，怕家人的不同意见引发自己的私心。一个普通女子在巨额诱惑前的坚定，引得化州男女老少络绎不绝地来她的小店投注，争先恐后地在这里买"运气"。她走到哪里都有人主动问好，她去商场购物，店家主动打折，去餐馆吃饭，老板说什么也不收钱。中国福利彩票中心表彰了林海燕，中国体育彩票中心也将她选为中国"体彩"发行的"形象大使"。

一个人很容易被大千世界五光十色的表面所迷惑，如果在金钱利益面前只想到自己的一己私利而忘记了为人最重要的是什么，那就容易迷失心性。佛语："长居鲍鱼之肆而不闻其臭"，就是告诫我们要对世间万物持有一颗坚定的心，不被外物轻易干扰，这样才能使自己的心灵开出绚烂的花朵。

（三）己欲立而立人，己欲达而达人

明朝有位高僧，谥号中峰国师。他禅定力深，智慧超卓，博通古今，辩才无碍。一日，有几位儒生特意上山拜访，作难国师。

儒生难曰："观世间行善积德之人，子孙不兴；作恶造罪之人，反而家门隆盛。按此，佛所说的因果道理便无法实证。请问国师作何解说？"

国师答曰："世俗之人，情见未曾洗涤，以致有认善为恶，认恶为善的过咎来。不但不责怪自己是非颠倒，反而却埋怨因果报应无稽。"

几位儒生不解地又问道："善恶迥异，怎么会看成是相反的呢？"

于是，中峰国师便让他们各自谈谈自己的观点、看法。或说"打人骂人是恶"，或说"敬人利人是善"……众说纷纭，意见不一，各执异端，孰是孰非？难以分辨！

中峰国师却说："未必如此！"

意思是说，你们对善恶的认识还不够透彻，看到的只是表面现象，还未能认识到善恶的本来面目。所以，你们所说的不一定完全正确。

既如国师所说，那么善恶之别，又作何解说呢？

中峰国师说："善恶有真假之分；利人有公私之异。"

又说："凡是有益于人的都是善，只利于己的全是恶。有益于人，即就是骂人、打人都是善；只利于己，那怕是敬人、利人全是恶。利人是公，公即是真；利己是私，私即是假。出自真心利人是真；表面假装行善是假。无所希求而行善利人的是真；有所希求而行善利人是假。到底是真是假？还需自己细心体察。”

中峰国师的一番对话，说得几个儒生瞠目结舌，无言以对。

友人听了这个故事后，却点头含笑，若有所悟，欢喜而去。

凡是听了这个故事的人，应该有所启发，应该明白善恶的真假、公私的利害。在自己的日常生活行为中，应时刻检点自己的起心动念，意念究竟是公还是私，发心到底是真还是假，行为真正是善还是恶。常使自己心存善念，保持清醒的头脑，不做损公利私的坏事。争取做一个“存好心，说好话，行好事”的好公民。陶冶情操，净化心灵，完善人格，回归自性。

（四）与己方便，与人方便

有一个巷子又黑又窄，路灯也没有，每到晚上在里面走路非常不方便。

一天晚上一个僧人穿过这个巷子，想赶回山上的寺院。但巷子里面伸手不见五指，僧人经常和迎面而来的行人撞在一起，非常狼狈。

这时候，有一个人打着灯笼慢慢地走进这条巷子，巷子里一下子明亮了许多。僧人听见旁边有人说：“这个瞎子真奇怪，明明看不见，每天晚上却还打着灯笼！”

僧人被那人的话吸引了，觉得这个瞎子挺有趣的，等到那个打着灯笼的人走过来之后，他便上前问道：“你真的是个盲人吗？”

那个人说：“是的，我从生下来就没有见到过一丝光亮，对我来说白天和黑夜没有分别，我甚至不知道灯光是什么样的！”

僧人更加迷惑了，他问道：“施主，请恕小僧多事，你既然什么都看不见，为什么还要提着灯笼出行呢？”

盲人回答道：“为了保护我自己啊。我听人们说一到晚上他们就像我一样什么都看不见了，所以在晚上我才要打着灯笼出来。”

僧人感叹道：“阿弥陀佛，善哉善哉！施主真是心地善良。”

盲人回答道：“不，我是为了我自己！”

僧人问道：“为什么这么说呢？”

盲人说：“刚才你在巷子里有没有被人撞到？”

僧人回答道：“有，就在刚才我还被两个人迎面撞到呢。”

盲人说：“你看，我是盲人，什么也看不见，但是我一次都没有被人撞到过。以前我像你那样被撞了几次，吃了亏，长了心眼，后来偶然间想出这么个主意，我的灯笼既为别人照了亮，也让别人看到了我。没想到这个主意还真行，从此再也没被撞到过了。”

僧人感叹道：“我辛苦奔波就是为了找佛，没想到佛就在我身边啊！”

点灯照亮别人，更是为了让别人看到自己，与人方便就是给自己方便。

二、学会释怀

（一）放下就是快乐

春秋时，有个姓逄的秦国人，他的儿子小时候很聪明，长大后却变得稀里糊涂，往往把东西认反了，听到歌声，以为是哭声，看见白色却认作黑色，闻到香气却说是臭气，尝着甜味却觉得很苦，做了错事却自以为正确。心意所到之处，天地、四方、水火、冷热没有不颠倒错乱的，整天恍恍惚惚、懵懵懂懂。全家人为此十分苦恼，欲求名医为其诊治。

一个姓杨的邻居告诉逄氏："也许鲁国有人能治好你儿子的糊涂病，为什么不去试试呢？"

逄氏听从了劝告，带上干粮，离开秦国去鲁国。他一路上跋山涉水，风餐露宿，来到了陈国，住在一家客栈里。正好老聃也因讲学路过此地，住在这家客栈里。逄氏久仰老聃的大名，便特地拜访，求教各种问题，并谈及自己儿子的糊涂病。

老聃沉思良久，然后眼望上天，缓缓地说："现在天下的人都不明是非了！对利和害的问题也稀里糊涂呀！本来就没有什么明白的人啊！你家中只有一个人糊涂，还不至于危害一家人；推而广之，一家人糊涂不至于危害一个地区；一个地区的人糊涂不至于危害一个国家；一个国家的人糊涂不至于危害天下。现在你因自己的儿子颠三倒四便认为他糊涂，其实你是否想过，也许我们每个人都很糊涂呢！谁敢说我比别人聪明呢？自认为聪明的人恰恰是最糊涂的人！现在你要去鲁国寻求高人来医你儿子的病，可你知道么？鲁国那些上层领导是天下最糊涂的人啊！我劝你不如死了这条心吧！"

逄氏回到家中，把老聃的话细细思考了几个月，竟渐渐地不觉得儿子糊涂了。

可是久而久之。在别人看来，他竟然和自己的儿子一样的糊涂了。

这个故事看起来好笑，可是想想我们自己，也许跟故事中的人一样好笑。我们经常将白认作黑，将好认作坏，将对的当作错的，将错的看成对的……我们其实糊涂透顶，只是自己不知道罢了。其原因在于，我们处于群体糊涂中。如果是独自糊涂，很容易显示出来，如果是大家都糊涂，没有了比较，就无法分辨了。中国禅宗说到所有的佛法，只有一句话："放下。"

（二）上岸何需回头

古代，有一位女施主，家境非常富裕，无论其财富、地位、能力、权力及漂亮的外表，都没有人能够比得上，她却郁郁寡欢，连个谈心的人也没有。于是她就去请教无德禅师，如何才能具有魅力，赢得别人的喜欢。

无德禅师告诉她："你能随时随地和各种人合作，并具有和佛一样的慈悲胸怀，讲些禅话，听些禅音，做些禅事，用些禅心，那你就能成为有魅力的人。"

女施主听后，问道："禅话怎么讲呢？"

无德禅师道："禅话，就是说欢喜的话，说真实的话，说谦虚的话，说利人的话。"

女施主又问道："禅音怎么听呢？"

无德禅师道："禅音就是化一切声音为微妙的声音，把辱骂的声音转为慈悲的声音，把毁谤声、哭声、闹声、粗声、丑声转为称赞声，那就是禅音了。"

女施主再问道："禅事怎么做呢？"

无德禅师道："禅事就是布施的事、慈善的事、服务的事、合乎佛法的事。"

女施主更进一步问道："禅心是什么呢？"

无德禅师道："禅心就是你我一如的心、圣凡一致的心、包容一切的心、普利一切的心。"

女施主听后，一改从前的骄横，在人前不再夸耀自己的财富，不再自恃自我的美丽，对人总谦恭有礼，对眷属体恤关怀，不久就被夸为"最具魅力的人"了！

这位女施主在听过禅师的劝导之后，心念一转，魅力就在她的身上呈现出来了，她就成功地走向了幸福的彼岸。

有些禅师说："放下屠刀，立地成佛。"拿屠刀的人是玩真的，真有杀人的本事，大魔王的本事，是一个大坏蛋，但他一念向善，放下屠刀，当然立地成佛！如果手里连刀子都没有，也就谈不上放下。所以，不要钻到禅师所讲的字眼中不放，从一个更高的层次上去理解这个问题，就会明白，其实，任何时候，你要想上岸，只要你的念一转，岸就在你的面前了，根本无须回头。

（三）放下很难，难得放下

在唐代有一位著名的禅僧布袋和尚。一天，有一位僧人想看看布袋和尚有何修为，问道："什么是佛祖西来意？"布袋和尚放下口袋，叉手站在那儿，一句话也没说。僧人又问："只这样，没别的了吗？"布袋和尚又布袋上肩，拔腿便走。那僧人看对方是个疯和尚，也就起身离去了。哪知刚走几步，却觉得背上有人抚摩，僧人回头一看，正是布袋和尚。布袋和尚伸手对他说："给我一枚钱吧！"

布袋和尚放下口袋，是在警示我们要放下，随即又布袋上肩，是在教我们拿起。其实哪里有什么放下与拿起呢？只不过有时我们需要放下，有时需要拿起，而我们该拿起时拿不起，该放下时放不下。放下时不执着于放下，自在；拿起时不执着于拿起，也自在。无论是拿起还是放下，都不要太执着，那才真自在。

在这个世界上，很多人都明白放下的道理。但是，世间的人代代如流水，却没有几个人能够真正逍遥自在，原因就在于很多人都明白放下的道理，都想做到放下，但说起来容易，做起来却很难。

黄叶放弃树干，是为了期待春天的葱茏；蜡烛放弃完美的躯体，才能拥有一世的光明；心情放弃凡俗的喧嚣，才能拥有一片宁静。

放下正是一门人生必修的选择艺术课。没有果断地放下，就没有辉煌的选择。与其苦苦挣扎，拼得头破血流，不如潇洒地挥手，勇敢地选择放弃。歌德说："生命的全部奥秘就在于为了生存而放弃生存。"

（四）别让执念夺走自由的心

王猛本来是汉族的才子，他出生在青州北海郡剧县，年幼时因战乱，他随双亲逃到了魏郡。而苻坚是氐族在长安建立秦之后的一位君王。当时，汉族人的东晋政权还依然存在，王猛为什么要投奔到氐族苻坚的旗下去呢？这是因为王猛对自己的人生道路做了极为认真的选择。他心里明白：一个人再有才能，如果没有一个聪明能干的君主，其才能是无法发挥出来的。而正确地选择自己的君主，本身就是一个人才能和智慧的体现。

王猛年轻时，曾经到过后赵的都城——邺城，这里的达官贵人没有一个瞧得起他，唯独有一个叫徐统的，见了他以后非常惊奇，认为他是一个了不起的人物。于是，徐统便召请他为功曹，可王猛不仅不答应徐统的召集，反而逃到西岳华山隐居起来。因为他认为自己的才能不应该干功曹之类的事，而是帮助一国的君王干大事的，所以，他暂时隐居山中，看看社会风云的变化，等候时机的到来。

公元351年，氐族的苻健在长安建立前秦王朝，力量日渐强大。公元354年，东晋的大将军桓温带兵北伐，击败了苻健的军队，把部队驻扎在灞上。王猛身穿麻短衣，径直到桓温的大堂求见。桓温请他谈谈对当时社会局势的看法。王猛在大庭广众之下，一边把手伸到衣襟里面去捉虱子，一边纵谈天下大事，滔滔不绝，旁若无人。

桓温见此情景，心中暗暗称奇。于是他问王猛："我遵照皇帝的命令，率领十万精兵凭着正义来讨伐逆贼，为老百姓除害，可是，关中豪杰却没有人到我这里来效劳，这是什么缘故呢？"王猛直言不讳地回答道："您不远千里来讨伐敌寇，长安城近在眼前，而您却不渡过灞水去把它拿下来，大家摸不透您的心思，所以不来。"桓温沉默了好久都没有回答，因为王猛的话正暗暗地击中了他的要害。实际上，他心里想的是：自己平定了关中，只得个虚名，而地盘却归于朝廷，与其消耗实力，为他人做嫁衣，还不如拥兵自重，为自己将来夺取朝廷大权保存力量。

桓温听了王猛的话，更加认识到面前这位穷书生非同凡响。过了好半天，他才抬起头来，慢慢地说道："江东没有人能比得上你。"

后来，桓温退兵了，临行前，他送给王猛高级车子和优等马匹，又授予王猛高级官职"都护"，请王猛一起南下。王猛到华山征求师父的意见后，拒绝了桓温的邀请，继续隐居华山。

王猛这次拜见桓温，本来是想出山显露才华，干一番事业的，但最后还是打消了这个念头。因为他考察桓温和分析东晋的形势之后，认为桓温不忠于朝廷，怀有篡权野心，未必能够成功，自己投奔到桓温的手下，很难有所作为。这是他第二次拒绝了邀请和提拔。

桓温退走的第二年，前秦的苻健去世，继位的是中国历史上有名的暴君苻生。他昏庸残暴，杀人如麻。苻健的侄儿苻坚想除掉这个暴君，于是广招贤才，以壮大自己的实力。他听说王猛不错，就派当时的尚书吕婆楼去请王猛出山。

苻坚与王猛一见面就像知心的老朋友一样，他们谈论天下大事，双方意见不谋而合。苻坚觉得自己遇到王猛好像刘备遇到了诸葛亮；王猛觉得眼前的苻坚才是值得自己一生效力的对象。于是，他十分乐意留在苻坚的身边，积极为他出谋划策。

公元357年，苻坚一举消灭了暴君苻生，自己做了前秦的君主，而王猛则成了中书侍郎，掌管国家机密，参与朝廷大事。王猛36岁时，因为才能突出，精明能干，一年之中，连升五级，成了前秦的尚书左仆射辅国将军、司隶校尉，为苻坚治理天下出谋划策，干出了一番轰轰烈烈的大事业，成为中国封建社会杰出的政治家。

王猛不愧为一代奇才，在动荡不安的社会形势下，忍住对虚名的追求，正确选择了自己的人生道路，所以才有了事业的成功，才有了他一生的辉煌。他不像有些人求遇心切，急于求取功名富贵之心，而是静待最佳时机，才投身仕途。这是他获得成功的重要经验，这类经验在我们的日常工作中也同样适用。

我们应该懂得忍耐，学会忍耐，不要急于一时，要审时度势尽力去选择一个你认为最合适的起点，这样你的事业才能顺利进行下去。

三、活在当下

（一）珍惜机会

一天，大发明家爱迪生的办公室来了一位不修边幅的人，大家都觉得他很好玩。当他表明自己此来是想成为爱迪生的合伙人时，所有人都禁不住哄堂大笑——爱迪生从来就没有什么合伙人。

这个人叫巴纳斯。由于他的坚持，他赢得了一份在爱迪生的办公室打杂的工作。爱迪生对他的坚毅有着良好印象，但这不足以使他成为爱迪生的合伙人，巴纳斯对此毫不在乎，他在爱迪生那里做了数年的设备清洁和维修工作，总是任劳任怨。

机会终于来了。有一天，他听爱迪生的销售人员在嘲笑一件最新发明——口授留声机，他自告奋勇去销售这件东西，从此，他便得到了这份销售工作。巴纳斯用他打工的钱跑遍了全国，一个月后，他卖了七台机器。当他装着满肚子的销售计划回到爱迪生的办公室时，爱迪生真的接受他为口授留声机的合伙人。

个人能否成功，固然要靠机遇，但在更大程度上却在于他是否经过了不懈的努力，能否自己创造先机。此外，还必须不观望，不退缩，想到就做，有尝试的勇气，有实践的决心，多少因素加起来才可以造就一个人的成功。所以尽管说有些人的成功在于一次很偶然的机会，但认真想来，这偶然的机会能被创造、被发现、被抓住，而且被充分利用，却又不是偶然的。

人生最高的境界在于活在当下，遗憾的东西终归是遗憾，你无法回头补做，或重做完美，珍惜眼前的事物，该在今天做的事，千万不要放到明天去做，做任何事，不要有太多的私心和计较，放开去做，不后悔就行了。

（二）让他三尺有何妨

隋炀帝是中国历史上有名的暴君，在他统治时期，骄奢淫逸，民不聊生。各地农民起义风起云涌，隋朝的许多官员也纷纷倒戈，转向农民起义军。因此，隋炀帝对朝中大臣处处防范，疑心很重，尤其对外藩重臣更是顾虑重重。

当时，唐国公李渊曾多次担任朝廷和地方官，每到一处，都悉心结纳当地的英雄豪杰，多方树立恩德，因而声望很高，许多人都前来归附。因此，大家都替他担心，怕他遭到隋炀帝的猜忌。正在这时，隋炀帝下诏让李渊到他的行宫去晋见。李渊因病未能前往，隋炀帝很不高兴，猜疑之心顿起。

当时，李渊的外甥女王氏是隋炀帝的妃子，隋炀帝向她问起李渊未来晋见的原因，王氏如实回答，隋炀帝又问道："会死吗？"王氏把这个消息传给了李渊，李渊更加谨慎起来。他知道自己迟早会为隋炀帝所不容，但过早起事又力量不足，只好继续隐忍，等待时机。

于是，他故意广纳贿赂，败坏自己的名声，整天沉湎于声色犬马之中，而且大肆张扬。隋炀帝听说了李渊的所作所为后，就放松了对他的警惕。不料隋炀帝的这一放松却成就了日后的大唐帝国。

李渊通过隐忍，达到了保全自己的目的，正所谓"尺蠖之屈，以求信也；龙蛇之蛰，以存身也"。

生活中有不少人难忍一时之气，从而与人起了正面冲突，"伤敌一千，自损八百"，最后是两败俱伤。这又何苦呢？毕竟牺牲是一时的，保全却是一世的。牺牲是爆发，保全是维持。牺牲是激情，保全是平淡。浓肥辛甘非真味，真味只是淡，淡淡地融化在生活中。保全也许是一种牺牲，牺牲狂热，牺牲内心深处的原始冲动，只是用最小的牺牲来求得更多的和平与幸福。人生就是如此玄妙，其中蕴含着为人处世的大智慧，需要好好琢磨，认真对待。

生命的价值在于活在当下，宽容地对待生活，友善地对待自己，珍惜时光，用有限的生命做有意义的事，即使发生了不愉快的事，只要内心豁达大度，不耿耿于怀，也就是尽人事了。

（三）赢得成功

李嘉诚在香港及亚洲经济界占有举足轻重的地位。李嘉诚的成功，其果断决策起了决定作用：反应敏锐，果断处事；能进则进，不进则退。20 世纪 50 年代中期，欧美市场兴起塑料花热，家家户户及办公大厦都以摆上几盆塑料制作的花朵、水果、草木为时髦。李嘉诚当机立断，丢下其他生意，全力以赴投资生产塑料花。他建立的"长江塑料厂"一举成为世界上最大的塑料花工厂，他也被誉为"塑料花大王"。20 世纪 60 年代初期，塑料花生产仍然被看好，但他预感到塑料花市场将由盛转衰，于是立即退出塑料花业，重操玩具等行业，使他避过了一场危机。20世纪60年代后期，香港经济起飞，地价开始跃升，他迅速投资购买大量土地。最值得一提的是1977年，那年5月，香港政府为兴建中区的地铁中环和金钟站地面建筑举行了公开招标。各大财团为争夺这块黄金地段的兴建权展开了激烈的竞争。李嘉诚的主要竞争对手是英资怡和财团控制下的置地公司，因为它背靠香港政府，又有强大的财力作后盾，素有“地产皇帝”之称。激烈竞争的结果是，李嘉诚的“长江实业”战胜了实力雄厚的“置地公司”，开了华资吞并英资的先河，被人们称为“小蛇吞大象”。20世纪70年代后期，香港股市热得烫手，他迅速投资入市炒作，毫不手软。他首先瞄准的目标是英资怡和集团的“九龙仓”，悄悄地买入，果断地抛出，净赚5900万港元。1978年，他又把目光对准了另一家老牌英资公司“青州英妮”，很快在股市上收购了“青州英妮”25%的股票，并出任该公司的董事。紧接着李嘉诚集中火力，对英资和记黄埔穷追不舍，在股市上大量吸纳和记黄埔的股票。1980年11月，通过整整一年不间断的努力，终于成功地拥有超过40%的和记黄埔股权。1981年1月1日，他正式出任老牌英资洋行和记黄埔董事局主席。就这样，李嘉诚的资产像吹气泡一样膨胀起来，成为香港首富。

人都是凡夫俗子，不可能将自己想要的一切都紧紧地握在自己的手中，一次工作上机会的丢失、一次生意上的失利，抑或是某一次感情上的挫伤，这都是一个人在生活中所遭遇的正常现象，不必为此伤心而踌躇不前。我们能做的只有把握当下，利用现有的条件，尽可能多地实现自己的人生价值。

（四）花开花谢，自然之道

曾经有一位作家出名之后，感觉自己开始过上了忙得不亦乐乎的生活，每天都非常累，于是，便去请教自己的老师。这位作家向老师说道：“老师，我为什么自从出名之后就觉得工作越来越忙，生活也越来越累呢？”老师问道：“你每天都在忙些什么呢？”“我一天到晚要应酬交际，要演讲，要接受各种媒体的采访，同时还要忙于自己的写作。唉！老师，我活得真是太累、太苦了。”作家如实回答道。老师没有立刻帮他解决他的苦恼，而是突然打开了自己的衣柜，对作家说道：“我这一辈子买了不少精美的衣服，你把这些衣服都穿在身上，这样就能从中找到答案。”作家说道：“老师，我穿着自己身上的这些衣服就已经足够了。现在你要我将你的这些衣服都穿在身上，我的身体肯定会感到特别沉重，同时，我也会非常不舒服。”

老师说道：“看来这个道理你也懂，那你为何还要来问我呢？”作家一脸的迷惑。老师接着说道：“你不是已经知道了你穿着自己身上的衣服就已足够了，即使再给你穿上更多华美的衣服，你也会感到很沉重，你会觉得不舒服。你难道还不明白你只是一个作家，并不是一个交际家，也不是一个演说家，更不是一个政治家，你为何要去扮演这些原本就不属于你的多种角色呢？而且还受着外面众多的诱惑，就像这些精美的衣服。

你要去做一个交际家、一个演说家、一个政治家的事情，你这不是自找苦吃、自找罪受吗？”这时，作家终于恍然大悟：“每一个人都只能追求属于自己的东西，做好自己力所能及的事情，才能得到真正的快乐与幸福，其人生也才会轻松愉悦！”

一语点醒梦中人，作家郁郁寡欢的症结被老师一语中的。作家成名之后，随之而来的交际应酬、演说演讲、接受采访等，这些都不是本职工作，有些已超过了作家的能力范围。但他不愿意放弃这些事物带来的名利享受，在不自觉中使自己的身心都为名利所束缚，从而觉得成名之后的生活很苦很累。

有时，我们总会觉得自己拥有的不够，总是这山望着那山高，总觉得他人比自己过得好。于是得到了无比高兴；一旦失去，无比沮丧。但生活常常是矛盾的，就像你得到了学习的机会，却没有时间与好友去游山玩水，或者选择了某个你并不喜欢的专业而放弃了曾经的梦想，等等，这些事情看起来似乎都是那么矛盾，但生活就是这样的取舍关系。例如，有些东西原本就不是你应该去追求的，所以得不到，不必太在意，特别是好高骛远、不切实际的追求，其实是对生命和心灵的一种摧残，都是自寻烦恼与自讨苦吃。生活一定要平静，人才能安享其中的“滋味”。

（五）把握生命，空想抵不上实干

孙强大学毕业后，在一座大城市做过很多工作，就是没有一个待的时间超过三个月的，原因就在于他做任何事总是停留在想象的层面上，却懒于将想法变成行动。他想象自己会是一个很棒的设计师，却从来没有做过一个设计图；他觉得自己文笔很好，却从来没有踏实地写过一篇文章；他认为自己很适合做市场营销，却从来没有尝试过这方面的工作……孙强总是这样，在思想上很积极，在行动上却很懒惰，是思想的巨人、行动的矮子。

不久，孙强又去一家公司求职，这家公司也觉得孙强有市场策划的才能，决定经试用后再录用他。这家公司让他用半个月的时间搞个市场策划。这次孙强决心要好好做，他计划用一周时间搞市场调查，用五天时间写出规划，用三天时间进行修改。这样，用不到十五天就能完成工作任务。开始几天孙强不辞辛苦地奔波于各大市场进行调查，可坚持了没几天，他的计划就搁浅了，他总觉得自己还有很多时间。结果，十天过去了，材料还没动笔写。

一天，经理要看他写的市场策划材料，他推说还不到交稿时间。经理见离交稿时间只有三天了，他还没出成稿，便认为他对工作不认真，就对他说：“你也不用写了，从明天起你就不用来上班了。”这份工作又因为孙强的空想而失去了。

十个空想家也抵不上一个实干家，因为当空想家将生命浪费在构建空中楼阁时，务实的人早就一步一个脚印开始创造属于自己的一切了。两者的区别显而易见。幻想写出长篇巨作的年轻人，从未真正开始着手实现自己美好的愿望，最终贻误了自己的一生。空想对我们的人生是多么危险，由此可见一斑。

如果没有行动，那么再远大的目标也永远只是目标。而作为一个想要成功而不虚度此生的人或者是一个团体的领导者，最需要的不是侃侃而谈，不是每天向下属描绘未来的美好图景，而是要有实干精神，带领下属将设想变为现实，否则未来的美好图景只能停留在想象中。

人生苦短，真正能做到珍惜生命的人却并不多，很多人都是在时光流逝中回望过往屡屡叹息，立下宏愿后不久又重新陷入了空想的怪圈。

只有抓紧生命里的每一分钟，别让光阴耗费在蹉跎中，踏踏实实地去把想法变成行动，才能取得应有的成绩；只有下定一个决心，历经学习奋斗、成长这些不断的行动，才有资格摘下成功的甜美果实。心动不如行动，心动更要行动！光有梦想是不够的，必须付之于行动，否则到头来也只是竹篮打水一场空。早一刻行动，就可能早一刻成功！

这个世界上有太多思想的巨人、行动的矮子。而更多的时候，我们不仅需要一对梦想的翅膀，更需要一双踏踏实实做事的脚，去开创我们的未来。清谈者坐而论道，百无一用；空想者原地踏步，一事无成。唯有珍惜当下的时光，行动起来，才能让自身不断超越，变得越来越优秀。

（六）做了一场叫作人生的美梦

南美洲的一座火山爆发后，随之而来的泥石流狂泻而下，迅速流向坐落在山脚下不远处的一个小村庄。农舍、良田、树木，一切都没有躲过被毁的劫难。滚滚而来的泥石流惊醒了一位 14 岁的睡梦中的小女孩，流进屋内的泥石流已上升到她的颈部，小女孩只露出双臂、颈和头部。及时赶来的营救人员围着她一筹莫展，因为对于遍体鳞伤的她来讲，每一次拉扯无疑是一种更大的肉体伤害。此刻房屋早已倒塌，她的双亲也被泥石流夺去生命，她是村里为数不多的幸存者之一。

当记者把摄像机对准她时，她始终没叫一个“疼”字，而是咬着牙微笑着，不停地向营救人员挥手致谢，两手臂做出表示胜利的“V”字形。她坚信政府派来的救援队一定能救她。可是营救人员最终也没能从固若金汤的泥石流中救出她。但她始终微笑着挥着手，直到一点一点地被泥石流淹没。在场的人含泪目睹了这庄严而又悲惨的一幕，心里都充满了悲伤。世界寂静，只见灵魂独舞。

用微笑面对人生，是一个乐观的人的不二选择，而故事中那个小女孩乐观而坚强的态度震撼人心。她那个“V”字所蕴含的是对死神最大的嘲弄，是对生命无比的热爱。那个穿透灵魂的微笑，足以震撼世界，让人生所有的苦难都如一缕轻烟。是啊，生活是一本书，里面记着人生的所有苦乐。若你时时关注痛苦，你就会被苦难所打败，如果你敢于时刻做出那个大大的“V”字，用微笑面对人生，你将收获另一种幸福。

道家中的庄子临死前弟子很悲伤，因为庄子比起颜回的贫穷也差不了多少。庄子看着那些哭泣的弟子们说：“我要大地做我的棺材，天空做我的椁！你们还有什么好悲伤的呢？你们怕我被乌鸦给吃了肉，难道就不怕我埋在地下被蝼蚁所啃掉吗？你们为什么要这样偏心蝼蚁呢？”这是庄子式的洒脱与诙谐！但凡修养很高的人是不会介意自己死后的事情的——因为想管也管不了了。人的生命在走向尽头的时候，两手张开似乎是在昭示：“看，我什么也不能带走。人生真的就像一场梦啊。”大梦谁先觉，平生我自知。

人生的这场大梦，不知道能有几个人真的清醒。有的人可能一辈子就这样浑浑噩噩地走完了，有的人等醒悟的时候已经晚了，生命之车已经快驶到了终点。

（七）生命给谁的都不会太多

有一位著名的女高音歌唱家，仅30多岁就已经誉满全球，而且家庭美满，令人欣羡。

一次她到邻国开音乐会，入场券早就被抢购一空，当晚的演出也受到极为热烈的欢迎。演出结束之后，歌唱家和丈夫、儿子从剧场里走出来的时候，一下子被早已等在那里的观众团团围住。人们七嘴八舌地与歌唱家攀谈着，其中不乏赞美和羡慕之词。

有的人恭维歌唱家年纪尚轻就开始走红并进入了国家级的歌剧院；有的人恭维歌唱家有个腰缠万贯的某大公司老板做丈夫，膝下又有个活泼可爱、脸上总带着微笑的小男孩……在人们议论的时候，歌唱家只是在听，并没有表示什么。等人们把话说完以后，她才缓缓地说：“我首先要谢谢大家对我和我的家人的赞美，我希望在这些方面能够和你们共享快乐。但是，你们看到的只是一个方面，还有另外的一个方面没有看到，那就是你们夸奖的活泼可爱、脸上总带着微笑的这个小男孩，他是一个不会说话的哑巴，而且，他还有一个姐姐，是需要长年关在装有铁窗房间里的精神分裂症患者。”

歌唱家的一席话使人们震惊得说不出话来，你看看我，我看看你，似乎很难接受这样的事实。这时，歌唱家又心平气和地对人们说：“这一切说明什么呢？恐怕只能说明一个道理：那就是命运给谁的都不会太多。”

就像这位歌唱家说的，命运给谁的都不会太多。生活中我们常常抱怨命运的不公，其实想想，很多时候我们都是在拿自己的不幸比较别人的幸运。

每个人都会有自己的欢乐和痛苦，命运之手在这一点上是很公平的。每个人都有自己所拥有的，也会有相应的失去。在慨叹不幸时，多想想自己所拥有的，其实每一样都是最宝贵的。

（八）平凡中的伟大

挑水禅师曾心甘情愿在一位禅师门下做了十年的挑水僧，因此“挑水”就成了他的法号。

挑水禅师曾在几个著名禅院饱读经书，遍参禅道。后来，挑水禅师四方云游，几年后，一个偶然的机会，他的一位学僧在京都的一座桥下发现他正与一群乞丐生活在一起，学僧立即上前恳请挑水禅师给他开示，挑水禅师却对他说：“你不符合我开示的要求。”学僧问道：“怎样才符合您开示的要求呢？”挑水禅师道：“如果你能在桥下和我们一块生活几天，也许我可以教你。”于是，这位弟子扮成乞丐模样，与挑水禅师一起生活。

第二天晚上，乞丐群中突然死了一个人，挑水禅师便和学僧将乞丐尸体搬到山中掩埋，完事之后仍然回到桥下。挑水禅师一回来倒头便睡，一直睡到天亮，可学僧却辗转反侧，未能入眠。天亮之后，挑水禅师对学僧说："今天不必出去乞讨，我们这位死了的同伴还剩下一些食物，你去吃吧。"学僧看到那肮脏的碗盘，哪能咽得下去？禅师看到他很难为情的样子，于是毫不客气地说道："你无法跟我学习，你在这里不能获得快乐，还是回到你自己的地方去吧。但不要把我的住处告诉别人，这方净土不希望有别人打扰！"

挑水禅师这种人人平等的心态，以及面对很差的环境、恶劣的生活条件，保持一颗平常心，不躲避，不逃避，正视它并乐观地接受它，直至打败它，这种坚定的信念值得世人学习。

生活如同流水，从不做任何停留，永远在不断地流淌、不断地更新。因而人应保持一颗平常心，让尘世的纷扰像流水一样不断流淌、不断更新，让内心不被搅扰烦恼，不被名利束缚，不被伤痛折磨。

生活的真谛在于平常，人生的真谛也在于平常。"平常心"是一个人应持有的基本心态，一个人只有将自己的心融合到平常心中，对外界的一切刺激都宠辱不惊，安然地静享生活点滴，久而久之，平常心就会形成了。

智慧的人会平静地接受一切，愚蠢的人才会为不值得哭泣的事而哭泣。其实世界是简单的，生活也是简单的，每个人只要放下心中的各种牵绊，就可以心平气和地工作、简单快乐地生活，在纷繁的世界中让自己少一分莽撞，多一分平和；少一分急躁，多一分从容；少一分聒噪，多一分诗意……

拓展阅读

一、找到自我才能走得更好

战国时代，群雄割据。当时的秦国和赵国之间发生过很多次战争，最著名的莫过于秦赵长平之战了。赵国有一员很有名的大将，名叫赵奢，他曾经多次击退秦国的进攻，把秦国的军队打得落花流水，从而受到了赵王的赏识，加官晋爵当然不在话下了。赵奢有个儿子，名叫赵括，从小就跟随其父学习兵法，各类兵法典籍都背得滚瓜烂熟，经常和父亲谈论行军打仗之事，指手画脚、滔滔不绝，父亲有时都说不过他。赵括于是就认为自己很了不起，很有军事才能，甚至连父亲都不放在眼里。但是知子莫若父，赵奢深知自己的儿子有几斤几两，他从未赞扬过儿子一句。

赵括的母亲对此就感到非常的奇怪：儿子表现这么突出，赵奢怎么一点高兴的意思也没有？于是，有一次她就问赵奢："括儿的兵法学得如此熟练，人家都夸他是将门虎子，将来大有出息，你怎么也不鼓励他，反而经常摆出一张苦瓜脸。"赵奢深深叹了一口气，说："古人云：兵者，国之大事也。带兵打仗是关系国家人民的大事，不能视同儿戏，稍不注意，就会全军覆没，自己的生死不要紧，关键是整个国家的安危都在你手中，千万马虎不得。

可是括儿却把它看成一件轻而易举的事。读了一点书，懂了一点兵法，就以为天下无敌了。殊不知，纸上谈兵乃兵家之大忌。我现在就希望将来他不要去带兵打仗，如果他当了将军一定会断送我赵国的未来。"

等到秦赵长平之战时，赵括已经成年了，而赵奢也已去世。当时在长平率领赵军与秦军对峙的是老将廉颇。廉颇不愧为当世名将，他知道秦军是有备而来，于是让军士们深沟高垒，坚守城池，并下军令严禁士兵出战。这样，秦军久攻不下，将士损失不计其数，粮草也渐渐不支。而赵军一直不出战，高挂免战牌。战争持续 3 年多了，秦军渐渐改变了策略，派奸细前往赵国都城邯郸，并散布谣言说："廉颇年纪老了，畏惧秦国，躲在城中不敢出战。赵军中真是没人了，所以只能做缩头乌龟。"这话传到赵王的耳里，可真不是滋味，他深知廉颇的性格，如果此时让他进军，他肯定不会从命的。唯一的办法就是另外找一个将军代替他领军。那么谁比较适合呢？这时赵王想到了赵括，于是登坛拜将，任命赵括为大将代替廉颇进攻秦军。

但是就在任命时，赵括的母亲来了，对赵王说："大王，廉颇乃是我赵国的支柱，如若撤换，后果将不堪设想。况且，我儿赵括虽从小熟读兵法，却没有行军打仗的经验，绝对不可以让他带兵。大王，俗话说'知子莫若母'，请求大王恩准老身所奏。"赵王听了却大不以为然，对她说："孤王深知赵括的才能，他是上天赐给我赵国的人才，虽然他没有行军打仗的经验，但孤王相信自己的眼光，他一定能够胜任主帅一职的。您不用再谏，孤王主意已定。"赵括的母亲无奈地说："既然大王坚持要任括儿为帅，老身也只好从命，但老身请求大王能答应一个请求，赵括此次出征必然会大败而回，大王也必然会依法治罪，请大王念在先夫一生为国的份上，不要牵连我赵家的其他人。"赵王不以为然，轻轻点了一下头。这样赵括就顺利地出征了。

赵括一到长平就趾高气扬，检阅军队完毕后，便轻易地改变了廉颇当初的战略，而对不服从他管辖的军士也随意撤换，弄得军心不稳，怨声载道。秦军知道自己的反间计成功了，于是就大举进攻长平。赵括不知深浅，轻易出战，结果中了秦军埋伏，全军覆没，自己也被乱箭射死。秦军占领长平后，大开杀戒，秦将白起更是将投降的四十万赵军活埋，肃然的战场尽是满眼的尸体，其惨况让人目不忍睹。赵国也从此一蹶不振。

赵括因为不能正确认识自己，"纸上谈兵"以至于全军覆没，而赵国也从此一蹶不振，最终被秦所灭。因为自己的一叶障目几乎葬送了整个国家，这是多么沉痛的教训啊！所以，人应该有自知之明，正确地认识自己，无论对自己还是对别人，甚或是整个国家都是非常重要的。

二、容人所不能容，处人所不能处

唐代丰干禅师住在天台山国清寺。一天，他在松林里漫步，山道旁忽然传来小孩啼哭的声音，他循声一看，原来是一个稚龄小孩，衣虽不整，但相貌奇伟。问了附近村庄人家，没有人知道这是谁家的孩子，丰干禅师不得已，只好把这小孩带回国清寺，等待家人来认领。因他是丰干禅师捡回来的，所以大家都叫他“拾得”。

拾得在国清寺安住下来，渐渐长大，在寺里担任行堂（添饭）的工作。时间长了，拾得也交了不少朋友，与其中一个名叫寒山的贫困年轻人相交最为莫逆。因为寒山贫困，拾得常将斋堂里吃剩的饭渣用一个竹筒装起来，给寒山背回去吃。

有一天，寒山问拾得：“如果世间有人无端诽谤我、欺负我、侮辱我、耻笑我、轻视我、鄙贱我、厌恶我、欺骗我，我要怎么做才好呢？”拾得回答道：“你不妨忍着他、谦让他、任由他、避开他、耐烦他、尊敬他，不要理会他。再过几年，你且看他如何。”寒山再问道：“除此之外，还有什么处世秘诀，可以规避别人恶意的纠缠呢？”拾得回答道：“弥勒菩萨偈语说：老拙穿破袄，淡饭腹中饱；补破好遮寒，万事随缘了；有人骂老拙，老拙只说好；有人打老拙，老拙自睡倒；有人唾老拙，随他自干了；我也省力气，他也无烦恼。这样波罗蜜，便是妙中宝。若知这消息，何愁道不了？人弱心不弱，人贫道不贫；一心要修行，常在道中办。如果能够体会偈语中的精神，那就是无上的处世秘诀。”

这是一个很有名的佛教故事，说明了应对诽谤、欺负、侮辱、耻笑、轻视、鄙贱、厌恶、欺骗的最好办法是忍着、谦让、任由、避开、耐烦、尊敬、不理会等，是宽厚仁心的一种外在反映。人的心胸大小，决定如何铺就今后道路上的每一块砖，砖铺得越好，路走得就越好，人生路途也就会更加顺利一些。肚量大的人能让他人在冬天里感受温暖，而时刻以笑容来对待别人，可以消除许多不必要的麻烦，还会迎来别人赞赏和叹服的目光。

在生活中，太多人总是抱怨别人待自己不好，而从不检讨自己的言行。实际上，只要你足够宽容，以礼待人，有时，甚至强盗也会被感动，不忍加害于你的。多理解别人，多谅解别人，从别人的立场出发考虑问题，就会使你免遭许多麻烦。

三、贫穷不潦倒，富贵不骄狂

吴起在魏国任主将时，有一天，他骑马出门办事，在大街上看到一个人很面熟，像他儿时的好友韩熊。他试探着叫了一声：“韩大哥！”

那人果然是韩熊，听到叫唤，转过头来，看了半天，才认出吴起。吴起非常高兴，紧紧握着韩熊的手，久久地不肯松开，显得十分亲热。闲谈中，吴起得知韩熊就在这一带做皮货生意，便热情地邀请他到自己家里做客。韩熊说，他有急事处理。吴起就请他办完事后，到自己家里吃饭。韩熊答应了。

吴起回家后，吩咐厨师准备好酒好菜，然后一边看书，一边等待韩熊。可是，一直等到天黑，韩熊还没有来。吴起早就饿了，但他还是耐心等着。夜深了，他估计韩熊不会来了，只好上床睡觉，但始终没有吃饭。

原来，韩熊认为吴起现在地位崇高，不会把他这个小商人放在心上，请他吃饭不过是客套话而已，因此他没有赴约。

第二天一早，吴起就派人去将韩熊请来。当韩熊得知吴起为了等自己，一夜没有吃饭时，感动地说："您的地位变了，您的心一点儿没变啊！"

一个人富贵了，如果缺乏涵养，自我评价就急剧升高，难免意气飞扬、脚不沾地，不把一般人放在眼里。一个有修养的人却能保持平常心，不骄不躁。人格杰出的人，不会因地位变化改变自己的习性。吴起的地位变了，待人接物的心态却一如既往，可谓保持了本心。

四、无为之为，乃为大为

一位旅行者，一路上跋山涉水，穿山越岭，非常辛苦。有一次，在他经过一道险峻的悬崖时，一不小心掉进了深谷里。在这种紧急情况下，他挥动双手到处乱抓，竟然抓住了崖边上的一根树枝，总算是保住了自己的生命。但是自己却悬在半空中，上下不得，正在进退维谷，不知如何是好的时候，忽然看到一位慈悲的佛陀走在悬崖边上，正在慈祥地望着自己。这位旅行者如同见到大救星一样，赶快向佛陀求救："佛陀，求求您发发慈悲，救救我吧！"佛陀慈悲地说："我可以救你，但是你要听我的话，我才有办法救你脱离危险。""佛陀，我都到了如此地步，怎敢不听您的话呢？您要我做什么我就做什么，我全都听您的。""那好吧。那现在就请将那只抓住树枝的手放下来。"旅行者一听，心想："如果我把手松开，肯定会掉进万丈深渊，岂不是死路一条，哪还能保住自己的性命呢？"因此，他不但没有松开那只抓着树枝的手，反而抓得更紧了，佛陀看到他执迷不悟，只好转身离去了。

生活中很多人像极了那位旅行者，不理解佛陀要自己放手的用意，其实学会放手，或许还有转机，使生命绽放光彩。很多时候，并不是他人比我们更聪明，或者与我们不同，而是我们的某些思维活动或者行为方式过于偏执、固执。太在意得失，让生活本应"无为"成了"有为"，自然是要付出代价。

第三章　道家思想——处世之道

道家是对古代中国哲学史起过重要影响的一个学派，在古代中国思想史上占据着重要地位，更是中华文明宝库中一块美丽而珍贵的宝石，值得人们珍惜和保护。

道家以“道”为核心，认为天道无为，主张道法自然，提出无为而治、以雌守雄、以柔克刚、刚柔并济等政治、军事策略，具有朴素的辩证法思想，是“诸子百家”中一门极为重要的哲学流派，存在于中华各文化领域中，对中国乃至世界的文化都产生了巨大的影响。道家对中国文化的贡献比起儒家更为重要，只是在政治思想上“儒”为表象，“道”为实质，而世人被表象迷惑了。道家在理论能力上的深厚度与辩证性，为中国哲学思想中所有其他传统提供了创造力的泉源。至于道家文化在中国文学、绘画、音乐、雕刻等中，则占据绝对性的优势主导地位，即使说中国艺术的表现即为道家艺术的表现亦不为过。道家哲学也对中国政治活动提供了活络的空间，使中国知识分子不会因太强的儒家本位的政治理想而执着于官场的追逐与性命的投入，能更轻松地发现进退之道，理解出入之间的智慧。

一、道法自然

（一）人与自然的统一

道教认为，天地万物都是由“道”所化生，因而“一切有形，皆含道性”。“道”的本性是自然无为的，能化生万物，即自然之道是贯通天、地、人的，万物都是按照“道”赋予它们的秉性自然生存、发展的。

因此，道家主张人要效法天、效法地、效法道，遵循道的自然法则，进而达到和谐共生的目的，要遵循客观规律，顺乎无为之天道，与一切外物和谐共生，以期获得人与自然在整体上的和谐。

道教认为，人与自然是一个统一的整体，应该互相尊重、和谐共处。自然则是人类社会赖以生存和发展的必要条件，人与自然共生、共存，是天道自然的法则，自然界的万物只有和谐相处，才能共生共长，这是亘古不变的自然规律。

道教还认为，人是道的中和之气所化生，是万物之中最有灵气、最有智慧的物类，是“万物之师长”，负有管理和爱护万物的职责。因此，人应该“助天生物”“助地养形”，使自然更加完美，人与自然更加和谐。

（二）“天人合一”的观念

道教从“天人合一”的整体观念出发，十分重视人对环境的依赖关系。道教认为，维护整个自然界的和谐与安宁，是人类本身赖以生存和发展的重要前提，要保持人与自然的和谐统一，就要确保天地的平安。《太平经》说："夫人命乃在天地，欲安者，乃当先安其天地，然后可得长安也。"就是告诉人们，人安身立命于天地间，要想得到好的生存和发展，必须使我们赖以生存的地球得到和谐安宁，然后人类才能长久安宁。

那么，应该如何"安天地"呢？关键是要认识和掌握自然规律，按照自然规律去办事，达到与自然的和谐。《阴符经》开篇就提出："观天之道，执天之行，尽矣"。所谓"观天之道"，就是要认识自然规律，"执天之行"就是要掌握和利用自然规律，人与自然和谐的根本就在于此。只有懂得自然规律，掌握自然规律，才能更好地利用自然规律，从而不违背自然规律，这样才能真正达到人与自然的和谐。

（1）道家第一原则："道法自然"。顺应自然，不要过于刻意，"去甚，去奢，去泰"。人要以自然的态度（三个层面）对待自然，对待他人，对待自我，所以会有"自然—释然—当然—怡然"。

（2）道家第二原则："为而不争"。"天之道，利而不害；人之道，为而不争""夫唯不争，故天下莫能与之争""上善若水，厚德载物"。"为而不争"有四种情况：方而不割——有棱角而不伤人；直而不肆——率直而没有放肆；光而不耀——有光芒而不炫耀；廉而不刿——为人廉正宽厚而不伤害别人。体现处世的态度：平和、宽容、自然。

（3）道家第三原则："清静为天下正"。清静之道，自然之道。"处无为之事，行不言之教"高明的管理者要懂得"不言之教"，有时无声胜有声。"治大国若烹小鲜，不可烦，不可挠；烹小鲜者不可挠，治大国者不可烦；烦则人劳，挠则鱼烂。"严子陵："宠辱不惊，去留无意。"

（4）道家第四原则：虚其心。道就是虚，去除心中的念想、重重心事，即让心虚着，没有心事，才能体验生命的乐趣。虚心：可以学习新知识（更新知识），可以更加包容一切（无成见）。只有虚其心，才能有容人之量。虚心的意义：可以超越自己，否定自己，不断提升自己；虚心是一种美德——心量特别大，能包容各色各样的人，特别是一些有个性的人才（容人之量，是靠把原有对人的成见、意见、不愉快、抱怨、不满意等忘却才能达到）。经营智慧：忘却屡屡经验（使自己成功的方法、经验，学习更新的、更好的东西）才能有更适合发展的东西。

（5）道家第五原则："正言若反"。自然是阴阳对立统一的。"反动"——事物的发展一定是朝相反的方向运动。"祸兮，福之所倚，福兮，祸之所伏""大勇若怯，大智若愚"（智者一定有所不智的地方，该智则智，不该智则不智——有所智，有所不智）。"相辅相成"——太极管理（阴中有阳，阳中有阴，对立面的统一）。美国的张绪道（新道家）主张：从相反的角度考虑同一个问题，考虑正反的转化。学会：放弃掉（防止盛极而衰）；继续挖潜。

二、以德化民

“德”是道家的核心思想，自然也是道家的政治思想，这一点在《老子》中表现得淋漓尽致，老子强调“修身”的根基作用，是建立自我与为人处世之本。老子主张道德，也主张伦理。伦理、道德是社会的必需内容，有伦理、有道德，社会才能和谐。“道德”是道家思想的根基，其之所以能在历史上留下自己思想的足迹，就在于道家对“道德”理论的独特见解。因此，道家的核心思想不应该仅仅是“道”，而应该是“道”和“德”。

三、刚柔并济

老子“刚”与“柔”的辩证智慧对今天在管理中合理地运用控制之道依然有着极强的现实针对性和深刻的理论启迪。

第一，在制度管理的基础上要逐步加强管理中的“软控制”，做到刚柔并济。西方科学管理思想一开始就强调严格的制度管理和赏罚分明的控制手段，这是一种“硬梆梆”的控制手段。对于今天的管理者而言，只依赖刚性的制度约束是远远不够的。一是因为制度不是万能的，任何看似完美的制度设计都必然存在着缺陷；二是“刚强”的东西容易伤人，不但存在着制度执行中处罚不当的风险，静止的制度本身更隐藏着无法因应形势、环境、时机等的变化，而使“良法”蜕变为“恶法”的可能。

当代管理理论发展的一个基本趋势是，在管理中加强制度建设的同时，更加注重文化、价值观、情感等软控制因素，用“柔性”的力量去打动人、去感染人、去熏陶人、去塑造人。德国哲学家卡西尔指出，一切生命体都各有“一套感受器系统和一套效应器系统”，而人“除在一切动物种属中都可看到的感受器系统和效应器系统以外”，还存在一个独特的“符号系统”。因此，“人不再生活在一个单纯的物理宇宙之中，而是生活在一个符号宇宙之中。语言、神话、艺术和宗教则是这个符号宇宙的各个部分”。人所拥有的这个“符号系统”使人在本质上成为“文化的动物”，“文化管理”因之而成为当代管理的基本共识。文化对人的影响是无形的，潜移默化的文化与价值观等因素作为一种柔性的力量，在当代管理中几乎无处不在，并在管理实践中逐步取代传统的刚性制度管理而占据了主导地位。

《老子》第六十八章说：“善为士者不武，善战者不怒，善胜敌者不与”，这里的“不武”“不怒”“不与”，都强调了对暴力、刚强的警惕和慎重，而恰恰是这种不逞勇武、不施暴力的竞争与管理之道，使管理者能达到“善战”“善胜”的最高境界。隋末著名大将尉迟敬德刚降唐时，因一起投降的原刘武周的将领纷纷反叛，他也遭人怀疑，被李世民部下囚禁，主张杀掉他以绝后患。李世民对这员猛将却是一见如故，倍加信任。一番推心置腹的动情沟通，李世民把情感的力量发挥到极至，耿直的尉迟敬德从此甘愿为李世民肝脑涂地，南征北战，立下了汗马功劳。今天的管理者或许应该牢记刚性的制度使员工被迫服从，而柔性的文化则使人心悦诚服。

第二，在管理的控制方式上要尽量避免以刚制刚的对立，实现以柔克刚。以柔克刚是道家辨证智慧的基本内容之一，作为一种文化基因已深深地渗透进中国人的血液之中而成为其基本的行为方式。一个最经典的例证是太极拳。以柔克刚是太极拳中最核心的法则，与对方交手时，太极拳手讲究跟随对方之劲路，随屈就伸，借力打力。对方虽然刚劲十足，招数变幻无穷，但我总的原则是以柔化刚、以柔克刚，让对方的力量在我的柔劲中消遁。对方进入你的防护圈，会陡地发现有劲没处使，或是劲力突然失去了方向和目标，无形中力穷劲尽。所以真正的太极高手，其内劲往往忽隐忽现，若有若无，见之有形，按之无迹，取之不尽，用之不竭。相反，刚劲则是有限的，不仅有限，而且很容易耗损和自伤。古谓"四两拨千斤"，实是避实就虚、以柔克刚智慧在武学上的生动体现。

第三，在对管理者本人的素质修养上，老子的刚柔辨证智慧也昭示我们：一个优秀的管理者必须时刻做到谦下不争，虚怀若谷，不断地吐故纳新，博采众长。管理者应必备两种"若谷""上德"：一是有"度"，管理者要培育自己广阔的胸襟、无私的情怀、宽宏的肚量、豁达的气度，不但不能主观武断、固执己见、锱铢必较、鼠肚鸡肠，而且更重要的是必须要能直面"异己"，善待"异心"，包容"异类"，聆听"异见"。二是有"容"，即管理者要像广纳百川的江海一样甘居下游，集思广益。世界上优秀的管理者，大多不是依靠管理天赋，而是在后天的学习中谦下虚心、广纳兼听、如饥似渴、兼收并蓄的结果。老子通过江海成为百谷之王的事实启迪我们：管理者既不应忘记自己的"王者使命"，有成为商海领袖的抱负和理想，更不应忘记老子"善居人下"的管理箴言，"不自见，故明；不自是，故彰；不自伐，故有功；不自矜，故长"。管理者务必避免高高在上的做派、居高临下的训斥、指手画脚的命令、盛气凌人的武断，力戒"自见""自是""自伐""自矜"，领会道势如水、自然流注、不争而利、无为而治的哲学意蕴，以一种谦下、虚心、平和、包容的"自然"态度孕育"以柔克刚、刚柔并济"的管理艺术。

经典案例

一、道法自然

（一）挣脱掉凡尘俗事的羁绊

东晋陶渊明出生在一个没落的官僚家庭，曾祖父陶侃是东晋赫赫有名的开国元勋，官至大司马、都督八州军事，封长沙郡公。隐逸，是陶渊明留给后世的空谷幽兰般的淡远却不朽的印象，这也是他在官场上遭受现实与理想的博弈之后，做出的回归本真自我而又超尘脱俗的选择。陶渊明熟悉《庄子》，也喜爱《庄子》，甚至把庄子视作知音，他的诗文中有70篇用了《老子》《庄子》的典故，共77处之多。陶渊明在诗文里很少以成句引用或直接套用原文的方式展示《庄子》对其的影响，诗文的字里行间却浑然天成地流淌出庄子的自然精神，道家的自然思想，显然已渗透进陶渊明的文学创作和人生态度之中。他的《饮酒诗·其五》《桃花源记并诗》等都突出地表现出道家思想的旨趣，“少无适俗韵，性本爱丘山”，寄情于山水之间，纵乐于自然之中，生命才回到本真的状态；“久在樊笼里，复得返自然”，挣脱掉凡尘俗事的羁绊，自然之乐才令人内心最为喜悦。他经历了官场的黑暗，但又苦于无法改变官场的现状，于是他毅然辞官，成了田园隐士，过着闲云野鹤般的生活，虽贫困又平淡，但这最贴近自然的田园生活让他体味到了人生真正的乐趣。陶渊明把道家的思想当成精神的慰藉，将道家的超脱精神融入了他的现实人生中，读书、写诗、饮酒，抚无弦琴以寄意，采清菊而抒怀，将道家的思想转为了生活实践，由此也成就了他艺术化的人生。

陶渊明是魏晋时期著名的文学家、诗人，平生耽好儒家六经，又深受老庄及魏晋玄学的影响，始终崇尚自然、淡泊名利。出生名流却并非望族，祖上荣耀却家道衰落，加上身处东晋十六国的动乱时期，以及深受“儒玄双修”的时风熏染，这些都对他的人生道路、处世方式以及文学创作风格产生了重大影响。陶渊明的思想虽以儒家为本，但一生行径却又类似于道家，所以陶渊明向来立身行事大都以道家思想为依据。

他的作品以清新淡然的田园风格著称，也被后人称为“隐逸诗人之宗”。他的作品润了世人的一个精神世界。陶渊明隐居的脱世经历加上其出尘的作品风格，引发中国几千年来的每一代人对于这种生活方式的向往和憧憬。

（二）不妄情、不妄念、不妄想

有一次，苏格拉底带着他的学生来到了一个山洞里，学生们正在纳闷，他却打开了一座神秘的仓库。这个仓库里装满了放射着奇光异彩的宝贝。仔细一看，每件宝贝上都刻着清晰可辨的字，分别是骄傲、嫉妒、痛苦、烦恼、运虚、正直、快乐……这些宝贝是那么漂亮，那么迷人。这时苏格拉底说话了：“孩子们，这些都是我积攒多年的宝贝，你们如果喜欢的话，就拿去吧！”

学生们见一件爱一件，抓起来就往口袋里装。可是，在回家的路上他们才发现，装满宝贝的口袋是那么沉重，没走多远，他们便感到气喘吁吁，两腿发软，脚步再也无法挪动。苏格拉底又开口了：“孩子们，还是丢掉一些宝贝吧。后面的路还很长呢！”“骄傲”丢掉了，“痛苦”丢掉了，“烦恼”也丢掉了……口袋的重量虽然减轻了不少，但学生们还是感到很沉重，双腿依然像灌了铅似的。

“孩子们，把你们的口袋再翻一翻，看看还有什么可以扔掉。”苏格拉底再次劝那些学生们。学生们终于把最沉重的“名”和“利”也翻出来扔掉了，口袋里只剩下了“谦逊”“正直”“快乐”……一下子，他们有一种说不出的轻松和快乐。

人的欲望就像个无底洞，任万千金银也是难以填满的。欲望是需要用“度”来控制的。人具有适当的欲望是一件好事，因为欲望是追求目标与前进的动力，但如果给自己的心填充过多的欲望，只会加重前行的负担。人贪得越多，附加在心上的负担也就越重，可明知如此，许多人却仍然根除不了人性劣根的限制。对于真正享受生活的人来说，任何不需要的东西都是多余的。适当放下是一种洒脱，是参透人性后的一种平和。背负了太多的欲望，总是为金钱、名利奔波劳碌，整天忧心忡忡，又怎么能有快乐呢？只有放下那些过于沉重的东西，才能得到心灵的放松。

一个人需要的其实十分有限，许多附加的东西只会徒增无谓的负担而已，人们需要做的是从内心爱自己。曾有这么一个比喻："我们所累积的东西，就好像是阿米巴变形虫分裂的过程一样，不停地制造、繁殖，从不曾间断过。"而那些不断膨胀的物品、工作、责任、人际、家务占据了你全部的空间和时间，许多人每天忙着应付这些事情，早已喘不过气来，每天甚至连吃饭、喝水、睡觉的时间都没有，也没有足够的空间活着。

拼命用"加法"的结果就是把一个人逼到生活失调，精神濒临错乱的地步。这时，就应该运用"减法"了！这就好像旅行时，当一个人带了太多的行李上路，在尚未到达目的地之前，就已经把自己弄得筋疲力尽了。唯一可行的方法是为自己减轻压力，就像扔掉多余的行李一样。

著名的心理大师荣格曾这样形容："一个人步入中年，就等于是走到了人生的下午，这时既可以回顾过去，又可以展望未来。在下午的时候，就应该回头检查早上出发时所带的东西究竟还合不合用，有些东西是不是该丢弃了。理由很简单，因为我们不能照着上午的计划来过下午的人生。早晨美好的事物，到了傍晚可能显得微不足道;早晨的真理，到了傍晚可能已经变成谎言。"或许你过去已成功地走过早晨，但是，当你用同样的方式走到下午时，却发现生命变得不堪负荷，坎坷难行，这就是该丢东西的时候了！

旁观者清，当局者迷。对于人性的弱点，每个人都足够的了解，而一旦置身其中选择取舍时往往就不是那么一回事了。这只是不识"庐山真面目"，只因"身在此山中"，这也是人性的一种悲哀。人生中该收手时就要收手，切莫让得到也变成了另外意义上的失去。合理地放弃一些东西吧，因为只有这样我们才能得到更珍贵的东西。欲望使世界上少了一个天使，满足一个人的欲望，就使世界上少了一个生命。抛却心中的"妄念"，才能使你于利不趋，于色不近，于失不馁，于得不骄，进入宁静致远的人生境界。

（三）功成身退天之道

金熙宗天眷二年（1139年），石琚考中进士，任邢台县令。当时官场腐败，贪污成风，邢台守吏更是贪婪恶暴，强夺民财。在此环境中，石琚却保持着清醒的头脑，他不仅不贪不占，还多次告诫别人不要贪取不义之财。他常对人说："君子求财，取之有道，怎么能利令智昏，干下不仁不义之事呢？人们都知钱财的妙处，却不闻不问不义之财所带来的隐患，这是许多人最后遭祸的根源。"

有人对石琚的劝告置之一笑，还嘲笑他说："世事如此，你一个人能改变得了吗？你的这些高论说来动听，实际上却全无用处，你何苦自守清贫，不识时务呢？要知无财才是大祸，你身在祸中，尚且不知，岂不遭人耻笑？切不可再言此事了。"石琚又气又怒，他又当面对邢台守吏规劝说："一个人到了见利不见害的地步，他就要大祸当头了。你敛财无度，不计利害，你自以为计，在我看来却是愚蠢至极。回头是岸，我实不忍见到你东窗事发的那一天。”邢台守吏拒不认错，私下竟反咬一口，向朝廷上书诬陷石琚贪赃枉法。结果，邢台守吏终因贪污受到严惩，其他违法官吏也一一治罪，石琚因清廉无私，虽多受诬陷却平安无事。

石琚官职屡屡升迁，有人便私下向他讨教升官的秘诀，石琚总是一笑说：“我不想升迁，凡事凭良心办事，这个人人都能做到，只是他们不屑做罢了。”来讨教的人不信此说，认为石琚是在敷衍自己，心怀怨气，石琚见此又是一笑道：“人们过分相信智慧之说，却轻视不用智慧的功效，这就是所谓的偏见吧。”

金世宗时，世宗任命石琚为参知政事，万不想石琚却百般推辞。金世宗十分惊异。私下对他说：“如此高位，人人朝思暮想，你却不思谢恩，这是何故？”石琚以才德不堪作答，金世宗仍不改初衷。石琚的亲朋好友力劝石琚，他们惶急道：“这是天下的喜事，只有傻瓜才会避之再三。你一生聪明过人，怎会这样愚钝呢？万一惹恼了皇上，我们家族都要受到牵连，天下人更会笑你不识好歹。”石琚面对责难一言不发，他见众亲友喋喋不休，最后长叹说：“俗话说，身不由己，看来我是不能坚持己见了。”

石琚无奈接受了朝廷的任命，私下却对妻子忧虑地说：“树大招风，位高多难，我是担心无妄之灾啊。”他的妻子不以为然，说道：“你不贪不占，正义无私，皇上又宠信于你，你还怕什么呢？”石琚苦笑道：“身处高位，便是众矢之的，无端被害者比比皆是，岂是有罪与无罪那么简单？再说皇上的宠信也是多变的，看不透这一点，就是不智啊。”

石琚在任太子少师之时，曾奏请皇上让太子熟习政事，嫉恨他的人便就此事攻击他别有用心，想借此赢取太子的恩宠。金世宗听来十分生气，后细心观察，才认定石琚不是这样的人。金世宗把别人诬陷他的话对石琚说了，石琚所受的震撼十分强烈，他趁此坚辞太子少师之位，再不敢轻易进言。

大定十八年（1178），石琚升任右丞相，位极人臣，前来贺喜的人络绎不绝。石琚表面上虚与委蛇，私下却决心辞官归居。他开导不解的家人、故旧说：“我一生勤勉，所幸得此高位，这都是皇上的恩典，心愿已足。人生在世，祸在当止不止，贪心恋栈。”他一次又一次地上书辞官，金世宗见挽留不住，只好答应了他的请求。世人对此事议论纷纷，金世宗却感叹说：“石琚大智若愚，这样的大才天下再无二人了，凡夫俗子怎知他的心意呢？”

石琚可谓深谙进退之道，能进能退，把握得极其有度，所以才能在官场混迹多年而屹然不倒。提及石琚，不由想到李斯，当初他贵为秦相时，“持而盈”“揣而锐”，最后却以悲剧告终。临刑之时，李斯对其子说：“吾欲与若复牵黄犬，俱出上蔡东门，逐狡兔，岂可得乎？”他临死才幡然醒悟，渴望重新返璞归真，在平淡生活中找寻幸福，但悔之晚矣。

进一步，容易；退一步，难。大多数人能成功，却不能全身而退；少数人看透功名实质，重视过程，淡看结果，终能功成身退。

（四）道法天地，一任枯荣

一天，唐朝药山禅师与门下两位弟子云散、醒吾坐在郊外参禅，看到山上有一棵树长得很茂盛，绿荫如盖，而另一棵树却枯死了，于是药山禅师观机教化，想试探两位弟子的功行，于是先问醒吾："树是荣的好，还是枯的好？"醒吾答曰："荣的好！"再问云散，云散却回答说："枯的好！"此时正好来了一位沙弥，药山禅师就问他："树是荣的好，还是枯的好？"沙弥说："荣的任它荣，枯的任它枯。"药山禅师颔首。

天地便是如此，荣的任它荣，枯的任它枯，不偏不倚，无悲无喜。真正悟道的圣人，心如天地，明比日月，一切的所作所为，只要认为理所当为、义所当为，便自然而然地去做，并非出于仁爱世人之心，因为如果圣人有此存心，便有偏私。庄子说过，有所偏私，便已不是真正的仁爱了，即有自我，已非大公。生而称"有"，灭而称"无"，平等齐观，无偏无私，只是人们以人心自我的私识，认为天地有好生之德，因此发出天心仁爱的赞誉。倘若天地有知，应会大笑我辈痴儿痴女的痴言痴语吧。

（五）实心做事，虚心做人

郭子仪的福寿都是从"虚实"二字得来的。他精通韬略、极善用兵，而且心胸开阔、器量不凡。唐玄宗时，安禄山造反，郭子仪领兵平叛，战功赫赫，屡获升迁，直至元帅之职。唐肃宗担心郭子仪等名将难以驾驭，便取消元帅职衔，同时派太监鱼朝恩来监军。郭子仪欣然交出元帅权柄，丝毫没有不满。但是，由于各军缺乏统一指挥，各自为战，战场形势很快陷于不利局面。无奈之下，唐肃宗只好重新任命郭子仪为元帅，节制各路人马。在郭子仪的英明指挥下，唐军屡战屡胜，完全压住了叛军的气势。鱼朝恩很嫉妒郭子仪的功劳，向朝廷密告他许多罪名。唐肃宗又诏令郭子仪交卸兵权，回京师候命。郭子仪接到命令后，不顾部下反对，独自回京闲居，一点儿也没有怨尤的表示。

过了不久，史思明攻陷河洛，气焰大炽。唐肃宗担心大唐江山不保，又诏命郭子仪为诸道兵马都统，掌管全国军权。郭子仪立即奉命出征，率领诸路大军，剿灭了史思明等多路叛军。

唐肃宗死后，唐代宗即位，听信谗言，罢免了郭子仪的军职，派他去督修肃宗墓。郭子仪欣然接受诏命，也从无愤愤不平的表示。

后来，仆固怀恩暗中勾结回纥、吐蕃，再度谋反，攻陷两京，逼得唐代宗不得不避难陕州。无奈之下，唐代宗匆匆忙忙拜郭子仪为关内副元帅，坐镇咸阳，主持平叛。郭子仪仅率数十骑，一面向前线进发，一面沿途招募民兵、收容逃兵败将，渐渐兵势壮大，平定了叛乱，收复了两京。

从用人角度来说，理当"用人不疑，疑人不用"，唐肃宗、唐代宗两代昏君正好相反，对郭子仪既用又疑，国家危难时，把天大的担子压在他身上，等到形势刚刚好转，又无情地剥夺他的兵权，把他闲置在一边。受到这样的对待，一般人肯定是受不了的，郭子仪却坦然受之，好像一切都是很自然的事。你给他权位名利，他欣然接受；你给他不公平待遇，他无怨无悔，真可谓虚怀若谷。但他做事却一点儿不含糊，三度为主帅，三次剿灭声势浩大的叛军，保大唐江山不倒。

郭子仪在做事方面，任劳任怨，竭心尽力，从不让人失望，得了一个“实”字；在名位上面，不争不夺，能上能下，得了一个“虚”字，如此虚实两用，正体现了道家“冲而用之”的神妙。

人生在世，虽然不是命运天定，但也不能勉强为之。只能依自己的努力和机缘，能上则上，当下则下，进退俯仰，顺其自然。身处顺境时，不得意忘形；身处逆境时，不自轻自贱，把任何境遇都看成一种正常状态。因为它本来就是一种正常状态。没有谁天生注定应该心想事成，为什么得意的就一定是自己呢？为什么失意的就一定是别人呢？没有这个道理。如果做人能做到有虚有实、无滞无碍、无可无不可、无求无不求，也就称得上顺其自然、与道相合了！

二、以德化民

（一）以仁德治天下

历史上的刘备是与曹操、孙权鼎足而立的英杰，蜀汉政权的开国之君，既有“明君”之誉，又有“枭雄”之称，因为他懂得以仁德治天下。

作为“明君”，刘备一生作为基本符合古人对“仁德”的两点要求：一是仁德爱民，有济世情怀；二是尊贤礼士，有知人之明。就“仁德爱民”而言，刘备大半生颠沛奔走，屡遭挫败，施仁政于民的机会并不多，但他深知“得人心者得天下”的道理，重视以宽仁厚德待人，与那些残民以逞、暴虐嗜杀的军阀不同，因此而争取到了人心。《三国志·蜀书·先主传》记载：刘备领平原相时，郡民刘平不服，派刺客去刺杀他，“客不忍刺，语之而去（‘客服其德，告之而去’）。其得人心如此。”裴松之注引王沈《魏书》补充道：“是时人民饥馑，屯聚钞暴。备外御寇难，内丰财施，士之下者，必与同席而坐，同簋而食，无所简择。”因此“众多归焉”。在荆州依附刘表期间，“荆州豪杰归先主者日益多”。

建安十三年（公元208年）秋，曹操南征荆州，适逢割据荆州的刘表病死，刚刚继位的少子刘琮不战而降。此时诸葛亮建议刘备攻刘琮而夺荆州，他却答道：“吾不忍也。”当他由樊城向南撤退时，“（刘）琮左右及荆州人多归先主。比到当阳，众十余万，辎重数千辆，日行十余里”。有人劝他抛开百姓，速行保江陵，他却断然拒绝：“夫济大事必以人为本，今人归吾，吾何忍弃去！”在此安危之际，哪怕有生命危险也不愿抛弃百姓，在历代开国君主中实不多见。裴注特引东晋史学家习凿齿评论曰：“先主虽颠沛险难而信义愈明，势逼事危而言不失道。追景升之顾，则情感三军；恋赴义之士，则甘与同败。观其所以结物情者，岂徒投醪抚寒含蓼问疾而已哉！其终济大业，不亦宜乎！”《资治通鉴》

汉纪五十七亦引此语，可见刘备之仁德有道，已得到历代史家的普遍承认。

无独有偶。在我国北宋初年，赵匡胤统一中原的时候，当时的大将曹彬被派去征伐南唐。曹彬一路势如破竹，直逼南唐都城建康。可是正要准备攻击建康的时候，曹彬却生病了。这下可急坏了三军将士，部下将官都跑去看望曹彬，并带了军医为他诊断，可是曹彬说："不必了，我患的是心病，医生是治不好的，只有你们各位能治好我这病。"这下，诸位部下就更着急了，到底我们做些什么能治好主帅的病呢？曹彬告诉他们说："只有一个办法，就是在我们打进建康的时候，任何人都不得滥杀无辜，更不许奸淫掳掠，大家能不能做到？"属下将领齐声回答："主帅只管吩咐就是。"曹彬说："嘴上这么说说可不行，大家必须要发誓遵从命令才行。"于是将士们就发誓攻破建康后绝不屠杀城内百姓。

曹彬因为深知部下将领嗜杀成性，又不好打击将士们的士气，于是就用了生病这一招，结果果然奏效。曹彬部队进城后，丝毫没有干扰百姓，当李后主身穿白袍在曹彬马前投降的时候，还赞扬他治军有方，自己心甘情愿率军民投降。这也反映出作为军人的曹彬，威猛中也有为人善良的一面，面对一城无辜的百姓，他不忍心看到血流成河的场面。

人皆有恻隐之心，面对弱势群体，我们更应该怀有一颗仁慈的心。曹彬为人乐善，经常告诫他的属下:领兵打战，关键要靠纪律，不可动不动就屠城，焚烧民房、掠夺民财、奸淫妇女。见别人的父母逃亡，应该想想如果自己的父母逃亡，我要做什么？看见别人的妻儿流离失所，应该想想如果自己的妻儿也这样，我要做什么？免除苍生劫难，是当权者应该肩负的责任。

曹彬的故事在我国古代很多的战争中也多有表现。很多的将领在攻城前都会告诫手下不可烧杀掠夺城内居民，并经常立此为军令。还有很多将领在攻下一座城池后推出出榜安民的措施，目的也是抚慰百姓，这样的将领常会得到广大百姓的爱戴。

（二）为人有善行，为政有德行

冯道在后晋石敬瑭手下担任宰相，因为石敬瑭为求得契丹出兵援助自己打败后唐，夺取天下，不仅割卢龙一道和雁门关以北地区为厚赂，而且自称臣、称儿。事定后，需要派一名重臣为礼仪使到契丹，为契丹主耶律德光和萧太后上尊号。

石敬瑭心中的理想人选是冯道，但考虑到此行可能有去无回，感到难以启齿，便叫几名宰相商议决定。捧着诏书的文书小吏一到中书省便哭出声来，因为自己的皇帝对外藩称臣、称儿实在是太屈辱了。

冯道正和几名同僚商议政务，见状大惊。待明白来意后，几名宰相都吓得面无人色，唯恐这桩既危险又屈辱的差事砸到自己头上。冯道看出了大家的意思，也不说话，很镇静地在一张纸上写下"道去"两字，其他人看后既感到解脱又替他难过，有的人甚至当场落泪。

冯道出任礼仪使到了契丹后，契丹主对他很重视，本想亲自出去迎接，后因有人劝他“国君不应迎宰相”才作罢。

给契丹主和太后上过尊号后，冯道便被契丹主留下来为官，契丹族的风俗只赐给贵重大臣象牙笏，或在腊日赐牛头，有一样就是特殊宠幸，冯道却全得到了。他还为此作诗一首：“牛头偏得赐，象笏更容持。”

契丹主知道后大为高兴，暗示要长期留他在契丹为官，冯道说：“南朝为子，北朝为父。我在两朝做官，没有什么分别。”契丹主听了更是喜欢。

冯道把得到的赏赐都用来买木炭，对人说：“北方寒冷，我年纪大了，难以忍受，不得不多做些准备。”摆出一副扎根契丹的架势。

开始契丹主唯恐留不住冯道，待见他如此，不仅不再怀疑他的忠诚，反而觉得自己的儿皇帝那里更需要这样忠诚有名望的大臣辅佐，便让冯道回石敬瑭那里。

冯道三次上表推辞，表称自己眷恋上国，不忍离去，契丹主一再催促强迫，冯道才显得百般不情愿地上路了。他先在驿馆中住了一个月，然后慢腾腾向回返。一路上到一个地方便停下来住宿，一点儿也不着急，契丹主派人查探后，愈加放心。冯道一直走了两个月，才出了契丹国境。

冯道身边的人问他：“我们能逃出虎口，返回家乡，恨不得生身双翅，您却走走停停，却是为何？”冯道笑着说：“急有什么用？我们如果走快了，契丹主用快马一天就可以把我们追回去。我们走得慢，他们难以觉察我们的心思，这样才能安全返回。”左右的人听后，都恍然大悟，钦佩不已。

一个真正的大丈夫不仅要行得端，站得直，还要学会弯曲的哲学。无论是做人，还是做官，要做到“能伸”很容易，但是要做到“能屈”就不是那么简单的事情了。无论是做人，还是做官，屈伸和正直公正有德行从来都不是矛盾的，行善有时候也要采取迂回的方式，这样才能保证对方的尊严。

三、刚柔并济

（一）到达目标最短的距离是曲线

孟买佛学院是印度最著名的佛学院之一，这所佛学院的特点之一是建院历史悠久，培养出了许多著名的学者。还有一个特点是其他佛学院所没有的，这是一个极其微小的细节。但是，所有在这里学习过的人，几乎无一例外地承认，正是这个细节使他们顿悟，正是这个细节让他们受益无穷。

这是一个被很多人忽视的细节：孟买佛学院在正门的一侧又开了一个小门，这个小门只有1.5米高、0.4米宽，一个成年人要想过去必须弯腰、侧身，否则就会碰壁。

其实这就是孟买佛学院给它的学生上的第一堂课。所有新来的人，老师都会引导他到这个小门旁，让他进出一次。很显然，所有的人都是弯腰、侧身进出的，尽管有失礼仪和风度，却达到了目的。老师说，大门虽然能够让一个人很体面、很有风度地出入，但有很多时候，人们要出入的地方并不是都有着方便的大门，或者即使有大门也不是可以随便出入的。这时，只有学会了弯腰和侧身的人，只有暂时放下尊贵和虚荣的人，才能出入。否则，在很多时候，你就只能被挡在院墙之外了。

孟买佛学院的老师告诉他们的学生，佛家的哲学就在这个小门里。其实，人生的哲学何尝不在这个小门里。人生之路，尤其是通向成功的路上，几乎是没有宽阔的大门的，所有的门都需要弯腰、侧身才可以进去。因此，在必要时，要忍辱负重。人在遇到不测风云时，能站起来就站起来，站不起来就得见机振作，要能屈能伸，不可撞得头破血流，让自己难有东山再起之日。进退皆宜，能屈能伸，人生之路才会越走越宽。

遥想项羽当年，率兵反秦，称王称霸，真是英雄豪气盖云天，这样一位大英雄在败北之际却选择了自刎，空留一曲“力拔山兮气盖世，时不利兮骓不逝。骓不逝兮可奈何，虞兮虞兮奈若何！”的悲歌。如果项羽能够回到江东，也许江东子弟还会跟随他，重谋天下，其结局也就不会如此悲惨。因此，人在该示弱时当示弱，万不可因一时之意气葬送自己的一生。

大丈夫要能屈能伸。能屈难，能伸也不容易。众所周知，勾践灭吴的故事。当他被吴国打败，困于会稽山上时，可以说是遇到了人生道路上的一扇小门！他选择了弯腰和侧身通过这扇小门，卧薪尝胆，十年生聚，十年教训，励精图治，终于一举灭吴。这正是勾践能屈能伸的结果。

为人处世，参透屈伸之道，自能进退得宜，刚柔并济，无往不利。能屈能伸，屈是能量的积聚，伸是积聚后的释放。屈是伸的准备和积蓄，伸是屈的志向和目的。屈是手段，伸是目的。屈是充实自己，伸是展示自己。屈是圆通，是高超的处世技巧;伸能圆满，是美妙的做人心境。

屈是一种气度，伸更是一种魄力。处逆境当屈则屈，大丈夫矣;当屈不屈，意气行事，莽夫行为，易折。处顺境乘势应时，该伸则伸，伟丈夫矣；当伸不伸，一蹶不振，优柔寡断，无能。伸后能屈，需要大智。屈后能伸，需要大勇。屈有多种，并非都是胯下之辱;伸亦多样，并不一定叱咤风云。屈中有伸，伸时念屈。屈伸有度，刚柔相济。

能屈能伸者，英雄之谓也！

（二）水善利万物而不争

汉朝的卓茂为官清正，爱民如子，从来都不说一句难听的话。他走到一方，会感化一方，深受人们的喜爱与敬仰，名满天下。

汉光武帝即位之后，第一件事就是去拜访卓茂，请他出任“太傅”，并封他为“褒侯”，而且赐给他两个儿子官爵。卓茂任丞相时，有一天，他刚从相府骑马出来，忽然有人冲到他面前，拉着他骑的马不放，硬说这匹马是他的。卓茂不急不恼，反而心平气和地问他：“请问您的马丢了多久了啊？”那个人说：“有一个多月了！”卓茂一听就知道是对方弄错了，因为他骑的这匹马已经有一年多了。但是他什么也没有说，也不跟对方争辩，默默地把这匹马的缰绳解开，让那个人把马牵走了。临走的时候，卓茂还叮嘱道："如果您发现这匹马不是您的，请您牵到丞相府还给我。"

没过多久，那个人找到了自己丢失的马，于是把卓茂的马还了回来，并且向卓茂谢罪。

其实，像水一样善利万物而不争不仅是一种忍耐，更是一种智慧与仁爱。淡定的人如水善利万物而不争，柔中带刚，刚里带柔，在智慧中升华人生；淡定的人处世圆润而又有原则，方里见圆，圆中显方；淡定的人会让生命重新回归平衡，让人们领悟到什么是真正的大彻大悟、超凡脱俗；淡定的人也会活得自由自在。为人处世如果能像水一样波澜不惊，就可以产生超人的耐心与承受力。

能屈能伸是一个成功者必备的素质，能屈能伸的人比刚强的人有更大的柔韧性，对情绪的控制也更为游刃有余。这样的人才能成为真正的成功者！心中有爱、有仁慈，才能宽容地对待他人。宽容与仁厚总是相互依存的。当别人冒犯我们的时候，不要立刻责怪他们，而去了解这件事情背后的真相。这比批评更有益处，也更有意义。

（三）温和对待他人的无礼

古时候，有一位刺史，因为年轻，本州的武官对他不服气，总想找机会给他难堪。有一天，刺史的家僮骑马出门，路上遇到武官，没有下马请安就匆匆驱马而过。这在当时是失礼行为。武官佯装大怒，追上去，将家僮拉下马来，不由分说，痛打一顿。然后，他提着马鞭，主动来见刺史，叙述事情经过后，故意说："我打了您的家僮，请让我走吧！"

这等于给刺史出了一道难题：如果刺史不同意他辞职，就输了一招；如果同意他辞职，又有公报私仇之嫌，反而被他抓住了把柄。年轻刺史并非等闲人物，他微微一笑，淡淡地说："奴才见了官人不下马，打也可以，不打也可以；官人打了奴才，走也可以，不走也可以。"这无疑是说，打不打人，那是你的修养；走不走人，那是你的选择，总之跟我无关。

武官一时不知所措。如果他辞职的话，是自己吃亏；如果他不辞职的话，等于扫自己的面子。他默思半晌，无言以对，只得躬身告退。从此，他再也不敢为难刺史了。

一个温和而冷静的人，他的心就像一条游在深海里的鱼，没有人能伤到他。假如别人无礼的态度使你很受伤，那固然说明对方缺少修养，也说明你的内心过于软弱。与其仇视对方，不如努力训练自己的心理承受能力。处变不惊，静观事态发展。遇到对方突然挑衅时，可能一时之间不知如何反应，一旦言语不当，就可能使矛盾激化。这时候，一定要保持冷静，宁可一言不发，也不要轻易发言。直到想好了对策，再做出合理的反应。

拓展阅读

一、心念质朴

著名作家沈从文可谓是一个没有学历而有学问的学者。他怀着梦想刚来到北京闯荡时，一边在北京大学做旁听生，一边阅读大量书籍，并与诸多大师结识，不断成长。后来，他带着一身泥土气闯入十里洋场的上海，时间不长，即以一手灵气飘逸的散文震惊文坛。

1928 年，26 岁的沈从文被当时任中国公学校长的胡适聘为该校讲师。

在此之前，沈从文以行云流水的文笔描写真实的情感，赢得了一大批读者，在文坛享有很高的声望，但他给大学生讲课却是头一回。为了讲好第一堂课，他进行了认真准备，精心编定了讲义。尽管如此，第一天走上讲台，他心里仍不免发虚。

面对台下满堂学子，沈从文竟整整待了 10 分钟，一句话也说不出。后来开始讲课了，由于心情紧张，他只顾低着头念讲稿，事先设计在中间插讲的内容全都忘得一干二净。结果，原先准备的一堂课，10 分钟就讲完了。接下来的几十分钟怎么打发？他心慌意乱，冷汗顺着脊背直淌。这样的尴尬场面，他以前可从来没有经历过。

后来，沈从文没有天南地北地瞎扯来硬撑“面子”，而是老老实实拿起粉笔在黑板上写道：“今天是我第一次上课，人很多，我害怕了！”于是，这老实可爱的坦言“害怕”，引起全堂一阵善意的笑声……

胡适深知沈从文的学识、潜力和为人，在听说这次讲课的经过后，不仅没有批评他，反而不失幽默地说：“沈从文上的第一次课成功了！”后来，一位当时听过这堂课的学生在文章中写道，沈先生的坦率赤诚令人钦佩，这是我有生以来听过的最有意义的一堂课。

此后，沈从文曾先后在西南联大师范学院和北京大学任教。正因为不是科班出身，所以他并没有墨守成规，而代之以别开生面的言传身教，并获得了成功。而他那“成功”的第一课，则在学生之中不断流传，成为他率直人生的真实写照。

莎士比亚曾经说过，老老实实最能打动人心。一句“我害怕了”，袒露了一代文学巨匠的质朴内心，面对失败不敷衍、不做作、不逃避，能老实可爱地袒露内心，这样的人当然会得到别人的谅解。质朴是这个世界的原始本色，没有一点功利色彩。就像花儿的绽放、树枝的摇曳、风儿的低鸣、蟋蟀的轻唱。它们听凭内心的召唤，是本性使然，没有特别的理由。

生活在世事纷扰的世界里，尔虞我诈让我们多了一些虚伪，钩心斗角让我们多了一些狡诈，世态炎凉让我们多了一些冷漠。人之所以苍老是由于受一切外界环境和自己情绪变化的影响，而保持一颗质朴的心，则可以让生命永远保持健康，让生命永远保持青春，把自己归于自然，回归生活的原始本色。

二、宠辱不惊

979年年初，宋太宗御驾亲征北汉，北汉皇帝刘继元走投无路，只好投降。面对这巨大的胜利，宋太宗十分自得，他又主张乘胜伐辽，收回被辽占据的燕云十六州。宋朝大将潘美反对此议："我军虽大胜，此刻也不能志得意满，轻敌冒进。眼下尚需稳定形势，士卒也需休整。"

总侍卫崔翰大声反对："此乃天赐良机，岂可轻易放弃呢？陛下进兵之举甚合民心，必群起响应。我军又是得胜之师，伐辽必有胜算。"

宋太宗本求胜心切，遂大举北进。宋军快到高粱河时，遭到辽军的伏击，损失惨重。宋太宗也不知去向。

当时，宋太祖赵匡胤的长子、武功郡王赵德昭也随宋太宗亲征。他手下的将领猜测宋太宗不是被杀，就是被俘，于是私下商议立赵德昭为帝。众将领面劝赵德昭道："如今军心不稳，大敌当前，大王如不当机立断，承继大统，恐怕变乱不止。恭请大王迅速登上帝位，号召天下。"赵德昭面对众将拥立，一时心动。

宋太祖赵匡胤去世时，他没有把皇位传给自己的儿子赵德昭，赵德昭是聪明之人，自此，他天天纵歌饮酒，对宋太宗又极其恭敬，宋太宗对他并不怀疑，君臣相安无事。

今日面对此变，赵德昭心里千肠百转。他思忖这件事关系太大，万不可因贪求帝位而犯下致命之祸。宋太宗虽是失踪，终究不能肯定他已蒙难，如果自己轻率即位，宋太宗又没死，宋太宗自是不能放过他，如此自己连性命都将不保。

赵德昭越想越怕，他决定慎重行事。"皇上生死未明，大敌在侧，你们不思报国杀敌，却在这胡言乱语，动摇军心，这是忠臣所为吗？我是皇上的臣子，誓死效忠皇上，岂能受你们唆使，干下这大逆不道之事？你们真是昏了头了！"众将本想跟着赵德昭飞黄腾达，没想到赵德昭却出言训斥，他们都瞠目结舌，不知如何应对。

赵德昭为了安抚众将，又低声说："你们的好意我心领了，我岂能趁皇上在危难之时而行其私呢？倘若皇上真的遭遇不幸，为了宋室江山，我还是不会令各位失望的。"

众将气消，皆服其义。第二天早上，宋太宗被杨业父子救回，安然无恙，众将又深服赵德昭未卜先知之明。

当人们面临风雨，匆忙奔跑之时，那个淡然安定欣赏雨景的人，其实深谙从容的生活智慧。在现代都市竞争的人性丛林，从容淡定是一种难以达到的大境界。沮丧的面容、苦闷的表情、恐惧的思想和焦虑的态度是缺乏自制力的表现，是不能控制环境的表现。

无论过去的一切多么痛苦、多么顽固，都不要让担忧、恐惧、焦虑和遗憾消耗你的精力。要主宰自己，做自己的主人，从从容容才是真。只有做到了平平淡淡、从从容容，方能心态平和，恬然自得，达观进取，笑看风云。

三、一身荣辱自心知

田文当相国时，门下有食客三千人。后来，国王对他起了疑心，将他撤掉，结果那些食客几乎都跑光了，只有一个名叫冯谖的人仍然跟着他。后来，在冯谖的帮助下，田文重新当上了宰相，尊荣更胜从前。那些当初弃他而去的食客都向他表示出很懊悔并想继续追随他的意思。田文很生气，恨恨地对冯谖说："他们当初弃我而去，现在还有脸回来？谁好意思走到我面前，我一定要将唾沫吐在他的脸上！"

冯谖不以为然地说："事物有它必然的规律，事情有它本来的道理，您何必生气呢？"

田文说："我比较愚蠢，不明白您的意思。"

冯谖说："活着的人一定会死，这是事物必然的规律。富贵了，宾客自然多；贫贱了，宾客自然少，这是事情本来的道理。您一定见过菜市场的情景吧？早上，人们争先恐后地挤进去，因为里面有他们需要的东西；傍晚，人们甩开大步走过去，不会多看一眼，因为里面没有他们需要的东西了。这是很正常的事情。以前，人家争先恐后地来投奔您，是因为您这儿有他们需要的东西；后来，他们离开您，是因为您这儿已经没有他们需要的东西了，有什么可抱怨的呢？"

田文恍然大悟，心里的怨意顿消。后来，那些食客陆续前来投奔，他一如既往地接待他们，毫无芥蒂。

人们为什么宠辱若惊，因为宠辱对事业和生活的影响太大了，一旦失宠，不仅事业受挫，人们的眼光也全变了，让你真真切切地感受到世态炎凉的滋味。

同时切记过犹不及，正如老子所说："及吾无身，吾有何患？"

四、道家之道：曲全、枉直、洼盈、敝新

春秋时期，鲁国人宓子贱是孔子的学生，他曾有一段在鲁国朝廷做官的经历，后来，鲁君派他去治理一个名叫亶父的地方。他受命时心中久久难以平静，担心到地方上做官，离国君甚远，容易遭到自己政治上的宿敌和官场小人的诽谤。众口铄金，积毁销骨，假如鲁君偏信谗言，自己的政治抱负岂不是会落空？因此，他在临行前想好了一个计策。

宓子贱向鲁君要了两名副官，以备日后施用计谋之用。他风尘仆仆地来到亶父，该地的大小官吏都前往拜见，宓子贱叫两个副官拿记事簿把参拜官员的名字登记下来，这两人遵命而行。当两个副官提笔书写来者姓名的时候，宓子贱却在一旁不断地用手去拉扯他们的胳膊肘儿，使两人写的字一塌糊涂，不成样子。等前来贺拜的人已经云集殿堂，宓子贱突然举起副官写得乱糟糟的名册，当众把他们狠狠地鄙薄、训斥了一顿。宓子贱故意滋事的做法使满堂官员感到莫名其妙、啼笑皆非。两个副官受了冤屈、侮辱，心里非常恼怒。事后，他们向宓子贱递交了辞呈。宓子贱不仅没有挽留他们，而且火上浇油地说："你们写不好字还不算大事，这次你们回去，一路上可要当心，如果你们走起路来也像写字一样不成体统，那就会出更大的乱子！"

两个副官回去以后，满腹怨恨地向鲁君汇报了宓子贱在亶父的所为。他们以为鲁君听了这些话会向宓子贱发难，从而可以解一解自己心头的积怨。然而这两人副官没有料想到，鲁君竟然负疚地叹息道："这件事既不是你们的错，也不能怪罪宓子贱，他是故意做给我看的。过去他在朝廷为官的时候，经常发表一些有益于国家的政见，可是我左右的近臣往往设置人为的障碍，以阻挠其政治主张的实现。你们在亶父写字时，宓子贱有意掣肘的做法实际上是一种隐喻。他在提醒我今后执政时要警惕那些专权乱谏的臣属，不要因轻信他们而把国家的大事办糟了。若不是你们及时回来禀报，恐怕今后我还会犯更多类似的错误。"鲁君说罢，立即派其亲信去亶父。这个钦差大臣见了宓子贱以后，说道："鲁君让我转告你，从今以后，亶父再也不归他管辖，这里全权交给你。凡是有益于亶父发展的事，你可以自主决断，你每隔五年向鲁君通报一次就行了。"宓子贱在鲁君的开明许诺下，排除了强权干扰，在亶父实现了多年梦寐以求的政治抱负。

宓子贱没有直言进谏，而是用一个自编自演、一识即破的闹剧，让鲁君意识到了奸诈隐蔽的言行对志士仁人报国之志的危害，可谓用心良苦。

人生最伟大的作为，不必要求成功在我，无论道德修为，或是事业功名，都遵循"功成，名就，身退"的天之道，一切付之全归，就是"曲则全"的大道，即人生的最高艺术。"诚"字还表明绝对不能把"曲则全"当作手段，要把它当作道德，要真正诚诚恳恳地去做。若一味将"曲则全"作为权术手段，到头来将一事无成，两手空空。

五、人生境界不在于地位高低，而在于眼界高下

孙叔敖原来是位隐士，被人推荐给楚庄王，三个月后做了令吟（宰相）。他善于教化引导人民，因而使楚国上下和睦，国家安宁。

有位孤丘老人，很关心孙叔敖，特意登门拜访，问他："高贵的人往往有三怨，你知道吗？"

孙叔敖回问："您说的三怨是指什么呢？"

孤丘老人说："爵位高的人，别人嫉妒他；官职高的人，君王讨厌他；俸禄优厚的人，会招来怨恨。"

孙叔敖笑着说："我的爵位越高，我的心胸越谦卑；我的官职越大，我的欲望越小；我的俸禄越优厚，我对别人的施舍就越普遍。我用这样的办法来避免三怨，可以吗？"

孤丘老人感到很满意，于是走了。

孙叔敖按照自己说的做了，避免了不少麻烦，但也并非一帆风顺，他曾几次被免职，又几次被复职。有个叫肩吾的隐士对此很不理解，就登门拜访孙叔敖，问他："你三次担任令尹，也没有感到荣耀；你三次离开令尹之位，也没有露出忧色。我开始对此感到疑惑，现在看你的气色又是如此平和，你心里到底是怎样想的呢？"

孙叔敖回答说："我哪里是有什么过人的地方啊？我认为官职爵禄的到来是不可推却

的，离开是不可阻止的。得到和失去都不取决于我自己，因此才没有觉得荣耀或忧愁。况且我也不知道官职爵禄应该落在别人身上，还是应该落在我的身上？落在别人身上，那么我就不应该有，与我无关；落在我的身上，那么别人就不应该有，与别人无关。我的追求是随顺自然，悠闲自得，哪里有工夫顾得上什么人间的贵贱呢？”

肩吾对他的话很钦佩。

孔子后来听说了这件事，深有感触地说：“古代的真人，有智慧的不能使他意志动摇，美女不能使他淫乱，强盗不能劫持他，就是伏羲、黄帝也不配和他交游。死和生对于人是极大的事情了，可都不能改变他的操守，何况是官职爵位呢？像他这样的人，精神穿越大山无阻碍，潜入深渊也不会被水沾湿，处于卑微地位不会感到狼狈不堪。他的精神充满天地，他越是给予别人，自己越是感到富有。”

孙叔敖后来得了重病，临死前告诫儿子说：“楚王认为我有功劳，因此多次想封赏我土地，我都没有接受。我死后，楚王为了奖励我生前的功绩，一定会封给你土地，你千万不要接受富饶的土地。在楚国和越国之间，有个地方叫‘寝丘’。这个地方土地贫瘠，名字也很不好听。楚国人信奉鬼神，越国人讲求吉祥，都不会争夺这个地方，因此这个地方可以长久拥有。”

孙叔敖死后，楚王果然要封给他儿子一块相当好的土地，他儿子辞谢不受，只请求寝丘之地，楚王答应了他的请求。按照楚国的规定，分封的土地不许传给下一代，唯有孙叔敖儿子的封地可以世代相传。

万物发展有其规律，到极致时就会走向反面，到鼎盛时就会走向衰败。熊熊燃烧之火，离快要熄灭的时候已经不远了。因而，对于功名利禄不必强求，老子还有一句话比较适合争夺名利的人：“夫唯不争，故天下莫能与之争。”对名利，我们也许会发现“有心栽花花不开，无心插柳柳成荫”的现象。这本不足道，世间万物无常，更何况名利之物呢？别人能给你的东西，他们也就能随时拿走。所以不要为了他们的馈赠而喜悦，也不要为了他们的“拿走”而心生怨怼。

“宠辱不惊，淡泊明志”是我们常常挂在嘴边的话，这样的人生修养要有很豁达的心胸才能做得到，凡人常有的是宠辱若惊，既不淡泊，也不明志。但是并不是因为我们平凡就达不到，人生境界的高低不在于个人社会地位的高低，而在于眼界的高下。如果你的胸怀够宽广，能够承载很多得意与失意，那么你就靠近了圣人所描述的境界。

六、做人最难规矩二字

从前有一个“聪慧”的杂耍艺人，他出生于意大利，青年时来到美国学习杂耍，成了世界知名的艺人。后来，他决定退休，返回家乡定居。他变卖了所有财产，买了一颗钻石和一张返回意大利的船票。登船后，他向一位男孩表演如何能同时抛耍六个苹果。不久，一批观众聚拢过来，此刻的成就使他扬扬自得，他拿出那颗珍贵的钻石，向观众解释说这是他毕生的积蓄，随后便开始抛耍那颗钻石。不久，他的表演越来越惊险，钻石越丢越高，观众皆屏息以待。众人知道钻石的价值，都在劝他不要再继续了。但由于当时的刺激，他再次把钻石丢得更高。观众再次屏息，然后在他接住钻石的那一刻松一口气。

艺人对自己和自己的能力充满信心，告诉观众他将再丢一次，这次他将把钻石抛到一个新的高度，甚至它将暂时从众人眼前消失。他不顾旁人的劝告，凭着多年经验产生的自信，把钻石高高抛向空中。钻石真的消失了片刻，然后又在阳光照耀下发出闪烁的光芒。就在这一刹那，船倾斜了一下，钻石掉入海中，消失得无影无踪……

如同故事中的人物一样，我们有时也在把玩着自己的生命，我们相信自己和自己的能力，相信过去成功的经验，炫耀着自己的技巧……却不知道船将在何时倾斜，而我们将永远失去机会。

做人难，难做人，是规规矩矩、认认真真做人，还是在人生的舞台上做出一个个高难度的杂耍技巧？没有规矩，不成方圆。无论世事怎样变化，多少沧海变为桑田，生活会将正确答案告诉你，只有时间能证明一切。做人、做事的道理连篇累牍，并且都有其屹立不倒的理由和根据，但褪尽浮华，你会发现做人之道其实只有四个字：规规矩矩。

七、从今天起，做只容易满足的小鼹鼠

皮克是地球上最快乐的流浪汉。

“我为什么不快乐呢？我每天都能讨到填饱肚子的食物，有时甚至还能讨到一截香肠，我每天还有这座破房子可以挡风遮雨，我不为其他的人做工，我为什么不快乐呢？”皮克这样回答那些羡慕他的人。

可是有一天，皮克的快乐突然消失了，因为他捡到一袋金币，99 块金币。

其实捡到金币的那个晚上，皮克是最快乐的。“我可以不做叫花子了，我有了 99 块金币！ 99 块，哈！我得再数数。”皮克怕这是一个梦，完全不敢睡觉。

第二天，皮克很晚也没有走出破房子，他要把这 99 块金币藏好，这真的需要费一番工夫。“我要是拥有 100 块金币就好了，我要有 100 块金币。”从来没有什么理想的皮克现在有了理想，他还需要一块金币。

晌午皮克才出去讨饭，不！他开始讨钱了，一分一分的。中午他很饿，但他只讨了一点儿剩饭。下午，他很早就“收工”了，他得用更多的时间守着他的金币。

“还差 97 分。”晚上他反复地数着他的金币，忘记了饥饿。一连几天，皮克都这样度过。这样过日子的皮克再也没有吃饱过，同时也再也没有快乐过。

“皮克，你为什么不快乐了？”

“我是个叫花子，快乐个啥！”

皮克越来越忧郁，越来越苦闷，也越来越瘦弱了。终于有一天，皮克病倒了。可他

仍只想着一件事：还差 16 分就 100 块金币了。

“皮克，你没有收到我的金币？”一个富商找到破庙里生命垂危的皮克。

“什么？”皮克惊问。

“皮克，你的快乐，是你的快乐救过我。3 年前，我在一次买卖中赔尽了家产。但见到了快乐的你，我明白了身无分文的人也能快乐地生活。后来，我东山再起，赚了很多钱。那一次，我带着 99 块金币出来游玩，见到你，就把钱丢到了你要走的路上。可是你现在为什么还做叫花子呢？为什么不快乐呢？生了病，为什么不拿钱去看病呢？”

“我想拥有 100 块金币。还差 16 分，就差 16 分。”

富商从腰里取出一块金币给他。皮克接过钱，把钱装进袋子里，然后又全部倒出来。很细心地数——他终于有 100 块金币了，还多了 84 分。皮克笑了，然后就昏倒了。

这时一个路人路过这里，见到昏倒的皮克，向富商问明了情况，便说：“这下完了！”

“怎么了？”

“人有了 99 块金币的时候，就会希望有 100 块金币。这是不可避免的贪欲，贪欲赶走了他的快乐。你要救他，就得向他索回那 99 块金币。现在，你满足了他的欲望，重病的他就失去了支撑下去的动力。你给他 99 块金币，你使世界上少了一个天使；你又给他一块金币，这就使世界上少了一个生命。”

富商试了试皮克的鼻子，皮克果然再也不会快乐了。

“人心不足蛇吞象”，它形象地表明了人的欲望是永远不会满足的，要想真正享受人生的乐趣，就需要一颗知足常乐的心。

其实，我们每一个人所拥有的财物，无论是有形的，还是无形的，没有一样是属于你自己的。那些东西不过是暂时寄托于你，有的让你暂时使用，有的让你暂时保管而已，到了最后，物归何主，都未可知。南怀瑾先生认为，智者则把这些财富统统视为身外之物。如果过分地索求，只能成为你人生的一种负担，而它带给你的只有痛苦和对幸福快乐的无从把握。

知足是一种处事态度，常乐是一种幽幽释然的情怀。这种在平凡中孕育的宁静与温馨，对于风雨兼程的我们来说是一个避风的港口。知足常乐，人生会多一份从容，多一些达观。

知足常乐，做一只容易满足的“鼹鼠”，幸福从今天开始。

八、真糊涂才是“大宗师”

吕端，字易直，是幽州安次人。开宝年间被授职为参知政事。当时赵普主持中书省，曾经说：“我观察吕公向皇上奏事，得到嘉奖不曾高兴，遇到挫折不曾害怕，也不表现在言谈话语中，真是宰相的气度啊！”宋太宗想要用吕端为相，有人说：“吕端为人糊涂。”宋太宗说：“吕端小事上糊涂，大事上不糊涂。”已经属意于吕端。吕端任宰相，谨慎稳重，主抓要领，办事清平简约。他考虑与寇毕同在朝班，而自己先居宰相之位，担心他内心不平，就奏请皇帝任他为参知政事，和宰相分开日期轮流统领群臣，主持朝政，上朝时，一起登政事堂，宋太宗听从了他的建议。

当时一般同事上朝奏对时，大多发表独特的意见，只有吕端很少有所倡议，加之平时吕端临朝很少发表高谈阔论，就有些人误认为吕端是个糊涂人，然而宋太宗却认为这都是一些小事，吕端只不过是“小事糊涂”罢了，但“大事不糊涂”。

李继迁（西夏之建立者，党项族人，原先依附宋朝，受宋太宗赐姓名为赵保吉）侵扰西部边境，保安军奏报，俘获李母。

宋太宗想杀李母，召寇毕谋议。寇毕告退之后，来到相府，吕端心念一动，问寇毕：“陛下有告诫先生不要对吕端说吗？”寇毕说：“没有。”吕端说：“边界经常发生的事，我不必参与；但如果是军国大事，我忝为宰相，不可不知。”寇毕就告诉他原委。吕端继续问：“如何处置？”寇毕说：“计划在保安军北门外处斩李母，借以警告凶逆的李继迁。”吕端说：“这么做并非良策，希望先生把计划的时间缓一缓，我将入奏。”

吕端入奏宋太宗：“当年项羽捉到了刘太公，想将他烹杀以警告刘邦，但刘邦却说，希望分我一杯羹。想做大事的人常顾不得自己的亲眷，何况李继迁是悖逆、凶暴之辈？陛下今日杀了李母，难道明日李继迁就会束手就擒？如果不能，杀了李母，只会结怨，并加深对方叛逆的意图。”宋太宗说：“既然如此，又该如何呢？”吕端说：“以臣愚见，应将李母安置在延州，派人善加照顾，借以招徕李继迁。即使他不愿投降，也可以牵制他的意图，何况李母生死大权终究是在我方手里。”宋太宗很高兴地说：“如果不是你，就几乎误了大事。”就采用了吕端的计策。

李母后来病死在延州，而李继迁则在不久之后，因出攻西蕃中箭死亡，他的儿子随即归顺，这是吕端的功劳。

吕端在关键时刻体现了自己“大事不糊涂”的本色，可谓深得大智糊涂之精义。

人生总会遇见各种各样的事情。在这些事情中，总有一些是重要的，一些是不太重要的。如果不能分辨大事和小事，什么事都一样的用心，别人会说你是一个死心眼儿，不会讨巧。如果你知道事情重要却不拿出行动来认真对待，别人会说你是一个糊涂虫。

时常糊涂的是一介凡夫，追求难得糊涂的是智者，小事糊涂、大事不糊涂才是一个得道的大宗师。这就是庄子提倡的“糊涂之道”。

第四章　兵家思想——谋略之道

中国古代兵家管理思想是中华民族灿烂的古代文化的重要组成部分，更是我国古代管理思想中的精华，它是历代军事家对战争决策、指挥、统筹及其规律方面的理性认识的总和。中国古代兵家管理思想包括若干科学的管理观点，它既把政治、经济、军事、天文、地理、国际关系等各种客观因素作为决定胜负的条件，并把它们看成相互关联的管理决策的统一整体，同时又把战争主观指导，即主体的决策、指挥、组织、运筹等军事管理素质（所谓的“将能”“将才”）作为一项基本因素，并由此而引出争取战争胜利的一系列战法。

一、韬略运筹

通常都说兵家韬略，似乎韬略只限于诸子百家中兵家的学术，属于兵书，是军事学的重要组成部分。事实上，从来就没有单纯属于军事的战争，战争无非是政治以暴力形式的延续，军事服从于政治，政治又是经济的集中表现。战争除以武力拼搏外，还有经济战、外交战、心理战、宣传战等，不仅现代，古已有之。战争是政治、军事、外交、经济和思想文化的总体战，各种韬略往往在其中同时并用，或交互使用。

中国的韬略思想源远流长，博大精深，实为传统文化之瑰宝、历史遗产之精华。发源于先秦的韬略之学，在秦汉时期得到广泛的运用，到三国时代更是发展迅速，硕果累累。中国历史上韬略人物之层出不穷，韬略理论之独特精辟，韬略范例之丰富多彩，在整个世界历史上都是罕见的。探索与研究历史上的文韬武略，不仅可以增长知识、才干，启迪思想、智慧，而且在竞争激烈的时代，在政治、经济、军事、外交等诸多领域，均有着不可低估的参考价值。从韬略的角度研究历史，可以使错综复杂、扑朔迷离的历史现象洞开一面，从而窥视到历史演化的某些轨迹，对于历史获得一些真实的认识。

二、奇正相生

奇正是指军队作战的变法和常法。在战法上明攻为正，暗袭为奇；按一般原则作战为正，采用特殊战法为奇。奇兵、正兵、奇法、正法等都是决策中的备选方案，备选方案越多越能应对各种不同局面。“战势不过奇正，奇正之变，不可胜穷之”“凡战者，以正合，以奇胜。故善出奇者，无穷如天地，不竭如江河”，要使形势向有利于我方的方面转化，善于利用变化就可以取得胜利。

三、整体观念

在决策管理中，兵家认识到了时间的重要作用。时间对于作战取胜关系尤其重大，所以他们特别强调用兵之迅速及时、把握节奏、反对旷日持久。《孙子兵法》中多处强调："兵之情主速，乘人之不及，由不虞之道，攻其所不戒也"，这是迅速快捷，攻其不备；"故其疾如风，其徐如林，侵掠如火，不动如山，难知如阴，动如雷震"，这是有张有弛，节奏合理；"其用战也，胜久则钝兵挫锐，攻城则力屈，久暴师则国用不足"，这是反对久战。

在决策管理中，兵家也认识到了环境的影响。但是先秦的兵家著作主要论述自然环境（地理、气候）对军队作战成败的影响，兵家的环境仅仅局限于自然环境。他们的主张大致有以下三点：第一，善于观察地形地势，使自己处于有利位置；第二，根据不同的环境特点进行不同的利用；第三，不同的兵种在不同的环境中应根据各自的利弊发挥作用。

经典案例

一、韬略运筹

（一）事无大小，全力以赴

孔子精通六艺，在文武两方面都能教出杰出的弟子，他为什么那么厉害？正是得益于精益求精的习惯。他30岁时，跟师襄子学琴。有一次，师襄子教了他一首曲子，他每日弹奏，丝毫没有厌倦的样子。

过了一段时间，师襄子对他说："这首曲子你已经弹得很不错了，可以再学一首新曲子了！"

孔子站起身，恭恭敬敬地说："我虽然学会了曲谱，可是还没有学会弹奏的技巧啊！"

又过了许多天，师襄子认为孔子的手法已经很熟练，乐曲也弹奏得更和谐悦耳了，就说："你已经掌握了弹奏技巧，可以再学一首新曲子了！"

孔子说："我虽然掌握了弹奏技巧，可是还没有领会这首曲子的思想情感！"

又过了许多天，师襄子来到孔子家里，听他弹琴，被他精妙的弹奏迷住了。一曲终了，师襄子长长吁了一口气说："你已经领会了这首曲子的思想情感，可以再学一首新曲子了！"

孔子还是说："我虽然弹得有点像样子了，可我还不了解作曲者是一位怎样的人啊！"

又过了很多天，孔子请师襄子来听琴。一曲既罢，师襄子感慨地问："你已经知道作曲者是谁了吧？"

孔子兴奋地说："是的！此人魁梧的身躯，黝黑的脸庞，两眼仰望天空，一心要感化四方，他莫非是周文王吗？"

师襄子既惊讶又敬佩，激动地说："你说得很对！我的老师曾告诉我，这首曲子就叫作'文王操'。你百学不厌，才能达到如此高的境界啊！"

一般人总是达不到老师的要求，孔子所达到的却远远超出老师对他的要求。这就是平庸者与成功者的差别。平庸者浅尝辄止，成功者精益求精，两者所达到的境界自然有天壤之别。如何能精益求精？

第一，做得比精还要精。俗话说得好："艺无止境。"我们学习知识、技能，有时好像已经精通了，其实跟更高的境界比起来，还远远不够。只有以过去的基础为起点，不断向更高处攀登，才有可能超越大众，达到杰出的水准。

第二，做得比好还要好。我们做人、做事情，有时好像已经做得很好了，但跟更好相比，还有很大的差距。只有在好中求好，才可能在众多竞争者中脱颖而出。

（二）成功总是从无到有

3岁时，莫扎特已经学会弹奏古钢琴，并能记住只听过一次的乐段。

7岁时，波兰钢琴家肖邦创作了《G小调波罗乃兹舞曲》。

10岁时，爱迪生建立起一个实验室，开始他的发明事业。

12岁时，格特鲁德·埃德成为女子800米自由泳最年轻的世界纪录创造者。

15岁时，鲍比·费希尔获得"最年轻的国际象棋大师"称号。

21岁时，简·奥斯汀开始写她的第一部著作《傲慢与偏见》。

22岁时，海伦·凯勒出版了她的自传。

25岁时，查理斯·林德析格首次单人不间断飞越了大西洋。

40岁时，芭蕾舞蹈家玛戈特·芳廷才开始与芭蕾舞著名男演员鲁道夫·纳勒耶夫合作，同登舞台。

43岁时，约翰·肯尼迪当选为美国最年轻的总统。

50岁时，亨利·福特采用"流水装配线"，首次实现了汽车价格低廉的大规模生产。

53岁时，玛格丽特·希尔达·撒切尔成为英国第一任女首相。

64岁时，弗朗西斯·奇切斯特独自乘53米长的游艇周游世界。

65岁时，丘吉尔首次成为英国首相。

76岁时，红衣主教安吉洛·龙卡利成为约翰二十三世教皇，于5年内进行了重要改革，为罗马天主教开创了新纪元。

80岁时，摩西奶奶（安娜·玛丽·罗伯逊·摩西）举行了首次女画家个人画展。

81岁时，本杰明·富兰克林巧妙地协调了议会众代表的分歧意见，使美国宪法得以通过。

84岁时，丘吉尔二任首相告退，回到下议院，又一次获得议会选举，并展出他的画作。

88岁时，大提琴家帕布罗·卡萨尔斯照常举行音乐会，于96岁逝世。

1983年，美国黑人早期爵士音乐钢琴演奏家兼作曲家尤比·布莱克逝世，圆满地走过了他的100岁人生。他在去世前5天时说："如果早知道我能活这么长，我一定会更好地努力奋斗。"

所谓成功总是从小到大、从无到有的。人生是一个追求成功的过程，人们总是给自己设置许多障碍，却忘记了难与易总是相对而言的。而这类的从无到有的奋斗案例，放眼古今中外更是俯拾即是。

成功总是由无到有、由小变大、由少到多的，这中间需要人不断地努力与争取，这便是"图难于易"的成功要诀。但是，从另一个角度看，"图难于易"还具有更深一层的寓意。历史学家司马迁对汉初三杰之一的张良赞誉有加："运筹帷幄之中，制胜于无形；子房计谋其事，无知名，无勇功，图难于易，为大于细。"

（三）用人不可学非所用，用非所长

在一次宴会上，唐太宗对王珐说："你善于鉴别人才，尤其善于评论。你不妨从房玄龄等人开始，评论一下他们的优缺点，同时和他们互相比较一下，你在哪些方面更优秀。"

王珐回答说："孜孜不倦地办公，一心为国操劳，凡所知道的事没有不尽心尽力地去做，在这方面我比不上房玄龄；常常留心于向皇上直言进谏，认为皇上的能力、德行比不上尧舜，在这方面我比不上魏徵；文武全才，既可以在外带兵打仗做将军，又可以进入朝廷担任宰相，在这方面我比不上李靖；向皇上报告国家公务，详细明了，宣布皇上的命令或者转达下属官员的汇报，能坚持做到公平公正，在这方面我不如温彦博；处理繁重的事务，解决难题，办事井井有条，在这方面我也比不上戴胄；至于批评贪官污吏，表扬清正廉洁，疾恶如仇，在这方面比起其他几位来说，我也有一技之长。"唐太宗非常赞同他的话，而大臣们也认为王珐完全道出了他们的心声，连连点头称是。

从王珐的评论可以看出，唐太宗的团队中每个人都各有所长，但更重要的是唐太宗能将这些人依其专长运用到最适当的职位上，使其能够发挥自己的所长，进而让整个国家繁荣强盛。其实在用人大师的眼里，没有废人，正如武林高手，不需名贵宝剑，摘花飞叶即可伤人，关键看如何运用。

人才如花，艳花大多不香，香花大多不艳，艳而香的花大多有刺。艳者取其艳，容其不香；香者取其香，容其不艳；艳且香者取其艳香，容其有刺。要做一个好的领导者，就要重视人才、知人善任，并且能够笼络人心，留住人才。对于有能力的人，要安排合适的岗位发挥他们的长处；对于犯了错误的人，要悉心教育；对于待有大功劳的人，要重奖，要提拔，以形成一个积极向上的团队氛围。

若无伯乐，乃千里马之大不幸。而遇一不能善用人才的领导者，却是人才之大不幸。这样，你也只能在泥沙遮不住珍珠光彩的信念中埋没一生，在"天生我材必有用"的自嘲中抗争一生。对领导者来说，善于用人，则家和、业兴、国盛；埋没人才，则害人、害己、害国。

二、奇正相生

（一）知彼知己，百战不殆

秦末，刘邦与项羽各自攻打秦朝的部队，刘邦兵力虽不及项羽，但先破咸阳，项羽勃然大怒，派英布击函谷关，项羽入咸阳后，到达戏西，而刘邦在霸上驻军。刘邦的左司马曹无伤派人在项羽面前说刘邦打算在关中称王，项羽听后更加愤怒，下令次日一早让兵士饱餐一顿，击败刘邦的军队。刘邦从项羽的季父项伯口中得知此事后，惊讶无比，刘邦给项伯捧上一杯酒，祝项伯身体健康长寿，并约为亲家，刘邦的感情拉拢，说服了项伯，项伯答应为他在项羽面前说情，并让刘邦次日前来谢项羽。鸿门宴上，虽不乏美酒佳肴，却暗藏杀机，亚父范增一直主张杀掉刘邦，在酒宴上，一再示意项羽发令，项羽却犹豫不决，默然不应。范增召项庄舞剑为酒宴助兴，趁机杀掉刘邦，项伯为保护刘邦也拔剑起舞，掩护了刘邦，在危急关头，刘邦部下樊哙带剑拥盾闯入军门，怒目直视项羽，项羽见此人气度不凡，只好问来者为何人，当得知为刘邦的参乘时，即命赐酒，樊哙乘机说了一通刘邦的好话，项羽无言以对，刘邦乘机一走了之。张良入门为刘邦推脱，说刘邦不胜饮酒，无法前来道别，现向大王献上白璧一双，并向大将军（范增）献上玉斗一双。项羽收下了白璧，气得范增拔剑将玉斗撞碎。后人将鸿门宴喻指暗藏杀机的宴会。

“知彼知己，百战不殆”是一个人永远都必须追求的境界，所以这句话才有永恒的魅力。翻开历史，有多少军事奇才以及多少能人志士在追求这一精神境界的过程中创造出了辉煌的业绩，又有多少人没有做到“知彼”，尤其是“知己”，而艰苦卓绝、悲壮不已地耗尽了毕生的精力。为了“知彼知己”，人类创造出复杂、精深的军事理论体系和战争实践体系。

（二）出奇制胜

孙膑围魏救赵的故事发生后，一晃13年过去了。魏国这次伙同赵国去攻打韩国，韩国频频向齐国告急求援。齐威王又派田忌为将，孙膑为军师，令他们前去救韩。

田忌有了“围魏救赵”的经验，胸有成竹，准备把计策再用一次，上千辆兵车驰出齐国国境时，田忌要指挥齐军急速直指魏都大梁，孙膑却让田忌叫大军早早安营扎塞。

田忌问：“军师，兵贵神速，怎么可以早早休息？”

孙膑说：“现在魏国刚刚向韩国发动进攻，如果我们急忙出兵相助，实际上就是我们代替韩国承受魏军最初的打击，不是我们指挥调度韩军，反而是听任韩军的指挥调度，所以说马上去奔袭魏都大梁是不合适的。只有当魏韩这两虎争斗一番以后，我们再发兵袭击大梁，攻击疲惫不堪的魏军，挽救危难之中的韩国，这样对我们才更有利。”于是齐军在路上磨蹭了一个多月，才向大梁发起攻击。

魏王见齐军打来，急忙命令庞涓从韩国回兵救魏，又派太子申为上将军，与庞涓合兵10万，抵抗齐军。孙膑知道庞涓的部队将到，向田忌献上“减灶诱敌”的妙计。

当魏齐两军刚刚相遇，还没交锋，孙膑就下令部队撤退。庞涓追到齐军驻地，只见地上满是挖掘煮饭用的灶头，连忙叫士兵去清点，根据灶头的个数庞涓估计齐军有10万之众。齐军一连三天急急退却，庞涓仍派人去数灶，第二天发现齐军留下的灶头数目只够5万人煮饭了；第三天，减少到只够3万人煮饭了。庞涓得意地说："我早就知道齐军胆小怕死，进入我国境内才三天，兵士就逃走了大半。"于是他抛下步兵辎重，只带轻装健儿，昼夜兼程，紧紧追赶齐军。

这一天，齐军退到马陵道（今山东莘县境内）。孙膑见这里路狭道窄，两旁又多险阻，很适宜设兵埋伏，计算庞涓的行程，估计他将在黄昏时赶到这里，就命令士兵砍下一些树木堵塞去路，又选了一棵大树，将大树面对路的树干，砍去一大块皮，让它露出一大片光滑洁白的树身，然后在上面写上一行黑字。接着，孙膑命令一万名弓箭手夹道埋伏，对他们说："等到魏军来到，大树底下有人点火，就万箭齐发。"

天刚黑，庞涓真的领兵追到马陵道。在士兵们搬拦路的树木时，有人发现路旁大树上的字，忙向庞涓报告。庞涓叫士兵点燃火把一看，上面写着"庞涓死于此树下"几个大字，不由得大惊。此时，齐军伏兵对准火光处万弩齐发，箭如雨下，魏军死伤无数，庞涓也身中几箭，倒在血泊之中。他自知中计，绝难脱身，只得拔剑自杀。齐军乘胜追击，俘虏了魏太子申，彻底打败了魏军。

增兵就会增灶，这不过是人人尽知的军事常识。而孙膑反其道而用之，是因为他知道，"彼三晋之兵（指魏兵），素悍勇而轻齐，齐号为怯"；你认为我怯，我就"减灶"让你更轻敌。而敌将庞涓刚愎自用又自视甚高，这样的人自然求胜心切，"减灶"更使他觉得胜利在即。仔细分析这些"奇"，可以发现，"奇"与"正"互为表里。奇要奇得有道理，所谓"出乎意料之外，合乎情理之中"。

三、整体观念

（一）置之死地而后生

在古今中外的战争史中，置之死地而后生的战例很多，巨鹿之战就是一个典型。

秦朝末年，天下纷乱，军阀为了不同的利益相互混战，其中，项羽破釜沉舟的巨鹿大战至今人们都引以传诵。当时，赵王被秦军围困在巨鹿（今河北平乡西南），请求楚怀王救援。而秦军强大，几乎没人敢前去迎战。项羽为报秦军杀父之仇，主动请缨。楚怀王封项羽为上将军。项羽先派都将英布、蒲将军率领两万人做先锋，渡过漳水，切断秦军运粮通道。然后，项羽率领主力渡河。渡过了河，项羽命令将士，每人带三天的干粮，把军队里做饭的锅碗全砸了，把渡河的船只全部烧毁，连营帐都烧了，并对将士们说："咱们这次打仗，有进无退，三天之内，一定要把秦兵打退。"

项羽破釜沉舟的决心和勇气，对将士起了很大的鼓舞作用。楚军把秦军的军队包围起来，个个士气振奋，越打越勇。一个人抵得上十个秦兵，十个就可以抵上一百。经过九次激烈战斗，活捉了秦军首领王离，其他的秦军将士有被杀的，也有逃走的，围困巨鹿的秦军就这样瓦解了。

置之死地而后生，还要求我们要当机立断。“当断不断，反受其乱”就是这个道理。置之死地而后生，它还能给我们创造很多机会。俗话说得好：“机不可失，时不再来。”有的人就是因为患得患失、优柔寡断而不知道利用时机，其结果就是让机会从你身边飞走，等待你的就只有后悔了。

（二）用创新头脑做事

日本山内豆腐公司是一家老牌企业，它决定进军美国市场时，先派人员到美国去实地考察。调查人员除搞清美国豆腐市场容量和竞争对手的情况外，还了解到一些重要信息：美国人主要是在超市购买食品；许多人之所以不买豆腐，主要是认为它不易携带或不知道吃法。

根据调查结果，山内豆腐公司做出决策：在美国设立豆腐厂，产品包装必须适应美国超级市场的销售方式，而且在媒体上频频打广告，还通过各种途径向消费者介绍豆腐的烹调技术，同时聘请医生介绍豆腐的营养价值和保健作用，以增强说服力。

几年后，山内豆腐公司成为美国最大的豆腐供应商，月销豆腐100万块。

山内豆腐在形式上完全美国化了，但不管怎么包装，仍然是山内豆腐，这才是真正的入乡随俗。

任何东西都会陈旧，任何方法都会过时，任何制度都会落伍，唯有创新求变，才能适应社会变化，跟上时代潮流，获得人生成功。

但是，创新不是一件简单的事，应围绕着“变什么？”“如何变？”展开。

因为我们创新的目的是为了得到更好的结果，不是为变而变。为了得到好结果，要遵循以下几个要点。

第一，学会打破常规。凡事都有解决办法，当常规方法行不通时，打破思维定式，难题也许会迎刃而解。一个人如果能打破常规，摆脱“不可能”三个字的局限，创新能力将提高至少一个等级。

第二，立足于当地文化，入乡随俗。文化是一种渗透到人们的灵魂中以及日常言行中的东西，任何创新的事物，如果跟当地文化相冲突，生命力是不长久的。但是，一味迎合当地文化，丢了自己的特色，生命力也同样不长久。

第三，运用之妙，存乎一心。世界上没有绝对的好制度、好方法，能赢就是好的。过去的规章制度、实施办法，无论怎样完美，如果不能带来成功，就有必要抛弃它，或改变它。

（三）人生如棋，输赢看一招

在美国新墨西哥州的高原地区，有一位庄园主靠种植苹果谋生。这年夏天，一场突如其来的冰雹把已长得七八成熟的苹果打得遍体鳞伤，令丰收在望的庄园主心痛不已。

庄园主不甘心就这样失去一年的收成，为了能把这些伤痕累累的苹果名正言顺地推销出去，他一直在冥思苦想。

一个月以后，这些苹果的“伤口”渐渐愈合，苹果成熟了，但变得面目全非，一个个像雕琢过的“工艺品”，庄园主随手摘下一个有疤痢的苹果，尝了一口，意外地发现这些苹果清脆异常、酸甜可口。直到这时，庄园主的心一下子豁然开朗、胸有成竹了。他决心换个说法和卖法。他在发给每一个客户的订单上写道：“今年的苹果终于有了高原地区的特有标志——冰雹打击过的明显痕迹。这些苹果不光在外表上而且在口味上更加体现了高原苹果的独特风味，实属难得的佳品。数量有限，欲购从速。”

人们纷纷前来欣赏和品尝这种具有“高原特征”的苹果，苹果很快销售一空。

即将成熟的苹果被一场意外的冰雹打得遍体鳞伤、凸凹不平，这对庄园主而言，无疑是一场意外的灾难，然而，精明的庄园主却独具慧眼，在苹果的“伤痕”上大做文章，宣扬自己的苹果是地道的“高原苹果”，实现了由劣势向优势的转化，使自己的“高原苹果”成为畅销品。这正是喜与悲、难与易、福与祸、优势与劣势、胜与负、利与弊等矛盾着的双方，依据一定的条件向自己相反的方向转化的道理。

人间万事总有两面，祸福相依，正反相生。在人生路上，要时刻记得这个道理：处在顺境时，不要贪图安逸、不思进取；处在逆境时，也不要丧失斗志和信心，一蹶不振。

人生就是一盘棋，输赢只在转眼看。

拓展阅读

一、爱兵如子

战国时期，著名军事理论家，同时又是身经百战的将军吴起，与最下层的士卒穿一样的衣服，吃一样的伙食，一样睡地铺，行军不骑马，一样的步行，还一样身负粮食。士兵中有一人身上长了毒疮，吴起亲自用嘴把毒脓替他吸了出来。这个士兵的母亲听到这事不禁放声大哭。别人很奇怪：“你儿子只不过是个小兵，而吴将军却能这样善待你儿子，你怎么还哭呢？”这位母亲回答说：“诸位有所不知，当年孩子他爸也长了毒疮，吴将军也这样为之吸脓，结果他爸很快就在战斗中英勇死去了。我之所以哭，是知道这孩子只怕活不了多少天了。”

吴起不愧为一名战争天才、一代杰出将领，否则他不可能真正做到“爱兵如子”。虽然他的仁爱中渗透着在某种意义上所说的残忍——如站在那名士兵母亲的角度看。但吴起的历史意义、人生价值毕竟是将军。把自己的士兵塑造成一名英勇无畏、马革裹尸的战士，这就是一名将军的天职所在，这就是军人之仁。战争是残酷的，但战争中决不能没有仁爱。仁爱与残忍是如此对立，以致有时竟很相似，两者不易区分。这一现象在战争中表现得尤为突出。只有视卒如婴，才能与之“赴深”；因为爱兵如子，所以可与之“俱死”。至于那位母亲因痛感失去爱子而悲泣，这无疑也是仁，是一位母亲的天性所在，是亲情之仁。无论是吴起，还是那位母亲，在仁爱上都没有选择的可能。军人之仁与亲人之仁虽殊途，却也同归，因为仁爱及爱人。

因此，将军要“爱兵如子”，母亲也应“爱子如兵”。

二、兵贵神速，以快制快

曹操打败了占据冀、青、幽、并四州的袁绍，杀了袁绍长子袁谭，袁绍的另外两个儿子袁尚、袁熙逃走了，投奔辽河流域的乌丸族首领蹋顿单于。蹋顿乘机侵扰汉朝边境，破坏边境地区人民的正常生产和生活。曹操有心想要去征讨袁尚及蹋顿，但有些官员担心远征之后，荆州的刘表乘机派刘备来袭击曹操的后方。

郭嘉分析了当时的形势，对曹操说：“你现在威震天下，但乌丸仗着地处边远地区，必然不会防备。进行突然袭击，一定能消灭他们。如果延误时机，让袁尚、袁熙喘过气来，重新收集残部，乌丸各族响应，蹋顿有了野心，只怕冀州、青州又要不属于我们了。刘表是个空谈家，知道自己才能不及刘备，不会重用刘备，刘备不受重用，也不会为刘表多出力。所以你只管远征乌丸，不会有后顾之忧的。还有，你要慎重！”

曹操于是率领军队出征，到达易县（今属河北）后，郭嘉又对曹操说：“用兵贵在神速，现在到千里之外的地方作战，军用物资多，行军速度就慢，如果乌丸人知道我军的情况，就会有所准备。不如留下笨重的军械物资，部队轻装，以加倍的速度前进，乘敌人还没有防备时发起进攻，那就能大获全胜。”

曹操依郭嘉的计策办，部队快速行军，直达蹋顿单于驻地。乌丸人惊慌失措地应战，一败涂地，最终蹋顿被杀，袁尚、袁熙逃往辽东后，也被太守公孙康所杀。

看历史，历史法则是“先到为君，后到为臣”。史籍中的乱世英雄哪一个不是乘时而动、捷足先登、占据要津、事业有成的“神速”者？“兵贵神速”自然要动作最快，动作最快自然也会冒一些风险，但这也和商贸中的规律一样：风险越大，利润越高。例如吃螃蟹，首先吃螃蟹的人，自然会冒中毒的风险，但只要发现螃蟹不仅没有毒，而且营养丰富、口味鲜美，那么他们不仅能吃到螃蟹，而且能吃到最多的螃蟹。等别人都知道螃蟹原来是一种如此可口、滋补的食物时，螃蟹已经被吃得差不多了，成了价格昂贵的稀物。只是，过去人们只注意到首先吃螃蟹的人所冒的风险，而没有注意到他们吃到了最多的螃蟹。

三、取才，不拘一格是道

战国时期魏文侯是一位礼贤下士的国君。一次，他想提拔一位相国，可是有两个合适的人选，让他难以抉择。于是他找来谋士李克，对他说：“有句谚语说‘家贫思良妻，国乱思良将’，现在我们魏国正是处在‘国乱’的这个状态，我迫切需要一位有本事又贤良的相国来辅助我。魏成子和翟璜这两个人都不错，我该怎样取舍？”

李克听后，并没有直接回答魏文侯的话，却说："大王，您下不了决心，是因为您平时对他们的考察不够。"魏文侯急忙问："怎样考察？有何标准吗？"

李克说："当然有，我认为考察一个人的标准应该是：一看他平时亲近些什么人，从他亲近的人的品质可以看出他的为人；二看他富裕了和什么人做朋友，如果富裕了就摒弃以前穷时结交的朋友，或者巴结富贵人，那此人就不可取；三看他当官后推荐什么人，只有真心为您效力的人才会为您推荐天下最贤良的人；四看他不做官了，不屑于做哪些事情，如果他不做官了，却还摆做官的架子，接受别人的馈赠，像当官时一样威风，那他就不是一个忠心的人；五看他贫穷了，哪些钱他不屑于拿，如果他贫穷了就去拿讨来的钱或者偷窃来的钱，那他就不是一个贤德的人。只要您按照这五个标准去衡量他们，就可以做出决定了。"

魏文侯听后点头称是。

李克出来后遇见了翟璜，翟璜问道："听说魏文侯找你商量谁做相国的事情，不知结果如何？"李克说："结果已定，魏成子为相国。"翟璜气不过，愤愤地说："我哪里不如魏成子？大王缺西河太守，我把西门豹推荐给他；大王要攻打中山这个地方，我就推荐了乐羊；大王的儿子没有师傅，我就推荐了屈侯鲋，结果是西河大治，中山攻克，王世子品德日增，我为什么不能做相国呢？"

李克说："你怎么能比得上魏成子呢？魏成子的俸禄百分之九十都用来罗致人才，所以子夏、田子方、段干木三人都从国外应募而来。他把这三个人推荐给大王，大王以师礼相待。而你所推荐的人，不过是魏文侯的臣仆，你怎么能和魏成子相比呢？"翟璜沉默了一会儿，无奈地说："你是对的，我的确比不上魏成子。"果然，魏文侯让魏成子做了相国。

选拔人才需要大智慧、大眼光，需要有理性的头脑，需任人唯贤，不可任人唯亲。《红楼梦》中贾雨村的一句"玉在椟中求善价，钗于奁内待时飞"，道出了自古以来所有想一展自己抱负的人的心声。大文学家韩愈感叹道："世有伯乐，然后有千里马。千里马常有，而伯乐不常有。"确实，千里马是人才，而识得千里马的伯乐更是人才。

懂得不拘一格的识才、选才之道，惜才、爱才，这样的领导就是伯乐。

四、先拿出业绩，再计较待遇

春秋贤士董安于就是一个能替老板解决问题的人。他在赵国当宰相时，赵简主对他十分信赖。有一次，赵简主随军队从晋阳到邯郸去，半路上突然下令停止行军。一位官员前来询问原因，赵简主说："董安于还在后面。"意思是要等董安于。

官员劝道："行军是三军大事，何必受一个人的影响呢？"

赵简主想想也对，又下令部队继续前进。但是，才走了一百多步，他又下令停下来，坚持等待董安于。

董安于赶来后，赵简主说："秦国和晋国相交的道路，我忘了派人把它堵塞起来。"

董安于说："这正是我走在后面的原因。"

赵简主说："公家的宝物我忘了派人运来。"

董安于回答说："这正是我走在后面的原因。"

赵简主说："行人烛过年纪大了，他的话没有不被晋国学习效法的，我走的时候忘了向他辞行和聘请他。"

董安于回答说："这正是我走在后面的原因。"

你瞧，凡是赵简主当办而忘了办的事，董安于都替他办好了，赵简主怎么会不重用他呢？

多年后，赵简主和董安于都相继故世，赵简主的儿子赵襄子担任国君。晋伯联合韩、魏两国，想灭掉赵国。赵襄子要钱没钱，要粮没粮，要武器没武器，急得六神无主。这时，谋士张孟谈说："我听说圣人治政，财富藏在民间，而不是藏在公家的仓库里。当年董安于治理晋阳时，曾苦心经营，民心归服，足可一战。"果然，赵襄子一声令下，百姓齐声响应，钱有了，粮食有了，武器也有了。结果，赵国在三国围攻下，坚守了三年之久，为最后反败为胜创造了条件。

后来，人们评论说：赵国能在大军的围困下坚守三年之久，全靠董安于当年的深谋远虑。

一个像董安于这样的员工，哪个聪明的老板舍得放弃他呢？他又何须担心得不到优厚报酬呢？忠诚敬业，把公事当成自己的事，为了团队利益而不计个人得失，这种人让老板十分动心，永远不必担心老板会炒他的鱿鱼。

世间的道理总是这样：越是强调"拿一分钱干一分活"，越是没钱花；越是不计报酬，报酬反而会找上门来。把公事当成自己的事，老板也会把你当成自己人。

如果你想得到重用，有必要记住这句话：你不是在为别人工作，而是在为自己工作。当你具备了做主人的心态时，你就会不断提升自己的价值，成为老板不可缺少的人才。

第五章　阴阳五行——哲学之道

阴阳五行学说是中国古代朴素的唯物论和自发的辩证法思想，其认为世界是物质的，物质世界是在阴阳二气作用的推动下滋生、发展和变化的，并认为金、木、水、火、土五种最基本的物质是构成世界不可缺少的元素。这五种物质相互滋生、相互制约，处于不断的运动变化之中。这种学说对后来古代唯物主义哲学有着深远的影响，在长期医疗实践的基础上，阴阳五行学说被广泛地运用于医学领域，用以说明人类生命起源、生理现象、病理变化，指导着临床的诊断和防治，成为中医理论的重要组成部分，对中医学理论体系的形成和发展起着极为深刻的影响。

一、阴阳学说

要把阴阳概念解释清楚，我们必将要懂得认识的基本方法，如果我们把感性认识层面、理性认识层面、理性具体认识层面，这些不同逻辑范畴的概念混淆在一起，如一时上为阳、下为阴，外为阳、内为阴，一时又热为阳、寒为阴，气为阳、血为阴，从表面上看，仿佛都是对的，实质上，在自己的意识中依然是一个模糊不清的概念，这也是传统上把阴阳五行理论引向朴素认识论误区的根本原因所在。所以，在这里我们首先要明确，阴阳五行学说中的阴阳属于理性认识范畴的概念，是阴阳五行学说立论的基础。在这个确定的认识层面，简单地说，阴阳就是一种定性的矛盾分类方法。如天为阳、地为阴，男为阳、女为阴，气为阳、血为阴，等等，就属于对阴阳的具体定性表达（理性具体认识范畴的哪方为阳、哪方为阴的具体表达，且在具体运用中双方的属性不能任意地颠倒或混淆，否则就将带来认识的失误）。所以，理性认识范畴的阴阳概念与矛盾概念一样，自身没有具体的含义，只有利用它分析和认识具体事物时，它的意义才有可能随着我们对事物在实践中的认识而彰显出来，这个过程也就是理论又回到实践的过程。

二、五行学说

金、木、水、火、土五种物象表达的相生相克关系就简称为五行。

五行的基本含义是指无论是事物内部或不同事物之间，都可归纳成一种“对我有害、对我有利及我对其有利、我对其有害”的矛盾利害关系的基本模式。把这个模式中的我抽提出来，并用土的物象来表达，那么对土有害的物象就是木，对土有利的物象就是火，土对其有利的物象就是金，土对其有害的物象就是水。不难得知，有利或有害其实就是相生相克的同义语。在现实中与这种矛盾利害关系模式无关的利害关系是不存在的，所以五行所表达的生克制化模式属于万事万物内部及不同事物之间矛盾利害关系的基本模式。据此我们不难理解传统上所谓五行是一种分类方法，或五行是指金、木、水、火、土五种物质的运动。

在传统文化中，阴阳与五行影响深远，在孔子生活的春秋时期已经具有了崇高的地位，而正式将阴阳与五行结合在一起的是战国时期的邹衍。作为中国哲学的重要组成部分，阴阳五行学说是中国古人认识世界的方法，同时也是古代天文学、气象学、化学、算学、音乐和医学等发展的基础。

任何事情都可以一分为二，这就是阴阳。道生一，一生二，二生三，三生万物。

阴阳是古人对宇宙万物两种相反相成的性质的一种抽象，是宇宙的对立统一，也是思维法则的哲学范畴。中国贤哲拈出“阴阳”二字来表示万物两两对应、相反相成的对立统一，即《老子》所谓“万物负阴而抱阳”、《易传》所谓“一阴一阳之谓道”。

阴阳学说是我国古代择吉术中的重要理论。关于阴阳观念的产生，有人认为最早在夏朝就已形成，因为《易经》八卦中阴爻和阳爻出现在夏朝的占书《连山》中。

阴阳可以互相转化，同时二者又是相互依存的。也就是说，阴与阳的每一个侧面都以另一个侧面作为自己存在的前提。没有阴，阳就不能存在；没有阳，阴也不能存在。正如没有乾，就没有坤，没有天，就没有地一样。阴阳互相依存，互相为用。

阴阳依存是一个动态过程，这一动态过程伴随事物终身，决定事物发展的进程。

阴阳五行学说主要由阴阳五行与五运六气两个相对不同逻辑范畴的概念与关系组成，其与现代哲学的关系，简单地说，属于系统的理论逻辑与逻辑认识方法的关系。换句话说，现代哲学的基本观点和原理其实都是在证明或阐述阴阳五行学说的科学性。如果没有阴阳五行理论的系统逻辑，那么，现代哲学阐述的基本观点和原理就是一盘散沙。例如，现代哲学其实就是以矛盾为立论基础，以对立统一规律、质量互变规律、否定之否定规律为具体铺垫的思维方法，也是客观世界普遍遵循的规律。有道是，任何理论都是抽象的，若未采取特定的思维艺术或与具体事物结合之前，不但不能具备具体的含义，而且无法形成完整严密的思维体系。尽管现代哲学在所有单个的认识层面很深入，也较全面，但其毕竟未能采用阴阳五行学说那样的思维艺术，所以，它的不同认识层面就无法有机地衔接，形成一种反映事物在一定的存在形式中，能在时空上一脉相承的动态变化的思维体系。而这一切恰恰阴阳五行学说出乎人们预料地做到了，且已经达到了无可复加接近绝对真理的程度。

三、相互关系

“天地之间，一气而已。唯有动静，遂分阴阳。有老少，遂分四象。老者极动极静之时，是为太阳太阴；少者初动初静之际，是为少阴少阳。有是四象，而五行具于其中矣。水者，太阴也；火者，太阳也；木者，少阳也；金者，少阴也；土者，阴阳老少、木火金水冲气所结也。”这里非常明确地指出了阴阳、四象和五行的关系：五行就是四象的另一种表述方式，也就是说，五行是由阴阳形成的，即阴阳生五行。

另外，从一些易学大家对四象的论述中，也能看出四象与五行的关系，如宋•刘牧《易数钩隐图》中：孔氏疏谓“金、木、水、火禀天地而有，故云‘两仪生四象’。土则分王四季，又地中之别，（故）惟云四象也”。这段论述非常明确地指出了四象与五行的关系：四象就是五行中的金、木、水、火。还有很多易学大家认为，四象在时间上为春、夏、秋、冬四时，在空间上为东、南、西、北四方，在六神上为青龙、朱雀、白虎、玄武。如高亨在《周易大传今注》中讲：“少阳、老阳、少阴、老阴四种爻乃象四时，八卦由此四种爻构成。”无论是春、夏、秋、冬，东、南、西、北，还是青龙、朱雀、白虎、玄武，在五行上都代表金、木、水、火，也就是说，五行中的金、木、水、火为四象。

而五行中的土是四象——金、木、水、火相混合而成的一行，故土为混合物，所以古人以土为脏，在人体类象上以土代表肠胃消化系统。正因为土中什么都有，因此才有“万物土中生”的说法，也正是如此，《易经》上以坤为母。土在五行中是个特殊元素。在最原始的演变中是两仪生四象，没有土，此时四象在时空上各自占据了相应的位置。而后在四象扩大自己所占具的时空中，四象间相互交汇，而交汇处便成了混合物，这便是土。中央是四象汇集之处，四象都交汇于此，故土居于中央；而四隅是四象中的每两项的交汇处，故土又寄于四隅（所以四隅的地支都有一个是土，居于四隅的地支除亥水外都藏有土）。

可见，五行是四象的另一种表述方式，四象是由阴阳生成的，故五行也是由阴阳生成的。阴阳和五行是同一哲学体系。

阴阳生成五行后，五行便成了构成宇宙及宇宙中万事万物的五种最初、最基本的元素，所以五行的第一个含义就是五种最基本的元素。五种最基本的元素有各自不同的性质，故五行又代表五种性质，因此五行的第二个含义就是五种性质。五行是由阴阳生成的，而阴阳者乃动静之机，阳的最初性质为动，阴的最初性质为静。一个要动，一个阻碍动，“动”只有受到阻碍才会产生不同形式的动，如一个运动的物体只有受到阻碍才会做减速运动，才会有减速运动的这种运动形式。正是阴阳的共同作用才产生了五种不同形式的动——五行；五种不同形式的动，自然会有五种不同的性质。世上万物的性质都是运动的结果，所以五行的第三个含义就是五种运动（此时五行的“行”是运行之意），或者说是五种动能。《周易》上对乾卦的解释中有这样一句话：“天行健，君子以自强不息”。这句话中的“行”就是运动的意思，代表动能。《三命通会》云：“五行者，往来乎天地之间而不穷者也，是故谓之行。”可见，五行代表五种往来于天地之间的动能。

宇宙中的物质，相互之间最大的关系就是动能。正如哲学上所说，运动是物质的特性。宇宙中的物质，自身和相互之间的性质与关系都来自运动，也是运动的不同表现形式。而在《周易》上用来表示运动和动能的就是五行，通过五行的生克来表示运动的去向和动能的转化形成。

《经典案例》

一、阴阳学说

（一）无所不包的智慧源泉

宋将曹玮镇守渭州时，一天正在与客人下棋，忽然有人跑入帐内向他报告说有十几人叛逃到西夏去了，曹玮听后没有吭声。报告者以为曹玮没有听清，又大声说了一遍。曹玮从容地答道："那是我特意派过去的，你老是嚷嚷什么？给我出去。"结果西夏人把那十几个叛军全部杀了，并把人头扔到边界上，以示不中曹玮的奸计。

一句听起来很平常的话，毫不费力且不露形迹地除掉了一伙叛贼，真是妙不可言！拿破仑说过，世界上只有两种可怕的力量，即刀枪和思想。从长远看，刀枪总是被思想所战胜，其中玄妙耐人寻味。口诛笔伐、口蜜腹剑，皆说明语言武器的作用胜似刀枪。

阴阳不平衡，就会出现混乱、丑陋、衰败。平衡是短暂的，不平衡是长时间的。失衡问题长期困扰着我们。我们为人处世应胸有成竹、入木三分，一眼找出失衡的关键所在，像中医大夫一样找到病根，才能有效地进行调整。如何平衡？一是你自身要具备形与质的对称平衡。《周易·系辞》中说："德薄而位尊，智小而谋大，力小而任重，鲜不及矣。"位高为阳过刚、低能为阴太弱，形与质失去平衡，必然导致凶。二是与他人保持均衡关系。"门楣不可高过屋脊"，否则就会失衡。

为什么古代的皇帝明明知道谁忠谁奸，还是要把那些奴颜婢膝的人留在身边呢？女皇武则天对狄仁杰讲的话道破了天机："我分得清谁忠谁奸，然满朝文武都成了像你这样敢于处处与我做对的大臣，我这个皇帝如何当？"这也表明了阴阳调和、过犹不及的道理。

（二）以子之矛攻子之盾

春秋时期，楚国令尹孙叔敖在苟陂县一带修建了一条南北水渠。这条水渠又宽又长，足以灌溉沿渠的万顷农田，可是一到天旱的时候，沿堤的农民就在渠水退去的堤岸边种植庄稼，有的甚至还把农作物种到了堤中央。等到雨水一多，渠水上进，这些农民为了保住庄稼和渠田，便偷偷地在堤坝上挖开口子放水。这样的情况越来越严重，一条辛苦挖成的水渠被弄得遍体鳞伤，面目全非，因决口而经常发生水灾，变水利为水害了。

面对这种情形，历代苟陂县的行政官员都无可奈何。每当渠水暴涨成灾时，便调动军队去修筑堤坝，堵塞滑洞。后来宋代李若谷出任知县时，也碰到了决堤修堤这个头疼的问题，他便贴出告示说："今后凡是水渠决口，不再调动军队修堤，只抽调沿渠的百姓，让他们自己把决口的堤坝修好。"这个布告贴出以后，再也没有人偷偷地去决堤放水了。

这是一个有趣的故事，但是故事背后的寓意却值得管理者深思。如果在执行一项政策之前就把这当中的利害关系对执行者讲清楚，他们也许就不会为了自己的私利而做出损害团队利益的事情了，当然，这只是对素质高的团队来说。有的企业可能因为行业的原因，员工的素质都不太高，遇到这种情况即使你说明了利害，他还是会为了自己的利益而偷偷地去做一些损公肥私的事情，在这种情况下，严格有效的监督控制机制的建立就显得尤为重要。

以人管理，总是有漏洞可循的，因为人都是有弱点、有感情的。动物之间哪怕是猫和老鼠相处久了也会有感情，也会相安无事，而制度却能起到人所不能起到的作用。

当制度都不能发挥作用的时候，就只有利用李若谷的办法，以子之矛攻子之盾，当他发现这样做得到的好处还不如他损失得多的话，自然也就不会再去做这样的事情了。

（三）致人而不致于人

曹操统一了北方之后，剩下能与他对抗的就只有在长江一带的孙权和在湖北一带的刘备了。公元 208 年，曹操带了 20 万大军（对外号称 80 万）南下。刘备退守湖北武昌，此时他只有军士两万多人。在军师诸葛亮的建议下，他决定与孙权共同抗曹。诸葛亮向孙权指出，曹操虽然人多，但其中有七八万是刚投降的荆州士兵，这些人主要是水军，是作战的主力，但他们不一定真心服从曹操。而北方的曹操士兵不善于水战，长途而来生病的也很多。这些分析使孙权看清了形势，同意派大将周瑜带领三万军士与刘备一起战斗。

曹军驻扎在赤壁（今湖北嘉鱼县东北，又一说在今湖北赤壁市），曹操下令用铁索把战船锁在一起，以便北方士兵在船上行走。诸葛亮和周瑜都决定用“火攻”的方法进攻曹操。一天夜里，刮起了东南风，周瑜派部下黄盖假装投降曹操，带着十艘战船，船上装着灌了油的柴草，向曹军驶去。接近曹军时，他们同时点火，火船顺风向曹操的战舰驶去，曹军战舰因为锁在一起，一时无法解开，不一会儿便成了一片火海。火又烧到了岸上，曹军死伤很多。

赤壁之战后，全国形势发生了变化。曹操退回北方。曹操死后，公元 220 年，他的儿子曹丕废掉汉献帝自立，国号为“魏”，都城为洛阳。刘备乘机占据了荆州大部分地方，又向西发展，公元 221 年，他也自立为帝，国号为“蜀”，建都成都。孙权则巩固了在长江中下游的势力，公元 222 年称王，国号为“吴”，都城为建业（今南京）。

三国鼎立的局面，直至公元 280 年西晋灭吴才结束。

世界上任何事情都存在着相互排斥、相互斗争、相互对立的两个方面，有矛盾就有对立，有对立就有竞争。在竞争过程中，谁掌握了主动权，谁就会发展、前进，谁就能取得胜利；否则，就会被动，就会失败，就会被淘汰。这就是说，无论是军事斗争、政治角逐、经济活动、体育竞赛，还是人类自身的生存和发展，都有一个争取主动权的问题。

二、五行学说

（一）因果报应

《三字经》中有一则因果报应的故事：“窦燕山，有义方。教五子，名俱扬。”相传窦燕山本名为窦禹钧，因住的地方是古代的燕国，又是五代后晋时人，所以又称为燕山。他家里非常富有，可是为人心术不正，专门用骗人的手法来赚钱，而且欺负贫穷人家，如用大斗量入，却小秤量出，做出丧尽天良的事情，以至于他到三十岁，仍然没有儿子。

"你不但心术不正，而且德行不端，你的坏名声已经传到天庭上来了。所以你以后不但不会有儿子，还会短命。除非你现在多积阴德，多帮助别人，也许还有救！"窦燕山在梦见去世的父亲对他说的这些话后，谨记在心，从此以后不但积德行善，并广纳贫苦人家，成为家喻户晓的大善人，并生了五个孝子！

在《三国演义》中也有这样的故事："第六十九回卜周易管辂知机讨汉贼五臣死节"管辂家乡有个叫郭恩的人，还有两个兄弟，兄弟三人都有头疼病，让管辂占卜一下，管辂说："从卦中看到你们家本家的女鬼，是你们的伯母或婶婶，过去闹饥荒的时候，你们为了得到几斗米的利益，把她推到井里，用大石头砸破了她的头，她的冤魂把这个情况向上天哭诉，所以你们有这样的报应。这是没办法解救的！"

在史书中，不难找到很多关于报应的事。但是"报应"一词有些年轻人根本不信有此一事！可是我们又都了解种瓜得瓜的道理，也知道常言所道："善有善报，恶有恶报，不是不报，时候未到，终究要报"。连西方都有这么一段话语，神借着使徒保罗，在《罗马书》第十二章第十九节说："申冤在我，我必报应。"

不信报应的人分为两种：一是他信科学的实事求是，必须是看得见、摸得着的，他才愿意相信，认为至少是教科书上有写到的才是正确的，所以他敢做出不符道德的事，这种人可称为"铁齿"。二是"逃避"，因为习惯于做坏事，却又不希望有报应，所以就不肯相信做坏事会有报应，于是产生一种掩耳盗铃的心态。然而，若仔细去观察，那些作恶多端的人，若非面目不姣好，就是身体有疾病。在中国的五行学说中，有相生相克之理，所谓在天有金、木、水、火、土，在地有东、南、西、北、中，在人有仁、义、礼、智、信，在身有心、肝、脾、肺、肾。这些都与宇宙运行息息相关，天、地、人、身都要调和顺应的，要是背离这个特性而行的人，就会产生异状，必然相克而产生不顺，往往造成身体不适，这都是一个连贯的体系，要说报应是谁报的，就是这个天体宇宙，就是你自己身体内在的机制！下面就来说说如果天人不调和会有怎样的报应。

在天为金，在人为义。不义之人必有肺报。

一个不义之人，爱斤斤计较（看见别人有难还落井下石之人），皮笑肉不笑，做事虚伪，诡计多端，此人必因生肺病或为此肺病而死。因为肺属金，金属义。

在天为木，在人为仁，不仁之人必有肝报。

一个人若尽找别人缺点、易于动怒、无仁慈之心（无道德的行为，为了自己的利益可以损害别人的利益的人），此人必会有肝病或是肝癌。因为肝属木，而木主仁。

在天为水，在人为智，不智之人必有肾报。

一个卖弄聪明、有错不改、心胸放不开、易烦躁之人且有所长，结果用智慧去伤害别人，必然会有肾脏问题出现，因为肾属水，水主智。

在天为火，在人为礼，不礼之人必有心报。

一个争强好胜、爱面子、爱慕虚荣、打肿脸充胖子，好高骛远且暴躁的人，强行非礼，必然会有心脏问题出现，因为心属火，火主礼。

在天为土，在人为信，不信之人必有脾报。

不讲信用、疑心病重、不够厚道之人，怨恨或容不下别人的过错，必然会有脾胃上的问题出现，因为脾属土，土属信。

（二）中医五行学说的奥妙

已故著名中医学家方药中先生是一位具有丰富临床经验的中医理论家，又是一位具有高深理论水平的临床专家。

方药中生于1921年，曾拜清代著名医家陈修园的后裔陈逊斋为师，他不仅侍诊抄方，还系统苦读了中医经典著作，打下了坚实的中医基础。后以中学西的身份毕业于北京医学院，分配到中国中医研究院，是中国中医研究院的第二代中医专家。

1975年，医学界掀起了“批五行”之风，方药中却认为，中医数千年的理论知识和丰富经验，正是以阴阳五行学说为论理方法进行总结和表述的，“批五行”“废五行”的最终结果将是废医存药、医药俱废。于是方药中奋笔疾书，写出《评五行学说及其对中医学正反两方面的影响》一文，文章对五行学说的产生、发展，特别是在中医学中的运用和地位进行了有理有据的论述。

方药中先生在中医临床上运用五行学说治病，也取得了出人意料的疗效。

一位患有肝癌的中年女性，肝区剧烈疼痛，身体极度消瘦，病情已十分危重，医生已向其家属交代准备办理后事。由于这位病人处于肝癌晚期因肝痛而十分痛苦，当时医院院长对方药中说：“老方，人病成这样也得尽尽人事，你是肝病专家，尽量想办法减轻她的痛苦吧！”

方药中为病人行“望、闻、问、切”四诊后，诊断为肝阴虚，用中医药方“一贯煎”加丹参、鸡血藤、柴胡、薄荷、姜黄、郁金，以增强化瘀和疏肝的作用。然而，病人服中药2个星期，却毫无效果。

是不是中药对肝癌重症病人已无效了呢？方药中再仔细察看了病人，确认原来的辨证没有错，病人确实是肝阴虚，但为什么用“一贯煎”补肝阴却无济于事呢？

方药中这时想到了五行学说，在五行中，肝属木，肺属金，金克木，于是方药中先生在原来所用的处方中增加了有清肺功效的“竹叶石膏汤”，方药中解释说：“补不上她的肝阴，就要考虑制约肝的脏腑，所以清肺以减轻肺对肝的压力。”这是五行学说在中医临床上的具体运用。果然，这位肝癌病人加服“竹叶石膏汤”后，病情逐渐稳定并趋向好转。该病人每周服中药5剂，每天1剂，每周停药2天。就这样服中药间断治疗2年多，这个患者后来又活了20年，最后死于心肌梗死。

可见，用阴阳五行学说来指导处方用药，是中医治疗疾病，尤其是疑难病取得良好疗效的奥妙所在。

（三）五行看病

中医之道在于五行相生相克，可惜一直以来，五行生化之术为易家隐晦。古往今来，没有几个大夫懂五行调和的理论，大部分中医大夫看病只是凭经验和祖传药方，没有理论之道，中医缺了神妙变化。下面，笔者就举一个例子说明中医之道要通过易学实现的精髓精妙，至于目前流传的中医的“君臣佐使”只是皮毛之道。

案例中这位老人学识广博，精通八字，多年前和笔者交流，就预测自己乙未年难过。

这个八字，财重身轻，又逢七杀两透攻身。必须以食神制杀为用，庚金为用神，可惜八字不见。庚金主肺，所以一生肺病折磨，气管炎—肺气肿—肺纤维化—肺心病。早年他如果精通命理五行，知道自己八字中庚金缺失的话，就不会抽烟，取中医滋阴养肺的药长期服用，应该会少些病痛。

己卯大运，乙未流年，亥卯未三合木局，官杀制身太过，所以命难长久。乙未流年，木克土，应是肝火旺盛导致脾胃虚弱的症状。

因为自己知道命运，老人一入乙未流年，元月份就要求去医院疗养。

可惜西医和中医不通，医院的年轻大夫擅自开了人参、鹿茸、当归等中医制剂进行挂水，用以补气强身。在医院期间，身体恢复，面色红润。

殊不知，用命理五行看，老人病在肝火太旺，肺肾阴虚，理应用秋梨等滋阴之物，却被反施人参、鹿茸等虎狼之火物。

在短期内，老人身体恢复，但等一个月后，随着春季来临，燥阳之气逐渐生发，老人吃了一顿羊肉饺子，马上引发火气上行，藏伏于体内的所补人参、鹿茸等阳气被激发出来。老人口舌生疮，胃部溃烂，终日不想吃饭，只是口渴难耐，到最后身体无法进食，逐渐油尽灯枯去世。

如果用易学配药，则简单易行，改换人参、鹿茸等药物，仅服用秋梨、蜂蜜、青稞等，不吃腥荤、燥辣之物，多睡觉修养，就能调和身体，益寿延年。

在中医理论中，金、木、水、火、土分别对应人的肺、肝、肾、心和脾五脏。五行平衡、五脏调和，才能保持人的身体健康。人的八字也由五行构成，五行平衡、阴阳平衡的人则身体健康，五行失衡严重、阴阳失衡严重的人往往健康有问题。

三、相互关系

（一）蓄积力量，正确选择

有一天，一位禅师为了启发他的门徒，给他的徒弟一块石头，叫他去蔬菜市场，并且试着卖掉它。这块石头很大，很好看。但师父说：“不要卖掉它，只是试着卖掉它。注意观察，多问一些人，然后告诉我在蔬菜市场它能卖多少钱。”这个人去了。在蔬菜市场，许多人看着石头想：它可以做很好的小摆件，我们的孩子可以玩，或者我们可以把这当作称菜用的秤砣，于是他们出了价，但只是几个小硬币。那个人回来说："它最多只能卖到几个硬币。"

师父说："现在你去黄金市场，问问那儿的人。但是不要卖掉它，光问问价。"从黄金市场回来，这个门徒很高兴，说："这些人太棒了，他们乐意出到1000元。"师父说："现在你去珠宝商那儿，但不要卖掉它。"他去了珠宝商那儿。他简直不敢相信，他们竟然乐意出5万元，他不愿意卖，他们继续抬高价格——他们出到10万元。但是这个人说："我不打算卖掉它。"他们说："我们出20万元、30万元，或者你要多少就多少，只要你卖！"这个人说："我不能卖，我只是问问价。"他不能相信："这些人疯了！"他自己觉得蔬菜市场的价格已经足够了？

他回来后，师父拿回石头说："我们不打算卖了它，不过现在你明白了，这个要看你是不是有认识金石的理解力。如果你是生活在蔬菜市场，那么你只有那个市场的理解力，你就永远不会认识更高的价值。"

你了解自己的价值吗？如果你善待自己，那你就不会认为自己无所不能。由于你特有的体质、智识与情感组合，有些道路可能对你是畅通的，有的则注定会让你失望。你对自我的认识越准确，你选择正确道路的可能性就越大。你选择的道路越正确，你取得更大成功的可能性也就越大。

（二）阴阳五行——算命

1920年，李宗仁奉命驻守兴业，当时他已升任营长。一次，他在玉林城防司令部办完公事，随司令部里几位高级军官出去闲逛。街上店铺鳞次栉比，人来人往，非常热闹。忽然其中一位军官一本正经地说："玉林城内有一位算命先生，姓崔，许多人请他看过相或算过命，都说他十分灵验，咱们何不也请他给咱们看看相？"于是几个人决定前去一试。那位姓崔的算命先生自称是星相家，矮个头，高颧骨，着一身藏青色布衣，约有50岁上下，见几名青年军官登门来访十分高兴，当他为他们一一看相时，发现李宗仁将信将疑地站在旁边，于是等大家看完后，他开口对李宗仁说："这位长官，你也来看看相。"见李宗仁踟蹰不前，便接着说："看你的相，比他们都好，看看不妨，并不收相金。"这时同去的几位军官也在旁怂恿，于是李宗仁道了声谢谢，坐在了"星相家"面前。那算命先生把李宗仁上下仔细端详了一番，然后说道："我看先生的相，比你同来的朋友都好得多了！"李宗仁笑着摇摇头说："在这里，我的官阶是最低的。""没关系"，算命的摆摆手，"按相上来说，你明年要连升三级！"李宗仁觉得好笑，便打趣道："除非明年这里发瘟疫，我的这批朋友都害死了，我才有这机会连升三级！"大家哄堂大笑。"我不知道，但是相上是应该如此的。"算命先生回答说。有人接着问："连升三级以后又怎样呢？"他则说："鹏程万里，前途无疆，凡遇凶险之境，必定绝处逢生，转危为安。"并且还预料李宗仁会有两个儿子，父亲早死，母亲高寿。

对此，李宗仁后来回忆说："那看相的人说了许多奉承的话，最后他真的不收相金。在当时我仅以为他乃一江湖术士，信口恭维人，讨几文相金而已，根本未加注意。"但令李宗仁不可思议的是，那看相的人所言，到后来竟无不一一应验。

1921年，粤桂再燃战火。作战中，李宗仁先是由营长升为帮统，后又被提升为统领。桂军战败后，李宗仁率部逃入大山之中，后被陈炯明收编，陈炯明任命他为"粤桂边防军第三路"司令，果然是一年之内连升三级。李宗仁确曾有过两个儿子，他与李秀文婚后第二年就生下一个男孩儿，不过仅几个月就夭折了，李宗仁于1918年驻防广东新会时，又得一子，李宗仁视为珍宝，取名李幼邻。

1924年，李宗仁、黄绍竑、白崇禧联手攻下陆荣廷老巢南宁。一日，李宗仁正在办公，副官处长进来报告，门外一崔姓朋友前来拜访。李宗仁甚为疑虑，朋友中并无姓崔的。副官又言："此人曾在玉林替你看过相，说你今年要连升三级，故今天特来道喜。"李宗仁这才恍然大悟，说确有此事。李宗仁因公务在身，不便接见，遂命副官到军需处领500元钱，送给了那位姓崔的算命先生。

中国古代的先哲们对宇宙万事万物进行观察，将事物分成阴阳两大类，即阴阳学说。阴阳五行包含了对自然界和人类社会一切事物认识的辩证思想，是研究八字的理论基石。生辰八字算命预测就是运用阴阳五行和天干地支的生克制化来推测人世间万事万物的发展和变化的。通过对一个人出生年、月、日、时的生命密码综合分析，然后设计出一整套趋吉避凶的生存方式。所以，研究八字首先要注重阴阳五行的内在规律，用它来推断八字平衡与不平衡的运程变化，以及推测人生的过去和未来。

拓展阅读

通天下之志，定天下之业

战国初期，三家分晋后，魏国国君文侯延请卜子夏、田子方做他的老师，并尊重当时天下闻名的贤者段干木。四方豪杰听说文侯如此礼贤下士，纷纷投奔魏国。因此魏国逐渐成为一个强大的国家。一天，文侯的儿子魏击在路上遇到田子方，急忙下车，拜于道旁，田子方却没还礼，扬长而去。魏击十分生气，抓住田子方质问说："世界上，是富贵值得骄傲，还是贫贱值得骄傲？"田子方回答说："当然是贫贱的人可以骄傲，富贵的人怎敢如此？国君骄傲则容易丢失他的封国，大夫骄傲则容易丢失他的家族。失国的人再也没有国，失家的人再也没有家，像我们这些贫贱之人，建议不被采纳，行为不合他人的意愿，十分好办，穿上鞋子就走，反正走到哪里都是一样贫贱。"魏击认为十分有道理，急忙向田子方道歉。

无独有偶，在当时的齐国也发生了类似的事。有一次，齐宣王召见颜周，说："颜周你过来！"

颜周说："大王你过来！"

齐宣王很生气。左右大臣都附和着齐宣王，说："大王是国君，你颜周是臣子，大王说'颜周你过来'，你也说'大王你过来'，这怎么可以呢？"

颜周答道："颜周上前，表示他仰慕权势；大王前来，表示他亲近贤士。与其叫我颜周追逐权势，倒不如让大王成就亲贤的好名声。"

齐宣王气得七窍生烟，说："是做国君的高贵，还是你做士人的高贵？"

颜周答道："士人高贵！国君比不上。"

齐宣王说："你怎么能这么说呢？"

颜周说："从前秦国攻打齐国，下令说：'哪个胆敢走到柳下季坟墓五十步内去砍柴，定斩不饶！'另外，还下令说：'哪个能斩得齐王头，就赐他高官厚禄。'这样看来，活着的国君的脑袋，还抵不上死了的贤士的坟墓。"

齐宣王听后一言不发。

臣子们都说："颜周过来，颜周过来！大王是千乘大国之主，又财力雄厚，天下志士仁人都来归附，才智出众的人都来出谋献策，天下四方，无敢不服，各种物资无不齐备，百姓无不归顺。最高级别的士人，也不过是一介平民而已。那些粗陋而低级的人，只配看守里巷。士人处境低贱极了！"

颜周回答说："不对！我听说古代大禹的时候，万国来朝。为什么当时会有这样多的小国呢？这是他礼贤下士的结果，所以舜从一个出身低贱的农民登上了天子的宝座；到商汤的时候，诸侯不服的还有三千个；如今，称孤道寡的只有二十四个了。这样看来，对贤士有足够的重视与否，难道不重要吗？等到逐步削弱，最后国破家亡的时候，即使想在里巷看看门，哪里还轮得到你呢？所以不务实事，徒慕虚名的人遭到削弱；不做好事、希望得福的人显得窘迫；没有功劳、窃据官位的人下场不妙。因此说：'好大喜功、不务实事的不能成就事业，一味空想的达不到目的。'这些都是徒慕虚名，华而不实的人呀！所以尧有九个助手，舜有七个诤友，禹有五个丞相，汤有三人贤佐，从古到今，没有别人帮助而自己能名扬天下的人，一个也没有！因此君王应积极向别人请教，向卑贱的人学习。老子说：'要想尊贵，必得以卑贱为基石；要想高明，必须以低下为基础。'诸侯、国君之所以称孤道寡，是因为他们生来低贱吗？不是的。孤、寡原是卑贱的称谓，国王以此自称，岂不是对人谦恭而重视吗？尧传位于舜，舜传位于禹，周成王任用周公旦，后代都称他们为贤君明主，这就雄辩地证明士之可贵了。"

齐宣王听到这里，终于弄懂了"士者贵，王者不贵"的道理，惭愧地对颜周道歉："依你说来，贤士可真是不能得罪的，我可是自讨没趣。如今听了先生的高论确实如醍醐灌顶，请先生收我为学生吧！今后颜先生跟我享受一样的待遇。"

天下有事，有志之士当然不能坐视不理，应当积极参与，有所作为。但挽救危亡，必须运用民众的力量，所以民众的素质非常重要。而且时机稍纵即逝，只能以平时的准备做基础。领导者应以高尚的人格感召民众，以威信维持纪律，恩威并济，不可以诱骗为手段。而应当启人智慧，让人不断挖掘潜能，然后选拔贤能，敦厚而不苛刻，才能人人心悦诚服，上下融洽，发挥组织力量，有所作为。

再有抱负的领导者，如果部下都是一批宵小奴才，酒囊饭袋，他再想有作为也难矣！领导人真正能凭借的只是部下和民众的能力而已。从我们优秀的传统文化中可以领悟领导者切忌一副君临天下的面孔，以为天下之美尽在吾身，而要以德为表率，取信于民，广开民智，让他们既有归属感，又能让他们的才能充分地施展，这样何愁大业不成。

第六章　教育之光——薪火传承

大约在一百多万年以前，中国就已出现了原始人群。与此相应，原始的教育形态也初见端倪。我们的祖先在征服自然的过程中，把劳动和生活的经验传授给下一代，这便是最初的教育活动；而当他们自觉或不自觉地思考自身的教育行为时，最原始的教育思想萌芽就已经产生了。虽然我们无法与先人对话，无法猜忖先人的教育思维，但借助考古的发现，我们对远古的教育亦可窥斑见豹。文字与学校的出现，则使我们真正有可能把握古代教育思想的源头活水。

一、因材施教

孔子近乎完美地实行“因材施教”，其基础就是对学生的充分了解。孔子说：“不患人之不己知，患不知人也。”（《论语・学而》）他认识到“知人”的重要性，因此他十分重视“知”学生，认真分析学生的个性，甚至只用一个字即可准确地概括，足见其备学生之细致认真。充分了解学生之“材”，才能因其“材”而施教。如果缺乏了这个必备的前提，何谈“因材施教”呢?

现代教育，从理论上早已接受了这种观点，但在实践中几乎都把备课看作备教材、备教案，甚少备学生，不了解学生的个性差别，千篇一律地灌输知识，至于哪些学生能接受，哪些学生不能接受，学生接受多少，很多教师不去考虑，如何因材施教呢?

第一，对不同智力水平的学生采用不同的教育方法。孔子从学生智力水平的客观实际出发，把学生大致分为“上智”“中人”“下愚”三类（《论语・阳货》）。孔子的弟子中，既有“闻一知十”的颜回，又有“闻一知二”的子贡，智力水平参差不齐。智力较低甚至于“下愚”的学生，只能教给他们与智力水平相符的知识，否则，“欲速则不达”。

第二，针对学生的个性特点进行教育。孔子认为，学生的个性特点千差万别，因此教学的方法应有所不同，教学的内容应各有侧重，不能千篇一律。如前文所引《论语・先进》篇，由于子路“好勇过我”，遇事鲁莽，故孔子就给他泼点冷水，告诫他凡事要谨慎考虑，多听他人的意见再行动；由于冉有胆小怕事，遇事退缩无主见，故孔子就给他加油打气，鼓励他更加果敢大胆地行动。

第三，根据学生的年龄特征、兴趣爱好进行教育。孔门弟子年龄参差不齐，有与孔子年龄相仿的，如秦商、子路；有与孔子差一代的，如颜回、子贡；也有差别特大的，如子张、子骄。不同年龄的学生有不同的需要，应区别对待。

二、尊师重道

尊师重道，注重师德是中华民族的传统美德，古往今来，代代相传。它从另一个侧面体现了中华民族的聪明智慧。尊师重道是指尊敬师长，重视自己的教育事业。这个成语最早出现在《后汉书·孔僖传》中："臣闻明王圣主，莫不尊师贵道。"

古语有"国将兴，必贵师而重傅""师者，人之模范也""一日为师，终身为父""人有三尊，君父师是也"等，这充分体现了中华民族"尊师"的道德观念。古代流传下来许多这方面的故事，如《子贡尊师》《魏照尊师》《李世民教子尊师》《张良拜师》《陆佃千里求师》《程门立雪》等。

"重道"是我国传统文化的重要特征。我国传统上把学问知识分为"道""经""术"三个层次。"道"是最高的学问，"经"是对"道"的阐述，"术"是实践"道"的手段和方法。古代所有学派都把"道"作为最大的学问、最终的追求目标。孔子说："朝闻道，夕死可矣。"

三、教学相长

《礼记》是孔门弟子或再传弟子对儒家礼制思想和周礼的追记，教学相长一向被认为是孔子的思想。

孔子在教学中，还常常注意师生之间的相互切磋，互相启发，共同提高。"起予者商也"，就是说学生对孔子启发的一面，蕴含着师生之间互相学习的意思。孔子的"教学相长"的教学思想，是我国一份宝贵的教育遗产。

孔子的学问在当时是首屈一指的，但是，他不断地学习、长进。他自己说：他十五岁立志学习，三十岁才能立志于士大夫之林，四十岁不致迷惑，五十岁才知晓天命，六十岁才有闻必解，七十岁才能处理事情得心应手。(《论语·为政》) 他说："温故而知新，可以为师矣。"(《论语·为政》) 他给自己的评价是"发愤忘食，乐以忘忧，不知老之将至"。(《论语·述而》) 孔子是履行教学相长的典范。

教学相长，必有好处，双方受益，互相学习，共同进步。"尺有所短，寸有所长"，说的就是这个道理。

四、言传身教

老子在《道德经》中指出："是以圣人处无为之事，行不言之教"。洞察世事的人（圣人）实行的是身教、示范和实践，而不是"言教"。"行不言之教"是为了要达到"有言之教"的目的。老子认为，天下最有效的教育方式不是"言教"，而是教者自己要以身作则或者加上示范，这样才能收到最好的效果。用现在的话来说，就是既要以身作则，也要身教重于言教，用事实来教育人。老子的这种教育思想与儒家有相同之处。儒家学说主张的"修身齐家治国平天下"和老子的这句话有着异曲同工之妙——自身不正，又怎么能教育好他人?

中国是一个十分重视言传身教的国度。妇女从怀孕的第一天开始，按古文的记载，就要“寝不侧”“坐不边”“立不跛”；还要做到所谓“四勿”：“非礼勿视，非礼勿听，非礼勿言，非礼勿动”，即从身体、言语、意念三个方面要保持内心的清静；另外，在饮食上也有“割不正不食”“不时不食”的宝贵经验。

经典案例

一、因材施教

（一）因材施教育人才

孔子教育学生，根据他们不同的特点分别进行不同的教育。因材施教教育思想的教育原则与方法始自孔子，内涵博大精深，是我国教育思想史中的宝贵财富。时代发展到今天，儒家的因材施教思想仍然是我国素质教育中一个十分重要的教学原则，并且发挥着越来越大、越来越广泛的指导作用。

“因材施教”是说不同的人有不同的特点，不同的学生有不同的天赋，每个学生的年龄不一，出身不同，地区不同，文化水平、道德素养、性格特征存在着很大的差异，所以在教育过程中不能千篇一律，不能采取“大锅烩”的方法，而应当注意因材施教。教师根据每个学生的个别差异及其形成规律，针对学生的不同特点采取不同的教育措施，对其进行相应的教育。个别差异是因材施教的心理学依据。“材”是指学生心理的个别差异，其中主要是指他们的兴趣、能力、气质和性格等心理特点。因材施教就是在教学中，从学生的实际出发，针对学生的特点区别对待，有的放矢，使学生按照不同的途径、不同的条件和方式进行学习，以取得最佳的教育和教学效果。现代教育心理学研究表明，学生的个别差异是客观存在的，主要有：认知方面的个别差异，包括智力和认识结构的差异、性格类型的差异、气质类型的差异；能力方面的差异，包括一般能力和特殊才能的差异等。孔子非常重视学生的个别差异，教学受学生的个别差异所制约，又能长善救失，促进个性的发展，培养出各种人才，这就是教学与学生差异之间的本质联系，也是孔子因材施教教育思想的内涵。《论语》上记载着这样一则著名的因材施教故事：

孔子讲完课回到自己的书房，学生公西华给他端上一杯水。这时，子路匆匆地走进来，大声地向老师讨教：“先生，如果我听到一种正确的主张，可以立刻去做吗？”孔子看了子路一眼，慢条斯理地说：“总要问一下父亲和兄长吧？怎么能听到就去做呢！”子路刚出去，另一个学生冉有悄悄地走到孔子面前，恭敬地问：“先生，我要是听到正确的主张，就应该立刻去实行吗？”孔子马上回答：“对，应该立刻实行。”冉有走后，公西华奇怪地问：“先生，一样的问题，您的回答怎么相反呢。”孔子笑了笑说：“冉有性格谦恭，办事犹豫不决，所以我鼓励他临事果断，但是子路逞强好胜，办事不周全，所以我就劝他遇事多听取别人的意见，三思而行。”

儒家主张从学生的个别差异出发，进而进行有针对性的教学。因材施教能帮助学生更好地发挥自己的潜质，走向人生的成功。形状奇怪的树根如果按照普通的方法做成木材，不过是废料一根，而如果经根雕家因势利导稍加雕琢，便会成为举世无双的工艺精品。一废变一精，便是因材施教的成果。所以，只有针对不同学生的天赋特点，因势利导，因材施教，选择特殊的方法和途径，才能造就人才。《礼记·学记》认为：“学者有四失，教者必知之。人之学也，或失则多，或失则寡，或失则易，或失则止。此四者，心之莫同也。知其心，然后能救其失也。”意思是说，学生常犯四种毛病，或贪多务得，或孤陋寡闻，或浅尝辄止，或畏难而退，其原因在于“心之莫同”，即个性差异。因此，教师要掌握学生的心理差异，认识到它有两重性，即“多、寡、易、止，虽各有失，而多者便于博，寡者易于专，易者勇于行，止者安其序，亦各有善焉。救其失，则擅长矣”。所以《礼记·学记》要求“教也者，长善而救其失者也”。教师要注意学生的个别差异，帮助他们发扬优点，克服缺点。“长善救失”使“因材”与“施教”的关系更加明确。

（二）因材施教成大业

泰勒和克拉是两名可爱的美国女孩。遗憾的是，她们两人分别患有语言和视物障碍。虽然医生的治疗缓解了她们各自的症状，但无论如何，她们都无法恢复到正常孩子的健康水平。泰勒说话发音不清，克拉阅读特别困难。在学业上，不管怎么追赶，她们也赶不上同龄的健康孩子。

放弃她们是不可能的。那该怎么弥补呢？她们的父母肯定相信“东方不亮西方亮”的哲理。结果，泰勒四岁被扔进了游泳池，克拉六岁被送进了体操馆。经过她们各自父母多年的接送，这两名女孩现在分别成为游泳和体操健将。记得有人说过，不管是谁，至少有一样应该是出色的。泰勒和克拉虽然语言和阅读不尽如人意，但她们却在体育方面出色。美国全民热爱体育，泰勒和克拉的成就令人刮目相看。

既然人的天赋有别，那么在教育方法上则应因人而异。泰勒和克拉的父母真正做到了“因材施教”，最终两人都获得了成就。

（三）因材施教成佳话

育才学校招收的学生百分之九十五以上都是战灾流浪儿童，他们虽然离开了故乡、失去了爹娘，但是他们都是一群天真活泼、富有聪明才智的孩子，他们都各有自己的爱好和特长，有的爱演戏，有的善唱歌，有的喜爱科研，有的乐于写作。日本帝国主义的侵略，剥夺了这些孩子发挥自己才能的机会。陶行知把他们招收进育才学校后，在“因材施教”和“爱”的教育下，经过了一二年的学习和训练，他们的才华就明显地表现出来了：音乐组的孩子非但善弹奏、能演唱、会作曲，还能经常为老百姓表演或到大剧院举行音乐会；戏剧组、舞蹈组的孩子非但能演戏、跳舞，而且能自编、自导、自演，用精彩的戏剧与舞蹈反映出抗日的形势；绘画组的孩子竟能在重庆举办儿童抗敌画展，多么了不起呀！周恩来同志称赞这些孩子说：“一代胜似一代。”冯玉祥将军为这些孩子的成长鼓掌。但是，也有那么一些因循守旧、自己不愿进行教育改革的“学者”，在那里阴阳怪气地非议陶行知，说什么：“陶行知丢掉了普及教育来搞‘天才教育’了。”

陶行知并没有因为这些非议而动摇他“为今天培育抗日的人才，为明天培育建国的人才”的决心。他一心为国育才，因此他理直气壮地对这些“非议者”说：“我不是办天才教育，我办的是人才教育。按照每个学生的特长才能、爱好，对他们提出一定的要求，加以定向培养，进行因材施教。这些‘人’才在正确指导下经过‘一’番努力，就转化成‘大才’（‘人’字上加一横就成‘大’字）。对‘大才’再进行深入的诱导，学生们自己再出‘一’身力，流‘一’身汗，‘一’定时间之后，‘大才’也就成为‘天才’了（‘大’字上加一横就成‘天’字）。真正的天才是师生经过共同的教学实践活动，不间断地乐教乐学而培养出来的。若能为国家、为人民培养几个‘天才’，又有什么不好呢？”

从陶行知的教育思想中我们得到启发，天才绝不是天生而成的，除白痴以外，每一个孩子只要培养、引导得当，社会关心、环境适宜，再加上他自己的不断努力，都可以成为天才。由此可见，因材施教在教育中的作用是多么重要。

二、尊师重道

（一）尊师重道终成大器

吴王阖闾以伍子胥、文之仪为师，越王勾践以范蠡、大夫文种为师。圣人贤者没有不尊重老师的。如今，人们地位的尊贵没有达到帝王，才智没有达到圣人，却想不尊奉老师，那通过什么能达到帝王、圣人的境界呢？这就是五帝废绝、三代灭绝的原因。

况且上天造就人，使人的耳朵可以听见，如果不学习，人的耳朵能听见还不如耳聋听不见；使人的眼睛可以看见，如果不学习，人的眼睛能看见还不如眼瞎看不见；使人的嘴可以说话，如果不学习，人的嘴能说话还不如口里有病说不出话；使人的心可以认知事物，如果不学习，人的心能认知还不如狂乱无知。因此凡是学习，不是能增加什么，而是使人通达天性。能够保全上天赋予人的天性而不使它受到伤害，这叫作善于学习。

子张是鲁国的鄙俗小人，颜涿聚是梁父山上的大盗，他们向孔子学习。段干木是晋国的市场经纪人，向子夏学习。高何、县子石是齐国的凶恶残暴的人，在乡里受指责，向墨子学习。索卢参是东方闻名的狡猾之人，向禽滑黎学习。这六个人是该受到刑罚、处死、侮辱的人。如今，他们不仅免于受到刑罚、处死、侮辱，还从此成为天下知名的人，终其天年，王公大人跟随他们并礼待他们，这些都是从学习中得到的。

君子学习，谈论道理一定要称引老师的话来阐明，听从教诲一定要尽心竭力来发扬光大。听从老师的教诲而不尽心竭力去发扬它，称这种行为为“背”；谈论道理而不称引老师的话去阐明它，称这种行为为“叛”。有背叛行为的人，贤明的君主在朝廷上不会接纳他们，君子不会和他们交往为友。

因此，教育是大义；学习是大智慧。大义没有比使他人获得利益更大的，使人获得利益没有比教育更大的。大智慧没有比修养身心更大的，修养身心没有比学习更大的。自身的修养完成了，那么做儿子的不用支使就孝顺了，做臣子的不用命令就忠诚了，做君主的不用勉强就公正了，拥有最有利形势的人就可以做天下的君主了。所以子贡问孔子说："后代将用什么称赞您呢？"孔子说："我哪里值得称赞呢？如果不停止一定要说的话，那就是喜好学习而不满足，喜好教诲他人而不知疲倦，大概只是这些吧！"天子进入太学祭祀先代圣人，与曾经当过自己老师的人并排站立，不把他们当作臣子看待，这是用来表示敬重学习和尊重老师的做法。

中国古代有悠久的尊师传统，给予教师以很高的地位。这是因为教育可以作为一种推行政策的方法，是治理国家的重要手段，一个国家的教育办得好，才能人才济济，国家才能昌盛；相反，教育落后，人才匮乏，必将一事无成。一直到今天，重视教育的传统仍然并行不废。

（二）程门立雪尊师典范

北宋时福建将东县有个叫杨时的进士，特别喜好钻研学问，到处寻师访友，曾就学于洛阳著名学者程颢门下。程颢死后，又将杨时推荐到其弟程颐门下，在洛阳伊川所建的伊川书院中求学。杨时那时已四十多岁，学问也相当高，但他仍谦虚谨慎，尊师敬友，深得程颐的喜爱，被程颐视为得意门生，得其真传。一天，杨时和学友游酢，因对某个问题有不同看法，为求得正确答案，就一起去程颐家请教。时值隆冬，天寒地冻，他们行至半途，就下起雪来了。赶到程颐家时，适逢程颐坐在火炉旁闭目养神。杨时二人不敢惊动老师，就恭恭敬敬地立在门外等候。过了良久，程颐醒来，从窗口发现了站在风雪中的杨时和游酢，他们浑身披雪，脚下的积雪已一尺多厚，程颐急忙起身迎他俩进屋。后来，杨时学到了程门理学的真谛，世称"龟山先生"，被后人推崇为"程学正宗"。"程门立雪"的典故成为尊师重道的千古美谈，影响久远。

尊师重道是中华民族传统美德的重要规范。其本质是尊重知识、尊重教育、尊重人才。对青少年进行尊师重道教育，是人类生存、发展和社会文明进步的需要。

（三）教子尊师传为佳话

唐太宗李世民，唐朝第二位皇帝，是我国历史上一个少有的明君，开创了"贞观之治"唐朝盛世。李世民懂得国家要兴旺发达，长治久安，搞好子女教育非常重要，认为教诫太子诸王是"当今日之急"。因此，他给几个儿子选择的老师都是德高望重、学问渊博的人。而且，一再告诫子女一定要尊重老师。

一次，太子的老师李纲因患脚疾，不能行走。怎么办呢？在封建社会，后宫森严，除皇帝和他的后妃、子女可以坐轿外，其他官员不要说坐轿，就是出入也是诚惶诚恐。唐太宗知道后竟特许李纲坐轿进宫讲学，并诏令皇太子亲自迎老师。

后来，唐太宗又叫礼部尚书王圭当他第四个儿子魏王的老师。有一天，他听到有人反映魏王对老师不尊敬。唐太宗十分生气，他当着王圭的面批评儿子说：“以后你每次见到王圭，如同见到我一样，应当尊敬，不得有半点放松。”从此，魏王见到老师王圭，总是好好恭迎，听课也认真了。

由于唐太宗家教很严，他的几个儿子对老师都很尊敬，从不失礼。唐太宗教子尊师也被后人传为佳话。

人生在世，在这短短几十年里，能有缘遇到一位好的师父，那一定就是上天给你的恩赐！无论是读书和学习任何一门学问、技术，以及学佛修道等，尊师重道都是入门的基本。

三、教学相长

（一）一句话改变学生的命运

“我一看你修长的小拇指就知道，将来你一定会是纽约州的州长”，一句普通的话改变了一个学生的人生。

此话出自美国纽约大沙头诺必塔小学校长皮尔·保罗之口，话语中的“你”是指当时一名调皮捣蛋的学生罗杰·罗尔斯。小罗尔斯出生于美国纽约声名狼藉的大沙头贫民窟，这里环境肮脏、充满暴力，是偷渡者和流浪汉的聚集地。因此，他从小就受到了不良影响，读小学时经常逃学、打架、偷窃。一天，当他又从窗台上跳下，伸着小手走向讲台时，校长皮尔·保罗将他逮个正着。出乎意料的是，校长不但没有批评他，反而诚恳地说了上面的那句话，并给予语重心长的引导和鼓励。

当时的罗尔斯大吃一惊，因为在他不长的人生经历中，只有奶奶让他振奋过一次，说他可以成为五吨重的小船的船长。他记下了校长的话并坚信这是真实的。从那天起，“纽约州的州长”就像一面旗帜在他心里高高飘扬。罗尔斯的衣服不再粘满泥土、罗尔斯的语言不再肮脏难听、罗尔斯的行动不再拖沓和漫无目的。在此后的四十多年间，他没有一天不按州长的身份要求自己。51岁那年，他终于成了纽约州的州长。

教和学两个方面互相影响和促进，都得到提高。教学是教与学的交往互动，师生双方相互交流、相互沟通、相互启发、相互补充，在这个过程中教师与学生彼此之间进行情感交流，从而达到共识、共享、共进，实现教学相长与共同发展。

（二）不耻下问

国难当头，风雨飘摇。但是，仁人志士们还在为中国的富强而奋斗。中国第一代铁路工程师詹天佑就在为修筑京张铁路而奔波。

詹天佑是当年容闳带出去留学美国的幼童之一，他十八岁考入美国耶鲁大学土木工程及铁路专修科，三十四岁时当选为英国工程研究会会员。在国外，他亲眼看到一日千里的火车铁路，心中暗暗发誓：“今后中国也要有自己的铁路和火车！”1881年，胸怀发展祖国铁路事业的热忱，詹天佑回到了久别的祖国。

然而，回国后的他却被分到军舰上担任驾驶官。学铁路而干海洋，学非所用，一耽误就是好几个春秋。

直到20世纪初期，中国人总算提出了自己修筑铁路的设想，清廷也设立铁路矿务总局，准备兴建从北京通往张家口的京张铁路。

1905年5月，詹天佑被聘为总工程师，主持修建京张铁路。一些外国人听了，公开讥讽道："建筑这条铁路的中国工程师，恐怕在娘胎里还没有出世呢！""中国人想不靠外国人自己修铁路，就算不是梦想，至少也得五十年！"他们挖苦詹天佑出任京张铁路总工程师是不自量力，在等着看中国人的笑话。

詹天佑下定决心，要为中国人争一口气。他说："中国地大物博，而修路工程却必须借用洋人，这应该引以为耻。中国人已经醒过来了，中国人要用自己的工程师、自己的钱来建筑铁路！"

京张铁路从北京到张家口，全长有200多千米，中间要经过层峦叠嶂、峭壁耸立的燕山山脉，特别是居庸关、青龙桥、八达岭等地区，地形十分险恶，工程量很大。

詹天佑背上标杆仪器，骑着小毛驴，成天奔走在崎岖的荒山野地，实地勘测线路。他白天测量、赶路，晚上还要伏在油灯下绘图计算，一遍又一遍地勘察定线。

工程开工以后，困难接踵而来。因为缺少机械和轻轨，所有工作都得靠人力；沿途皇亲国戚的墓地不让通过，不得不求爷爷告奶奶，奔走呼吁；外国银行故意拖延工程款，造成经费接济不上；等等。詹天佑排除万难，一寸一寸地把工程推向前。铁路过了南口以后，共有居庸关、五桂头、石佛寺和八达岭四处隧道，总长度1645米。这是全路工程成败的关键。詹天佑发誓："一天不打通居庸关、八达岭的隧道，就一天不回北京。"

居庸关山势高、岩层厚，隧道长达400米，施工难度很大。为了加快进度，詹天佑想出了从南北两端向中心对凿的方案。但人力凿山，进度很慢，詹天佑又大胆地提出炸开岩石的办法，施工进度果然加快了许多。隧道越凿越深，凿到几十米处，洞里哗哗地流出水来，工人们半身都浸泡在泥水里。因为没有抽水机，詹天佑从早到晚带头向洞外挑水，与工人们吃住在一起，常常半个月也不离开工地一步。工人们对这样一位吃苦在先、以身作则的总工程师非常佩服。

居庸关隧道打通了，接着又要开凿八达岭隧道。八达岭隧道比居庸关隧道还要长，这么长的隧道，南北对凿是不太容易对准的。詹天佑又提出一种凿竖井的开凿办法，就是从隧道中心点的山顶先凿开一个洞，笔直往下凿。凿到一定深度时，再分开两头，向南北凿去。这样可以有四个工作面同时开凿，也不会凿歪了。施工人员的热情都很高，没过多少日子，这条全长1145米的长隧道也终于开凿成功了。

两大艰险工程完工后，其他两座隧道也就跟着顺利完成。

这时，还剩下最后一道难题有待解决，就是从南口到八达岭地势太陡，如果采用常规的螺旋式线路，火车很难爬上去。詹天佑请教了当地老乡，创造性地设计出一种折返线路，就是在山高坡陡的青龙桥地段，顺着山腰铺设“人”字形路轨，既降低了坡度，也缩短了隧道，火车到这里，以两部大马力机车前后一推一拉，就可安全地爬过陡坡。

1909 年 7 月，京张铁路全线通车。这条原来计划要用六年时间完工的工程，只用了四年，还节省了 28 万两银子的费用。中国人自行设计和修筑的京张铁路，为中国人争了光。

詹天佑是我国近代科学与工程技术史上的先驱，也是我国近代史上杰出的爱国知识分子。19 世纪 80 年代，他投身于中国铁路建设事业，曾主持过我国京张、川汉、粤汉等早期铁路的建设，为发展我国早期铁路建设事业呕心沥血，奋斗终生。特别是他主持的京张铁路的建成，震惊中外，显示了我国劳动人民的勤劳与智慧，振奋了民族精神，推动了铁路事业的发展。他在帝国主义列强面前不畏强暴，威武不屈，提出“各出所学、各尽所知，使国家不受外侮，以自立于地球之上”的口号，代表了炎黄子孙百折不挠、永不屈服的高尚民族气节，永为后世楷模。

四、言传身教

（一）桃李不言，下自成蹊

西汉时候，有一位勇猛善战的将军，名叫李广，一生跟匈奴打过七十多次仗，战功卓著，深受官兵和百姓的爱戴。李广虽然身居高位，统领千军万马，而且是保卫国家的功臣，但他一点也不居功自傲。他不仅待人和气，还能和士兵同甘共苦。每次朝廷给他的赏赐，他首先想到的是他的部下，把那些赏赐统统分给官兵们；行军打仗时，遇到粮食或水供应不上的情况，他自己也同士兵们一样忍饥挨饿；打起仗来，他身先士卒，英勇顽强，只要他一声令下，大家个个奋勇杀敌，不怕牺牲。他是一位让人崇敬的将军！

后来，当李广将军去世的噩耗传到军营时，全军将士无不痛哭流涕，连许多与李广将军平时并不熟悉的百姓也纷纷悼念他。在人们心目中，李广将军就是保护他们的大英雄。

汉朝伟大的史学家司马迁在为李广立传时称赞道：“桃李不言，下自成蹊。”意思是说，李广将军是以他的真诚和高尚的品质赢得了人们的尊敬。

“桃李不言，下自成蹊”，这句话是说桃子树、李子树虽不会说话，但是它们果花美丽，落花纷纷，惹人喜爱，人们在落花中走来走去，走成了一条小路。延伸说明一个人只要做到身教重于言教，诚恳待人，真挚对人，就会赢得人心。

（二）说得好不如做得好

有一所初级中学，被称为全县最差的学校。这里的环境脏、乱、差，学生的成绩一塌糊涂，每次教育系统评比都是倒数第一。

并不是这所学校的领导和老师全没责任心，他们也想把学校管好，把学生教好，但不知为什么，这里的学生好像天生长了“反骨”，就是不服管。上课的时候，有的人说笑聊天，有的人随意出入，根本不把老师放在眼里，甚至有人公然跟老师打架，课堂纪律无法维持。时间一长，老师都失去了信心，有门路的纷纷调离，没门路的只好无精打采地混着。学生家长也对老师失去了信心，纷纷让孩子转学，学校的情形更是每况愈下。

终于，县教育局对这所学校失去了耐心，撤换了校长，并给新校长立下“军令状”：半年之内，如果情况得不到改善，将撤销这所学校。新校长认为，要抓管理，首先要从老师抓起。于是，他决定从省城请一位特级教师来讲课，给本校的老师做一个示范，让他们知道应该怎样当好一个老师。

特级教师来了，是一位三十不到的女性。她一身素净，穿着打扮时尚而不轻佻。只见她满面春风地走到讲台上，用欢快悦耳的声音跟同学们打招呼：“同学们好！”

按照礼仪，同学们应该回敬一声“老师好”，谁知教室里鸦雀无声，因为他们还没有养成讲文明、讲礼貌的习惯。特级教师冲同学们调皮地眨眨眼睛，表示她对这个冷遇的理解，于是同学们都笑了。

特级教师将讲义放在讲桌上，却发现讲桌里里外外都是粉笔灰，她的手上、衣服上也沾了好些。看来这张桌子已有些日子没有好好清理过了。再看黑板上，昨天书写的内容还留在上面，且被同学们加了不少即兴创作的内容，比如小人头之类。

特级教师看看手上的粉笔灰，看看衣服上的粉笔灰，夸张地一笑，说：“我快成一个白人了！”

同学们都笑了，然后他们脸上又都露出一点难为情的意思，因为他们觉得让这么白的手、这么干净的衣服沾上粉笔灰，真的不应该。

特级教师又和颜悦色地问：“哪位同学能告诉我，抹布和粉笔刷在哪里？”

同学们面面相觑，不知道是否该帮老师的忙。这时，一位男生跳起身，从教室的角落里找来了抹布和粉笔刷。特级教师接过来，真诚地说了一声“谢谢”。然后，她花了好几分钟时间，仔细清理黑板和讲桌。干完活，她又仔细地审视了一遍，满意地点点头，然后回过身，笑着对同学们说：“这样是不是好看多了？”

结果，这堂课，同学们都听得特别认真，没有一个人违反课堂纪律。下课后，值日生马上跑过去，将黑板擦干净，还将已经很干净的讲桌擦了一遍。他们已经知道应该怎样做一个学生。

那些旁听的老师也知道了应该怎样做一个老师。

在领导艺术中，有很重要的一条，即我示范。千言万语也比不上亲自做给别人看。当你用友善、真诚、尊重的态度对待别人时，无疑也会得到友善、真诚、尊重的回报。当你认真履行自己的职责时，对方也会见样学样。

当对方的表现不尽如人意时，抱怨和指责通常是没有用的，反而会使双方的距离越来越远。那又何必抱怨和指责，不如以身示范，“行不言之教”。

（三）上行下效的力量

春秋时期，自从宰相晏婴去世之后，齐景公一直很苦闷，因为再无其他人敢于正面指责他的过失。

有一天，齐景公大宴文武百官，席散后，一起到广场上射箭取乐。每当齐景公射出一支箭，即使没有射中靶心，文武百官也都高声喝彩："好呀！妙呀！""真是箭法如神，举世无双。"

事后，齐景公把这件事情对他的臣子弦章说了一番。弦章对齐景公说："这不能全怪那些臣子，古人有云'上行而后下效'，国王喜欢吃什么，群臣也就喜欢吃什么；国王喜欢穿什么，群臣也就喜欢穿什么；国王喜欢人家奉承，自然，群臣也就常向大王奉承了。"

齐景公听了弦章的话，认为很有道理，就派侍从赏给弦章许多珍贵的东西。弦章看了摇摇头，说："那些奉承大王的人，正是为了要多得一点赏赐，如果我受了这些赏赐，岂不是也成了卑鄙的小人了！"他坚决地拒绝了这些赏赐。

"上行下效"的道理在这个故事中得到了很好的阐释，正是因为国君喜欢听人奉承，因此，才有下面人的好话连篇，每个人似乎都在戴着一个面具作秀，其目的也不一定都是卑劣的，毕竟人在屋檐下，不得不低头。

有古诗说："问渠那（"那"通"哪"）得清如许？为有源头活水来。"只有领导这个源头清明透彻、正直无私，他流经的地方才会不含杂质，他的下属才会具有正直的人格。

榜样能带给人巨大的力量，富有领袖气质的领导者都明白这个道理。美国前副总统林伯特·汉弗莱说："我们不应该一个人前进，而要吸引别人跟我们一起前进。这个试验人人都必须做。"这就是说，以身作则可以成为富有领袖气质的领导者的一股强大的力量。

《论语》有言："其身正，不令而行；其身不正，虽令不从。"要正人，先正己，自己以身作则才能约束他人。一个好的领导者就是下属的榜样，而榜样的力量是无穷的。

因此，领导者要想正人，必先正己，"上清而无欲，则下正而民朴"。要求别人做的，自己首先要做到；禁止别人做的，自己坚决不做。唯有如此，才能真正地发挥出自我的影响力。

（四）正人先正己

日本东芝电器公司是当今世界上屈指可数的名牌公司之一。但是，二十多年前，东芝电器公司因经营方针出现重大失误，负债累累，濒临倒闭。在生死关头，东芝电器公司把目光盯在了日本石川岛造船厂总经理土光敏夫的身上，希冀能借助土光敏夫的"神力"，力挽狂澜，把公司带出死亡的港湾，扬帆远航。

土光敏夫在领导管理方面具有大将风范。早在第二次世界大战结束时，负债累累、濒于破产的石川岛造船厂毅然挑选了土光敏夫出任总经理。土光敏夫分析了国内外形势，得出了一个结论：困难是暂时的，经济复苏必然会来临，而经济复苏离不开石油，运输石油又离不开油轮，油轮越大则越“经济”。为此，土光敏夫果断决策：组织全体技术人员攻关，建造20万吨级的巨型油轮。由于从来没建造过这样大的油轮，全厂员工信心不足。土光敏夫不断地与各级管理人员促膝交谈，鼓舞士气。为了集思广益，土光敏夫创办内部刊物《石川岛》，让全厂员工随意发表意见。土光敏夫还亲自参与建立目标管理制度，把全体员工的利益、荣辱与造船厂的利益、荣辱紧紧联系在一起，努力工作，整日与工人们在一起，终于造出了20万吨级油轮，使造船厂摆脱了困境。

土光敏夫从一开始就把造船质量放在第一位，1950年，一艘高速巨轮在驶出船坞时撞在了码头上，码头被撞坏，巨轮只有些轻微损伤，经检查后，一切正常。这件事传出后，世界各地的船商都看好石川岛的船，购买新船的订单接连不断，石川岛从此扬名日本，土光敏夫也从此载誉全国。

土光敏夫就任东芝电器公司董事长所“烧”的第一把“火”是鼓舞东芝电器公司全体员工的士气。土光敏夫指出：东芝人才济济，历史悠久，困难是暂时的，曙光即在前面。土光敏夫说：“没有沉不了的船，也没有不会倒闭的企业，一切事在人为。”在唤起东芝电器公司全体员工的信心后，土光敏夫大力提倡毛遂自荐和实行公开招聘制，想方设法把每一个人的潜力都发挥出来。

有一次，土光敏夫听业务员反映，公司有一笔生意怎么也做不成，主要原因是买方的课长经常外出，业务员多次登门拜访都扑了空。土光敏夫听到这种情况，沉思了一会，然后说：“是吗？请不要泄气，待我上门试试。”业务员听到董事长要亲自上门推销，不觉大吃一惊。一是担心董事长不相信自己的真实反映；二是担心董事长亲自上门推销，万一又碰不到那位课长，岂不是太丢一家大公司董事长的脸。但土光敏夫并不考虑那么多，也不顾及什么面子问题，最重要的是能够做成生意就行。

第二天，他真的亲自来到那位课长的办公室。果然，也是未能见到那位课长。但他并没有马上告辞，而是坐在那里等候。等了好半天，那位课长才回来。当他看了土光敏夫的名片后忙不迭地说：“对不起，对不起，让您久等了！”“贵公司生意兴隆，我应该等候。”土光敏夫毫无不悦之色，相反，微笑着说。

那位课长明知自己企业的交易额不算多，只不过几十万日元，而堂堂的东芝电器公司董事长亲自上门进行洽谈，觉得自己很有脸面，于是很快就谈成了这笔交易。最后，这位课长热切地握着土光敏夫的手说：“下次，本公司无论如何一定买东芝的产品，但唯一的条件是董事长不必亲自来。”

土光敏夫认为，以董事长之尊亲自推销是理所当然的事，不会因此有失身份。当然，管理者亲躬亲为，只是一种示范行为，并不是每笔交易都需要。土光敏夫还大力提倡敬业精神，号召全体员工为公司无私奉献。土光敏夫的办公室有一条横幅：“每个瞬间，都要集中你的全部力量工作。”土光敏夫以此为座右铭，他每天第一个走进办公室，几十年如一日，从未请过假，从未迟到过，同时生活俭朴，一直到80岁高龄的时候，还与妻子住在一间简朴的小木屋中。

土光敏夫有一句名言："上级全力以赴地工作就是对下级的教育。职工三倍努力，领导就要十倍努力。"如今，日本东芝电器公司已经跻身于世界著名企业的行列，它与石川岛造船公司一同被列入世界闻名的大企业之中。这与土光敏夫以身作则、身先士卒的管理制度是分不开的。

正人先正己，做事先做人，领导的威信，一是靠话语，二是靠行为，这就是中国古代所说的言传身教。一个管理者要想管理好下属，必须以身作则，勇于替下属承担责任，而且要事事为先，严格要求自己。

拓展阅读

一、有教无类

有一天，有一个叫冉雍的六岁孩子向孔子求学。这个学生落落大方、诚恳稳重，很有将来成为大人物的气貌。于是孔子就对这个孩子的身世很好奇，迫不及待地问孩子的个人情况、家庭情况。询问之后才知道：冉雍的家境很穷，家里也没有田地，父亲什么也不会，以盗窃为生。他的父亲对冉雍说："我也希望你长大后去学点本领，但是爹没有钱送你去学手艺，没有办法呀！"

后来，母亲去世，父亲续弦。继母听说孔子广收学子，并且不交任何费用，恰赶上冉雍的父亲因偷窃抓去关起来，于是她就让冉雍到孔子门下求学。

孔子的子弟们知道冉雍是小偷的儿子，就看不起他，开始有意阻扰孔子收他为徒，但孔子不听他们的话，收下了冉雍。之后，子弟们有意无意地怀疑冉雍也会偷别人的东西，孔子看在眼里，记在心中，默不作声，一直想找机会教育这帮子弟。

有一天，孔子带子弟们去郊游，学生们高兴极了，走着走着，在不远的地方看到一头小牛，小牛的毛色纯赤，头角端庄，非常漂亮！

有个学生说："我记得老师说过，祭祀山川神祇就需要这样的牛"。

孔子故意摇摇头，有些惋惜地说："但是这头牛不行！他血统不好，不适合用来祭祀。"

"血统不好有什么关系，又不是需要用他的父母来祭祀。"

"哦，是吗？那人呢？人的血统重要吗？出身卑微、行为不端的人，也可能有行事光明、心地善良的儿子啊？！大家为何用父亲的品行来否定他儿子的一切呢？"孔子问。

学生们一个个都低下头，知道孔子说的是关于冉雍的事。

孔子见子弟们明白了他在说什么，就赞美冉雍说："冉雍年龄小，气度不一般，我看他是个当领导的材料，大家不可歧视他。"

孔子并没有因为冉雍家庭出身卑贱不接纳他、歧视他，而是因势利导，帮助他，培养他，使冉雍能被大家接纳，愉快地学习。冉雍也不辜负孔子所望，做了季氏私邑的长官。

孔子坚持有教无类的主张，不分身份、地位均要教育，不管品行、习性，对所有的人都平等地加以教育。

二、学无常师，多方求教

伊尹未发迹前，不过是有莘国君的奴隶，地位十分低贱，谁都不会认为他有学问，但他确实很有学问。可惜有莘国君不识其才，看他烧得一手好饭菜，便让他当了厨师。伊尹十分重视学习，常借迎来送往、招待宾客之机，从宾客口中了解天下大事。

有一次，商汤王的左相仲虺因公事从有莘国过境，逗留数日。伊尹便借招待他的机会，多次与他接触。交谈中，仲虺发现伊尹是个难得的人才，回国后，便将伊尹的详情禀告了商汤，并借商与有莘国结亲之机，要求让伊尹作为陪嫁奴隶。这样，伊尹就来到商汤家中。但商汤认为一个奴隶不可能有多大本领，仍让他去当厨师。伊尹常乘机接近商汤，利用烹调做比喻向商汤陈说政治见解，先后达70次，商汤均不为所动。

一天，伊尹故意将几样蔬菜做得淡而无味，或咸不入口，一同献给商汤。商汤大为不满，立刻召伊尹前来问话。伊尹对商汤说："大王，烧菜既不能过咸，也不能太淡。过咸则难于下咽，过淡则无滋味。治理国家也是同样的道理，既不能操之过急，急则生乱；又不能松弛懈怠，懈怠必然使国事荒疏。"

伊尹停顿了一下，见商汤听得聚精会神，便继续说："如今，夏王桀荒淫无度，昏庸暴虐，民心尽失，天下纷乱，黎民百姓饱受其苦，恨之入骨。而大王您以仁德治国，伸张正义，取信于民，已是众望所归，为当今天下唯一贤明的君主。您何不适时起兵，伐夏救国，拯救万民于水火之中，成就惊天动地的伟业呢？"随后，伊尹详尽地分析了天下大势，论述了消灭夏朝的具体步骤和策略。

商汤这才发现伊尹是个杰出人才，当即宣布解除他的奴隶身份，并任命他为右相，与仲虺一同辅佐朝政，共同筹划灭夏大计，终于大功告成。

伊尹的事例说明，一个人有没有学问，不能看他的身份，不能看他的财势，不能看他的学历。有的人瞧不起地位低的人，认为向地位低的人请教有失身份。其实，在生活中，"伊尹"不止一人，其中多数人未能立业扬名，但不等于他们的学问没有价值。我们看见的某个厨师，说不定他是一个尚未发迹的"伊尹"呢！我们看见的某个老钓翁，说不定他是一个尚未发迹的"姜子牙"呢！我们看见的某个小商人，说不定他是一个尚未发迹的"宁戚"（齐桓公的大臣）呢！向"伊尹""姜子牙""宁戚"们求教，怎么会有失身份。

即使对方不是"伊尹""姜子牙""宁戚"，不过是一个很普通的人，只要他有一技之长，也值得我们请教。如此积少成多，必成大学问。

对任何一个期待事业有成的人来说，仅凭从某个名师那里学到的一点儿有限知识是远远不够的，多方求教，方能"集众美于一炉"，练成一鸣惊人的绝艺。

第七章　文学殿堂——浩瀚经典

南宋爱国诗人陆游，由于坚持主张抗金，多次受到主和派的攻击。公元1166年，四十二岁的陆游被免了官。报国无路，带着满腔的悲愤，陆游回到了家乡山阴（今浙江绍兴）。他整天把自己关在家里读书，常常伴着青灯，独坐到深夜。

第二年的4月，农村里到处打鼓吹萧，准备迎接春社（祭祀土地神的日子），一片欢乐的气氛。陆游忽然想去看看二十里外的西山。于是他拄着手杖出发了。走着走着，山路渐渐盘旋起来。又走了一个多时辰，人烟渐渐稀少。当他登上一处斜坡，放眼望去，前面山重水复，路断人绝，好像无法再前进了。陆游兴致正浓，不肯回头，沿着山坡又走出几十步，转过山脚，突然前面不远处出现了一片空旷的谷地，一个小村庄掩映在绿柳红花之中（柳暗花明），好像传说中的桃花源。陆游很高兴，走进这个小村庄，衣着简单、性情纯真的村民用自己酿的腊酒款待了这位客人。

有了这次难忘的经历和感受，陆游重新振作起来了，写下了《游山西村》：

莫笑农家腊酒浑，丰年留客足鸡豚。
山重水复疑无路，柳暗花明又一村。
箫鼓追随春社近，衣冠简朴古风存。
从今若许闲乘月，拄杖无时夜叩门。

陆游是南宋伟大的爱国诗人，一生勤奋创作，诗歌数量惊人。据他自己说："六十年间万首诗。"流传至今的《剑南诗稿》仍保存了9300多首，在两宋诗人中翘居首位。这些独具风采的诗篇，其主要内容正如钱钟书先生在《宋诗选注》中所说："一方面是悲愤激昂，要为国家报仇雪耻，恢复丧失的疆土，解放沦陷的人民；另一方面是闲适细腻，咀嚼出日常生活的深永的滋味，熨帖出当前景物的曲折的情状。"这首《游山西村》所描绘的内容属于后者。

这首抒写江南农村日常生活的诗篇，题材比较普通，不同的是立意新巧，手法白描，不用辞藻涂抹，而自然成趣。诗人紧扣住诗题"游"字，但又不具体描写游村的过程，而是剪取游村的片段见闻，通过每联一个层次的刻画来体现。首写诗人出游到农家，次写村外之景物，复写村中之情事，末写频来夜游。所写虽各有侧重，但以游村贯穿，并把秀丽的山村自然风光与淳朴的村民习俗和谐地统一在完整的画面上，构成了优美的意境和恬淡、隽永的格调。这可以说是继承了孟浩然诗歌"平淡有思致"的特色而又向前发展了。

《知识导航》

中国古代文学源远流长，有着光辉的历史、灿烂的成就。

一、先秦散文

中国古代散文的发端可以追溯到殷商时代，商朝的甲骨卜辞中，已经出现不少完整的句子。西周青铜器上的铭文，有的长达三五百字，记录贵族事功、诉讼原委或赏赐情由等，记叙的内容已经相当丰富。这些可以看作古代散文的雏形。

先秦散文是中国散文的发轫，主要保存在《尚书》《春秋》《左传》《国语》《战国策》中。先秦散文包括《左传》《国语》等先秦叙事散文和《论语》《庄子》等先秦说理散文。先秦时期，文学与非文学的界限还不分明。当时的散文只能说是与韵文相对的一种文体，基本上是哲学、政治、伦理、历史方面的论说文和记叙文，但由于它们具有较强的文学性，在中国文学的发展中产生过很大的影响，因而被视为先秦文学的一个重要组成部分。

先秦散文分为两大类：一类是历史散文；另一类是诸子散文。

一般地说，历史散文并不属于文学的范畴。由于先秦时期纯文学散文尚未出现，而历史著作中的文字叙事、写人非常生动、形象，语言也富有文采，对后世文学创作产生了深远的影响，所以先秦的历史散文可以说是文学性较强的散文。先秦的历史散文，文学性不强的《尚书》《春秋》可以不论，而以《左传》《国语》《战国策》为其代表。《左传》也称为《春秋左氏传》或《左氏春秋》，与之并存的还有齐人公羊高的《春秋公羊传》，鲁人谷梁赤的《春秋谷梁传》，合称“春秋三传”。《左传》仿照《春秋》用鲁国国君的世次编年，是一部自成体系的独立完整的历史著作，成书于战国初期，据说作者是鲁国史官左丘明，全书近 20 万字，全面记载了春秋时期各国的政治、军事、外交、文化等多方面的活动。

（一）历史散文

我国的史官建制很早，按周代的制度，有大史、小史、左史、右史等职位。《汉书·艺文志》记载：“左史记言，右史记事，事为《春秋》，言为《尚书》”。《尚书》记载了商周君王对臣民发布的各种政令，文辞简练。《春秋》是鲁国的编年史，记事严谨，语言精练。

应该说真正具有文学价值的历史著作产生于春秋战国时代，《左传》《国语》《战国策》等是其代表。

《左传》是《春秋左氏传》的简称，是用历史事实来解释《春秋》的著作，相传为鲁国史官左丘明所作。《春秋》是概括地记述历史，而《左传》则详细地记载事件本末细节，此书丰富多彩，叙述了春秋时期各诸侯国政治、军事、外交等方面的情况和历史人物的言行。

《左传》擅长战争描写，它不仅把纷繁复杂的战争有条理地叙述出来，并且从大处着眼，通过人物对话写出战争的性质、决定胜败的因素等内容。《曹刿论战》和《秦晋崤之战》

等篇，都写得非常出色。

《国语》是战国时期出现的一种国别史，记载周王朝和诸侯各国的大事。它的思想性和艺术性远不及《左传》，然而它有的叙事比《左传》更鲜明生动，如写“厉王弭谤”和“勾践复国”的文字就是这样。

《战国策》记述的基本上是战国时期谋臣纵横捭阖的谋略和辞说，它的文风是剧谈雄辩，书中还刻画了许多生动的人物形象。例如写唐且出使秦国，唐且与秦王谈起“布衣之怒”，秦王轻淡地说，布衣之怒不过“免冠徒跣，以头抢地尔”。唐且慷慨陈词：“此庸夫之怒也，非士之怒也。夫专诸之刺王僚也，彗星袭月；聂政之刺……”说完，拔剑而起，这一番慷慨豪壮的言辞打掉了秦王不可一世的凌人盛气。

《战国策》中的纵横家辩士还擅长运用寓言进行说理、论证，像狐假虎威、画蛇添足等成语故事，都出自《战国策》。

《左传》和《战国策》对后世的散文家有着深刻的影响。司马迁的《史记》曾经大量采用这两书的材料，并汲取了它们的写作技巧和语言风格。汉代贾谊、晁错等人的政论文章，其雄辩风格得之于这两书也很多。历代史书的编撰，以至唐宋散文家的记叙文，在语言和表现方法上也都受到先秦散文的影响。

（二）诸子散文

春秋之末，王权衰落，诸侯崛起，天下纷争。与之相应，官失其守，礼崩乐坏，士阶层蔚然勃兴，私学兴起，私家著述相继出现。到战国时，百家争鸣，诸子横议，著书立说，蔚为风尚。据《汉书 · 艺文志》载，当时主要诸子有儒、道、阴阳、法、名、墨、纵横、农、杂、小说家十家。先秦诸子指的就是这一时期诸子百家阐述各自对自然、社会不同观点和主张的哲理性著作。

先秦诸子散文的发展可分为三个阶段：春秋末、战国初为第一阶段，代表作有《论语》《墨子》，文章多为语录体，或为简明的议论短章。战国中期为第二阶段，代表作是《孟子》《庄子》，文章逐渐由语录体发展为对话式论辩文与专题论文。战国后期为第三个阶段，《荀子》《韩非子》是其代表作，其文章基本上都是宏篇巨制的专题论文，完善了论说文的体制。

先秦诸子具有鲜明的特点。思想上，他们都坚持独立思考，各抒己见，放言无惮。如孔子提倡仁义、礼乐，墨子主张兼爱尚贤，庄子主张自然无为，韩非子则大倡法术势。与之相应，文风上也各具个性和风格。如《论语》简括平易、迂徐含蓄，《墨子》质朴明快、善于类推，《孟子》气势恢宏、辞锋雄辩，《庄子》汪洋恣肆、文思奇幻，《荀子》浑厚缜密、比喻繁富，《韩非子》严峻峭拔、论辩透辟。语言上，他们都善用比兴，深于取象。如《庄子“寓言十九”，引物连类，取象之深厚，为诸子之最。在文体发展上，先秦诸子散文首先确立了论说文的体制。从语录体的有观点无论证，到论点明确、论据充分、逻辑严密、结构完整的专题论说文，显示了我国论说文发展的大致风貌。此外，先秦诸子散文中一些故事叙述，颇类小说，为后世的叙事文学提供了营养。

先秦诸子散文，在思想和创作上，对我国几千年来的政治制度、文化艺术等各方面都产生了极为深远的影响。

二、唐诗宋词

唐诗宋词是中国文学史上的两颗明珠，唐代被称为诗的时代，而宋代则被称为词的时代。词源于民间，始于唐，兴于五代，盛于两宋。在宋代，随着城市的发展和市民阶层的兴起，物质生活的丰富，人们对文化生活的追求也更加强烈。

（一）唐诗

唐代是中国诗歌发展的黄金时代。强大的国力、兼收并蓄的文化精神与丰厚的文化积累，为唐诗的繁荣准备了充足的条件。众多伟大、杰出的诗人把中国诗歌艺术的发展推向高峰。今天可考的唐诗作者3700多人，可见存世唐诗54 000余首。这不过是唐诗的一部分，但我们从中已经可以大略窥见当时诗歌繁荣的面貌。

唐代初期，诗歌创作仍受南朝诗风的影响，题材较为狭窄，追求华丽辞藻。待到被称为“四杰”的王勃、杨炯、卢照邻、骆宾王出现，才扩大了诗的表现范围，从台阁走向关山和塞漠，显示出雄伟的气势和开阔的襟怀。他们无论写边塞，还是写行旅、送别，都有着这样的情思风貌。在诗的体式上，这时完成了五言、七言律体的定型。律诗属于近体诗，是相对于古体诗而言的。古体分四言、五言、七言和杂言，平仄没有限制，也不求对偶。折体诗平仄和押韵有一定的体式，也要求对偶。律体的定型对中国诗歌的发展影响深远，它成了中国古代诗歌的一种主要体式。

在初唐的后期，出现了两位重要诗人:陈子昂和张若虚。陈子昂主张诗应该有所寄托。他的38首《感遇》诗就是这一主张的实践。但他写得最好的诗是那首《登幽州台歌》:“前不见古人，后不见来者。念天地之悠悠，独怆然而涕下。”抒写不遇的悲怆，但其中蕴含的是自信和抱负，情怀壮伟，有一种得风气之先而不被理解的伟大孤独感。张若虚的《春江花月夜》，写月夜春江明丽纯美的境界，融入浓烈的情思和深刻的哲理，婉转的音调，无穷的韵味，创造出了非常完美的意境。陈子昂和张若虚艺术上的成熟，透露出盛唐诗歌行将到来的信息。

盛唐是唐诗发展的高峰。此时诗坛群星辉映。王维和孟浩然善于表现山水田园的美，表现人与自然和谐相处的那种宁静平和的心境。王维的山水诗融诗情画意于一体，把人引向秀丽明净的境界，那境界里洋溢着蓬勃生机。《山居秋暝》:“空山新雨后，天气晚来秋。明月松间照，清泉石上流。竹喧归浣女，莲动下渔舟。随意春芳歇，王孙自可留。”雨后的松林间月色斑驳，流泉淙淙。浣纱女踏着月色从竹林间喧闹着归来；渔人正分开荷叶摇舟远去。山村之夜，如诗如画。他还有一些诗，宁静中带几分禅意。在唐代的重要诗人中，他是受佛教思想影响最为明显的一位。但他不是一位完全遁世的诗人，有的诗写得慷慨激昂，有的诗表现出浓烈的人间情思。那首《送元二使安西》，由于写出了人们深情惜别时的普遍感受，后来被编入乐府，成为离筵上反复吟唱的歌曲《阳关三叠》。孟浩然善于用最省净的笔墨，写山水田园的秀美。《过故人庄》写做客田家的喜悦，恬静的农舍，真挚的友情，充满浓郁的生活情趣。《春晓》写春日那种明媚、静美、舒畅的感受。那首《宿建德江》，只用20个字便写出了无尽的情思韵味："移舟泊烟渚，日暮客愁新。野旷天低树，江清月近人。"暮烟笼罩中的一抹树林，一轮水中月影。在这朦胧而明净、深远而静谧的境界中，弥漫着一缕淡淡的乡愁。孟浩然的许多诗都这样以极俭省的文字表现多重境界和情思。这时和王维、孟浩然的诗歌风格相近的还有常建、储光曦等人。

盛唐有一些诗人善于写边塞生活，如王昌龄、高适、岑参、祖咏等。他们大都到过边塞，领略过边塞的壮丽景色，向往边塞立功。在他们的诗中，祖国山河的壮美与保家卫国的豪迈情怀表现得淋漓尽致。王昌龄写了二十几首边塞诗，最有名的是《出塞》《从军行》。他的边塞诗有一种深厚的历史感和清刚的风格。其他题材的诗他也写得很好，七言绝句有极高的艺术成就。高适的诗风趋于雄壮慷慨："万里不惜死，一朝得成功。画图麒麟阁，入朝明光宫。大笑向文士，一经何足穷。古人昧此道，往往成老翁。"（《塞下曲》）从这首诗里我们可以感受到他的豪侠气质。边塞诗人的代表还有岑参。他写边塞风物的雄奇瑰丽，写军人的豪雄奔放。荒漠与艰苦，在他的笔下都成了充满豪情的壮丽图画。

最能反映盛唐精神风貌、代表盛唐诗歌高度艺术成就的是伟大诗人李白。李白是一位性格豪迈、感情奔放、不受拘束而又向往建功立业的诗人。他的诗充分表现了盛唐社会士人的自信与抱负，神采飞扬，充满理想色彩。他的诗的成就是多方面的，极大地丰富了古体诗的表现技巧，把乐府诗的写作推进到一个新的高度。他的七言绝句和王昌龄的七言绝句一起被后世推为唐人七绝的代表作。他的诗有着鲜明的艺术个性：爆发式的抒情、变幻莫测的想象和明丽的意象。他把乐府和歌行写得犹如行云流水，感情喷涌而出时，便如黄河之水，奔腾千里，一泻而下。他生于盛唐，感受着盛唐昂扬的时代精神，晚年又亲眼看到唐代社会的衰败，理想和现实之间产生巨大反差。他的诗里既有建立不世功业在指顾之间的信心，又常常有愤慨不平和对朝廷黑暗的抨击。他曾经奉诏入京，供奉翰林，得到唐玄宗的赏识，他以为建功立业的时候到了，得意扬扬。不久被权臣毁谤，被逐出朝廷，他才明白朝政其实已经腐败不堪。他说自己是"吟诗作赋北窗里，万言不值一杯水"，有才华而不得重用；而痛斥那些庸才却春风得意，"骅骝拳跼不能食，蹇驴得志鸣春风"，直骂那些奸佞之徒"董龙更是何鸡狗"。即使处在失意的境况中，他也不忘报国。安史乱起之后，他前后两次从军就是证明。他的诗想象瑰奇，常常想人所想不到处。前人评他的诗，说是"发想无端"，《蜀道难》《梦游天姥吟留别》都是例子。在想象之中，又常常带着夸张的成分，写愁生白发，说是"白发三千丈"；写庐山的五老峰，说是"青天削出金芙蓉"；写黄河，说是"黄河落天走东海，万里写入胸怀间"。他是一位富有想象的诗人，他的诗常常带着强烈的主观色彩，又由于他的性格开朗豪放，他的诗意象明丽清新、色彩鲜艳。他纯然是一位天才的诗人。

（二）宋词

在宋词的发展繁荣过程中，整个社会的导向作用同样十分明显。如果说唐代的诗人在某种程度上还只是供皇室及其统治者御用的工具和玩物，那么宋代的词人已由被别人欣赏而一跃登上了政治舞台，并成为宋代政治舞台上的主角。宋代皇帝几乎个个爱词，宋代大臣也几乎个个是词人。宋代政治家范仲淹、王安石、司马光、苏轼等都是当时的著名词人。在封建社会中从不出头露面的女子李清照也成为一代词宗，名垂千古。在当时的科举考试中，流传着这样的谚语："苏文熟，吃羊肉；苏文生，吃菜羹。"由此足见词人苏轼被崇拜的程度。正是全社会的认同和推崇，宋词才得以佳篇叠出，影响久远。

"唐诗宋词"一语，宋词与唐诗并称，不唯标示"一时代有一时代之文学"之义，也说明宋词是庶几可与唐诗媲美的一大诗体。宋季承唐，然而如鲁迅先生所言，好诗差不多已被唐人作完了。所以，到了宋代，宋人在诗歌创作方面要不落唐人的窠臼，确实很难。但是，唐人所留下的丰富文学遗产，宋人也并没有白白浪费，而是将它们更多、更灵活地运用在"词"这一诗歌体式上，使词在宋代获得了空前绝后的发展。

首先，宋词不同于一般宋诗的散文化、议论化，善于将抒情与写景完美结合。在唐五代小令的基础上，宋代演化为许多中调和长调，在曲折动宕、开阖变化中，使情景紧密交融，其细致、具体、微妙处，有的甚至胜过唐诗。其次，宋词又长于比兴，多以微妙而又细致的比兴手法，借景物表达内心复杂而隐幽的感情，常以香草美人的传统来寄托政治上的感慨，感人至深。最后，宋词形成了众多的艺术风格。宋词虽然沿袭着唐五代的传统以抒发感情、性灵为主，形成"诗庄词媚"的分野，以婉约为宗，但后来由于时代生活的变化，题材的扩大，艺术个性得到重视，艺术手法渐趋多样，所以使宋词风格在婉约和豪放之外，兼有真率明朗、高旷清雄、典雅精工、骚雅清劲、密丽险涩等多种风格。

三、元曲杂剧

（一）元曲

元曲是中华民族灿烂文化宝库中的一朵奇葩，它在思想内容和艺术成就上都体现了独有的特色，和唐诗宋词鼎足并举，成为我国文学史上三座重要的里程碑。

元代是元曲的鼎盛时期。一般来说，元杂剧和散曲合称为元曲，两者都采用北曲为演唱形式。散曲是元代文学主体。但是，元杂剧的成就和影响远远超过散曲，因此也有人以"元曲"单指杂剧，元曲也即"元代戏曲"。

虽有定格，但并不死板，允许在定格中加衬字，部分曲牌还可增句，押韵上允许平仄通押，与律诗绝句和宋词相比，有较大的灵活性。所以读者可发现，同一首"曲牌"的两首有时字数不一样，就是这个缘故（同一曲牌中，字数最少的一首为标准定格）。

继唐诗、宋词之后蔚为一文学之盛的元曲有着独特的魅力：一方面，元曲继承了诗词的清丽婉转；另一方面，元代社会使读书人位于“八娼九儒十丐”的地位，政治专权，社会黑暗，因而使元曲放射出极为夺目的战斗光彩，透出反抗的情绪；锋芒直指社会弊端，直斥“不读书最高，不识字最好，不晓事倒有人夸俏”的社会，直指“人皆嫌命窘，谁不见钱亲”的世风。元曲中描写爱情的作品也比历代诗词来得泼辣、大胆。这些均足以使元曲永葆其艺术魅力。

元曲的组成包括两类文体：一是包括小令、带过曲和套数的散曲；二是由套数组成的曲文，间杂以宾白和科范，专为舞台上演出的杂剧。“散曲”是和“剧曲”相对存在的。剧曲是用于表演的剧本，写各种角色的唱词、道白、动作等；散曲则只是用作清唱的歌词。从形式上看，散曲和词很相近，但是在语言上，词要典雅含蓄，而散曲要通俗活泼；在格律上，词要求得严格，而散曲就更自由一些。散曲从体式上分两类：“小令”和“散套”。小令又叫作叶儿，体制短小，通常只是一支独立的曲子（少数包含两三支曲子）。散套则由多支曲子组成，而且要求始终用一个韵。散曲的曲牌也有各式各样的名称，如《叨叨令》《刮地风》《喜春来》《山坡羊》《红绣鞋》之类，这些名称多很俚俗，这也说明散曲比词更接近民歌。元曲以其作品揭露现实的深刻以及题材的广泛、语言的通俗、形式的活泼、风格的清新、描绘的生动、手法的多变，在中国古代文学艺苑中放射着璀璨夺目的异彩。元曲的兴起与发展有着复杂的原因；首先，元代的社会现实是元曲兴起的基础，元朝疆域辽阔，城市经济繁荣，宏大的剧场、活跃的书会和日夜不绝的观众，为元曲的兴起奠定了基础；其次，元代各民族文化相互交流和融化，促进元曲的形成；最后，元曲是诗歌本身的内在规律及文学传统继承、发展的必然结果。

元曲的兴起对我国民族诗歌的发展、文化的繁荣有着深远的影响和卓越的贡献，元曲一出现就同其他艺术之花一样，立即显示出旺盛的生命力，它不仅是文人咏志抒怀得心应手的工具，而且为反映元代社会生活提供了人民群众喜闻乐见的崭新的艺术形式。

元曲的发展可以分为以下三个时期。

（1）初期：元朝立国到灭南宋。这一时期元曲刚从民间的通俗俚语进入诗坛，有鲜明的通俗化、口语化的特点和犷放爽朗、质朴自然的情致。作者多为北方人，其中关汉卿、马致远、王实甫、王小军、白朴等人的成就最高。例如关汉卿的杂剧写态摹世，曲尽其妙，风格多变，小令活泼深切，晶莹婉丽，套数豪辣灏烂，痛快淋漓。马致远的创作题材宽广，意境高远，形象鲜明，语言优美，音韵和谐，被誉为元散曲中的第一大家“曲状元”和“秋思之祖”。

（2）中期：从元世祖至元年间到元顺帝后至元年间。这一时期的元曲创作开始向文化人、专业化全面过渡，散曲成为诗坛的主要体裁。重要作家有郑光祖、睢景臣、乔吉、张可久等。

（3）末期：元成宗至正年间到元末。此时的散曲作家以弄曲为专业，他们讲究格律辞藻，艺术上刻意求工，崇尚婉约细腻、典雅秀丽，代表作家有张养浩、徐再思等。

总之，元曲作为“一代之文学”，题材丰富多样，创作视野阔大宽广，反映生活鲜明生动，人物形象丰满感人，语言通俗易懂，是我国古代文化宝库中不可缺少的宝贵遗产。

（二）杂剧

杂剧是在宋金时期诸宫调基础上发展起来的一种文学样式，是一种把歌曲、宾白、舞蹈结合起来的艺术形式。杂剧的体裁首先是一本四折的形式，这是受宋杂剧演出时分为四段的影响，四折之外又可以加两个“楔子”。杂剧有三个构成部分：宾白、唱词、科介。三者交相配合，推动剧情的发展，刻画人物的性格。

杂剧是中国戏曲艺术发展到成熟阶段的最早的戏曲种类。以其发展衍变地域和时期的不同，又可分为宋杂剧、金院本和元杂剧。就其音乐——北曲来说，则是一种早期的以曲牌体为特色的重要声腔系统。它吸收、融合了中国传统艺术的优秀成果，对当时的南戏和明代以来南北各种地方声腔剧种有广泛而深刻的影响。在中国戏曲艺术发展的进程中，具有非常重要的地位。

“杂剧”最早见于唐代，意思和汉代的“百戏”差不多，泛指歌舞以外诸如杂技等各色节目。“杂”谓杂多，“百”也是形容多；“戏”和“剧”的意思相仿，但都没有今天“戏剧”的意思。到了宋代，“杂剧”逐渐成为一种新表演形式的专称。这一新形式也确实称得上“杂”的，包括歌舞、音乐、调笑、杂技，它分为三段：第一段称为“艳段”，表演内容为日常生活中的熟事，作为正式部分的引子；第二段是主要部分，大概是表演故事、说唱或舞蹈；第三段叫作散段，也叫作杂扮、杂旺、技和，表演滑稽、调笑，或间有杂技。三段各一内容，互不连贯。

杂剧的音乐有些直接取自宋大曲，有些则来源于民间小曲。但宋大曲一般只取唐大曲的一部分，称为“摘遍”；宋大曲的结构也已远较唐大曲简单。

北宋以后，杂剧既有随南宋南迁的，也有为金所继承的，金继承的宋杂剧也称为院本，性质上与宋杂剧却没有区别。

北宋末南宋初，也就是 12 世纪，南方也产生了一种与宋杂剧不同的戏曲南戏，又叫作戏文，因为产生地在浙江温州，所以又叫作温州杂剧、永嘉杂剧。南戏完全表演故事，结构可随故事变化，不像宋杂剧基本由三段构成。南戏音乐以南方流行的小曲、歌谣为主，大概后来受到宋杂剧的影响，也采用唱赚、词调和大曲的部分曲调。南戏虽然不讲究宫调，时间久了却自然形成了集曲成套的规律，曲牌连接已有一定次序。在南戏的舞台上，一般角色也可歌唱，因此便有独唱、对唱、合唱等各种形式，音乐的路子显得开阔了。

四、明清小说

明清是中国小说史上的繁荣时期。从明代始，小说这种文学形式充分显示出其社会作用和文学价值，打破了正统诗文的垄断，在文学史上，取得与唐诗、宋词、元曲并列的地位。清代是中国古典小说盛极而衰并向近现代小说转变的时期。我国小说在魏晋南北朝时期初具规模，志人志怪，为明清小说的繁荣准备了条件。元末明初，在话本的基础上产生了长篇章回小说《三国演义》《水浒传》《西游记》等。《三国演义》是罗贯中所记载的在民间流传的三国故事。

小说是伴随城市商业经济的繁荣而发展起来的。宋代前后，手工业和商业的发展带来了都市的繁荣，为民间说唱艺术的发展提供了场所和观众，不断扩大的市民阶层对文化娱乐的需求又大大地刺激了这种发展，从而产生出新的文学样式——话本。话本是说话人所用的底本，有讲史、小说、公案、灵怪等不同家数，已初具小说规模，在以后的流传过程中又不断加入新的创作，逐渐成熟。明代经济的发展和印刷业的发达，为小说脱离民间口头创作进入文人书面创作提供了物质条件。明代中叶，白话小说作为成熟的文学样式正式登上文坛。

明代文人创作的小说主要有白话短篇小说和长篇小说两大类。

明代的长篇小说按题材和思想内容又可分为以下几类。

（一）历史演义小说

它是由宋元说话艺术中的讲史一类发展而来的。历史演义以一朝一代的历史事实做基础，吸取野史杂说和民间传说的内容，敷衍扩大而成。“七分事实，三分虚构”是其特点。元末明初罗贯中的《三国演义》是最典型的历史演义小说，也是中国的第一部历史演义小说，代表了历史演义小说的辉煌成就。在它的影响下，历史演义小说大量出现，内容差不多从远古传说时代到汉、晋、唐、宋都有所作。较著名的有《列国志传》《全汉志传》《唐书志传通俗演义》等。其中，以冯梦龙改编的《新列国志》成就较高，影响也较大。

（二）英雄传奇小说

它也是在宋元讲史的基础上发展起来的，它与历史演义小说的不同之处在于，它不拘泥于一朝一代的历史事件的演变，而是以描写理想化的传奇式的英雄人物为主，虚构的成分较多。明初施耐庵所著的《水浒传》是它的代表作品，标志着中国古典小说现实主义艺术趋于成熟。明代中叶以后，产生了不少英雄传奇小说，较著名的是万历年间熊大木所著的《北宋志传》和无名氏所作的《杨家府演义》。此外，郭勋的《皇明英烈传》和袁于令的《隋史遗文》也是明代后期影响较大的英雄传奇作品。

（三）神魔小说

这类小说受到宗教不同程度的影响，内容涉及鬼神魔怪，充满奇异的幻想。吴承恩的《西游记》是神魔小说中最优秀的一部。《西游记》也是在宋元说话艺术和民间传说的基础上由文人作家加工创作而成的。此外，许仲琳所著的《封神演义》是影响较大的一部。罗懋登的《三宝太监西洋记通俗演义》、董说的《西游补》等也流传较广。

（四）世情小说

它是以社会现实生活，尤其是家庭生活为题材，刻画种种世态人情的小说，世情小说表现出两种倾向：一种是在世情描绘中宣扬因果报应思想，如成书于明末西周生所著的《醒世姻缘传》等;另一种则演化为才子佳人小说，如成书于明末清初的《玉娇梨》《好逑传》等。

（五）公案小说

明代后期描写冤狱诉讼的公案小说兴起，是社会黑暗、政治腐败的反映。较著名的公案小说有李春芳的《海刚峰先生居官公案传》和无名氏的《包孝肃公百家公案演义》等。这类小说在歌颂清官的同时，也在一定程度上反映了当时社会政治的黑暗和阶级矛盾的尖锐。公案小说一般都追求故事情节的离奇曲折而忽视人物性格的着力刻画，艺术上显得粗糙。

明清小说主要代表性作品有《三国演义》《水浒传》《西游记》《小黄书》等。

《三国演义》以陈寿所著的《三国志》为蓝本，经各家说话人熔裁敷衍，由罗贯中于元末明初写定。初不分回，只二十四卷二百四十则，今通行一百二十回本是清初毛宗岗改定的。此书生动描述了东汉末年群雄割据，三国鼎立，最后司马氏统一天下的复杂历史，结构宏伟，场面壮观，人物众多。有些人物颇具特色，成为某一类型人物的代表，如曹操、诸葛亮、关羽、张飞等。但总的来说，《三国演义》重于叙述历史事件而薄于文学创造，人物有类型化的倾向，语言半文半白，显示出由历史向文学嬗变的痕迹。

《水浒传》或题施耐庵著，或题施耐庵、罗贯中合著，描述北宋宣和年间以宋江为首的一百零八人逼上梁山，“替天行道”的雄壮故事。宋江事史载甚略，宋人话本有《青面兽》《花和尚》《武行者》等名目，水浒故事已在民间流传，至《大宋宣和遗事》记宋江等三十六人聚义梁山泊，已略具《水浒》雏形。水浒故事就是在这一基础上由文人加工写定成书的。《水浒传》情节曲折，故事性强，善于在叙事中刻画人物，李逵、武松、林冲、鲁智深等成为妇孺皆知的文学形象，但虚构成分多于《三国演义》。它是中国第一部用通俗口语写成的长篇小说，在文学史和汉史上都有很高的价值。

神话小说《西游记》取材于唐代僧人玄奘去天竺（印度）取经的事迹，由吴承恩在民间传说和有关话本、杂剧的基础上改写而成。该书想象丰富，手法浪漫，语言诙谐，是白话小说中独树一帜的优秀之作。书中塑造了神通广大的孙悟空和胆小自私的猪八戒两个受人喜爱的文学形象，孙悟空的形象是人民群众敢于同恶势力做斗争、不怕困难等优秀品质的艺术概括，也寄托了人民战胜邪恶势力的美好理想。

刊行于明万历年间的《小黄书》在白话长篇小说中占有重要地位，它是摆脱英雄与神怪的传统题材，转而表现现实日常生活的创始之作。

拓展阅读

一、先秦散文

庄子·逍遥游

北冥有鱼，其名为鲲。鲲之大，不知其几千里也；化而为鸟，其名为鹏。鹏之背，不知其几千里也；怒而飞，其翼若垂天之云。是鸟也，海运则将徙于南冥。南冥者，天池也。《齐谐》者，志怪者也。《谐》之言曰："鹏之徙于南冥也，水击三千里，抟扶摇而上者九万里，去以六月息者也。"野马也，尘埃也，生物之以息相吹也。天之苍苍，其正色邪？其远而无所至极邪？其视下也，亦若是则已矣。且夫水之积也不厚，则其负大舟也无力。覆杯水于坳堂之上，则芥为之舟；置杯焉则胶，水浅而舟大也。风之积也不厚，则其负大翼也无力。故九万里，则风斯在下矣，而后乃今培风；背负青天，而莫之夭阏者，而后乃今将图南。

蜩与学鸠笑之曰："我决起而飞，抢榆枋而止，时则不至，而控于地而已矣，奚以之九万里而南为？"适莽苍者，三餐而反，腹犹果然；适百里者，宿舂粮；适千里者，三月聚粮。之二虫又何知！（抢榆枋一作：枪榆枋）

小知不及大知，小年不及大年。奚以知其然也？朝菌不知晦朔，蟪蛄不知春秋，此小年也。楚之南有冥灵者，以五百岁为春，五百岁为秋；上古有大椿者，以八千岁为春，八千岁为秋。此大年也。而彭祖乃今以久特闻，众人匹之，不亦悲乎？

汤之问棘也是已："穷发之北，有冥海者，天池也。有鱼焉，其广数千里，未有知其修者，其名为鲲。有鸟焉，其名为鹏，背若泰山，翼若垂天之云；抟扶摇羊角而上者九万里，绝云气，负青天，然后图南，且适南冥也。斥鴳笑之曰：'彼且奚适也？我腾跃而上，不过数仞而下，翱翔蓬蒿之间，此亦飞之至也。而彼且奚适也？'"此小大之辩也。

故夫知效一官，行比一乡，德合一君，而征一国者，其自视也，亦若此矣。而宋荣子犹然笑之。且举世誉之而不加劝，举世非之而不加沮，定乎内外之分，辩乎荣辱之境，斯已矣。彼其于世，未数数然也。虽然，犹有未树也。夫列子御风而行，泠然善也，旬有五日而后反。彼于致福者，未数数然也。此虽免乎行，犹有所待者也。若夫乘天地之正，而御六气之辩，以游无穷者，彼且恶乎待哉？故曰：至人无己，神人无功，圣人无名。

二、唐诗宋词

长恨歌

【唐代】白居易

汉皇重色思倾国，御宇多年求不得。杨家有女初长成，养在深闺人未识。

天生丽质难自弃，一朝选在君王侧。回眸一笑百媚生，六宫粉黛无颜色。
春寒赐浴华清池，温泉水滑洗凝脂。侍儿扶起娇无力，始是新承恩泽时。
云鬓花颜金步摇，芙蓉帐暖度春宵。春宵苦短日高起，从此君王不早朝。
承欢侍宴无闲暇，春从春游夜专夜。后宫佳丽三千人，三千宠爱在一身。
金屋妆成娇侍夜，玉楼宴罢醉和春。姊妹弟兄皆列土，可怜光彩生门户。
遂令天下父母心，不重生男重生女。骊宫高处入青云，仙乐风飘处处闻。
缓歌曼舞凝丝竹，尽日君王看不足。渔阳鼙鼓动地来，惊破霓裳羽衣曲。
九重城阙烟尘生，千乘万骑西南行。翠华摇摇行复止，西出都门百余里。
六军不发无奈何，宛转蛾眉马前死。花钿委地无人收，翠翘金雀玉搔头。
君王掩面救不得，回看血泪相和流。黄埃散漫风萧索，云栈萦纡登剑阁。
峨眉山下少人行，旌旗无光日色薄。蜀江水碧蜀山青，圣主朝朝暮暮情。
行宫见月伤心色，夜雨闻铃肠断声。天旋地转回龙驭，到此踌躇不能去。
马嵬坡下泥土中，不见玉颜空死处。君臣相顾尽沾衣，东望都门信马归。
归来池苑皆依旧，太液芙蓉未央柳。芙蓉如面柳如眉，对此如何不泪垂。
春风桃李花开日，秋雨梧桐叶落时。西宫南内多秋草，落叶满阶红不扫。（“花开日”一作“花开夜”；“南内”一作“南苑”）
梨园弟子白发新，椒房阿监青娥老。夕殿萤飞思悄然，孤灯挑尽未成眠。
迟迟钟鼓初长夜，耿耿星河欲曙天。鸳鸯瓦冷霜华重，翡翠衾寒谁与共。
悠悠生死别经年，魂魄不曾来入梦。临邛道士鸿都客，能以精诚致魂魄。
为感君王辗转思，遂教方士殷勤觅。排空驭气奔如电，升天入地求之遍。
上穷碧落下黄泉，两处茫茫皆不见。忽闻海上有仙山，山在虚无飘渺间。
楼阁玲珑五云起，其中绰约多仙子。中有一人字太真，雪肤花貌参差是。
金阙西厢叩玉扃，转教小玉报双成。闻道汉家天子使，九华帐里梦魂惊。
揽衣推枕起徘徊，珠箔银屏迤逦开。云鬓半偏新睡觉，花冠不整下堂来。
风吹仙袂飘飘举，犹似霓裳羽衣舞。玉容寂寞泪阑干，梨花一枝春带雨。（“阑”通“栏”；“飘飘”一作“飘摇”）
含情凝睇谢君王，一别音容两渺茫。昭阳殿里恩爱绝，蓬莱宫中日月长。
回头下望人寰处，不见长安见尘雾。惟将旧物表深情，钿合金钗寄将去。
钗留一股合一扇，钗擘黄金合分钿。但令心似金钿坚，天上人间会相见。
临别殷勤重寄词，词中有誓两心知。七月七日长生殿，夜半无人私语时。
在天愿作比翼鸟，在地愿为连理枝。天长地久有时尽，此恨绵绵无绝期。

译文：

唐明皇偏好美色，当上皇帝后多年来一直在寻找美女，却都是一无所获。
杨家有个女儿刚刚长大，十分娇艳，养在深闺中，外人不知她美丽绝伦。

天生丽质、倾国倾城让她很难埋没世间，果然没多久便成了唐明皇身边的一个妃嫔。

她回眸一笑时，千姿百态、娇媚横生；六宫妃嫔，一个个都黯然失色。

春寒料峭时，皇上赐她到华清池沐浴，温润的泉水洗涤着凝脂一般的肌肤。

侍女搀扶她，如出水芙蓉软弱娉婷，由此开始得到皇帝恩宠。

鬓发如云颜脸似花，头戴着金步摇。温暖的芙蓉帐里，与皇上共度春宵。

情深只恨春宵短，一觉睡到太阳高高升起。君王深恋儿女情、温柔乡，从此再也不早朝。

承受君欢侍君饮，忙得没有闲暇。春日陪皇上一起出游，晚上夜夜侍寝。

后宫中妃嫔不下三千人，却只有她独享皇帝的恩宠。

金屋中梳妆打扮，夜夜撒娇不离君王；玉楼上酒酣宴罢，醉意更添几许风韵。

兄弟姐妹都因她列土封侯，杨家门楣光耀令人羡慕。

于是使得天下的父母都改变了心意，变成重女轻男。

骊山上华清宫内玉宇琼楼高耸入云，清风过处仙乐飘向四面八方。

轻歌曼舞多合拍，管弦旋律尽传神，君王终日观看，却百看不厌。

渔阳叛乱的战鼓震耳欲聋，宫中停奏霓裳羽衣曲。

九重宫殿霎时尘土飞扬，君王带着大批臣工美眷向西南逃亡。

车队走走停停，西出长安才百余里。

六军停滞不前，要求赐死杨玉环。君王无可奈何，只得在马嵬坡下缢杀杨玉环。

贵妃头上的饰品，抛撒满地无人收拾。翠翘金雀玉搔头，珍贵头饰一根根。

君王欲救不能，掩面而泣，回头看贵妃惨死的场景，血泪止不住地流。

秋风萧索扫落叶，黄土尘埃已消遁，回环曲折穿栈道，车队踏上了剑阁古道。

峨眉山下行人稀少，旌旗无色，日月无光。

蜀地山清水秀，引得君王相思情。行宫里望月满目凄然，雨夜听曲声声带悲。

叛乱平息后，君王重返长安，路过马嵬坡，睹物思人，徘徊不前。

萋萋马嵬坡下，荒凉黄冢中，佳人容颜再不见，唯有坟茔躺山间。

君臣相顾，泪湿衣衫，东望京都心伤悲，信马由缰归朝堂。

回来一看，池苑依旧，太液池边芙蓉仍在，未央宫中垂柳未改。

芙蓉开得像杨玉环的脸，柳叶儿好似她的眉，此情此景如何不心生悲戚？

春风吹开桃李花，物是人非不胜悲；秋雨滴落梧桐叶，场面寂寞更惨凄。

兴庆宫和甘露殿，处处萧条，秋草丛生。宫内落叶满台阶，长久不见有人扫。

戏子头已雪白，宫女红颜尽褪。晚上宫殿中流萤飞舞，孤灯油尽君王仍难以入睡。

细数迟迟钟鼓声，愈数愈觉夜漫长。遥望耿耿星河天，直到东方吐曙光。

鸳鸯瓦上霜花重生，冰冷的翡翠被里谁与君王同眠？

阴阳相隔已一年，为何你从未在我梦里来过？

临邛道士正客居长安，据说他能以法术招来贵妃魂魄。

君王思念贵妃的情意令他感动。他接受皇命，不敢怠慢，殷勤地寻找，八面御风。

驾驭云气入空中，横来直去如闪电，升天入地遍寻天堂地府，都毫无结果。

忽然听说海上有一座被白云围绕的仙山。

玲珑剔透楼台阁，五彩祥云承托起。天仙神女数之不尽，个个风姿绰约。

当中有一人字太真，肌肤如雪貌似花，好像就是君王要找的杨贵妃。

道士来到金阙西边，叩响玉石雕做的院门轻声呼唤，让小玉叫侍女双成去通报。

太真听说君王的使者到了，从帐中惊醒。穿上衣服推开枕头出了睡帐。逐次地打开屏风放下珠帘。

半梳着云鬓刚刚睡醒，来不及梳妆就走下坛来，还歪带着花冠。

轻柔的仙风吹拂着衣袖微微飘动，就像霓裳羽衣的舞姿，袅袅婷婷。寂寞忧愁颜，面上泪水长流，犹如春天带雨的梨花。

含情凝视天子使，托他深深谢君王。马嵬坡上长别后，音讯颜容两渺茫。

昭阳殿里的姻缘早已隔断，蓬莱宫中的孤寂，时间还很漫长。

回头俯视人间，长安已隐，只剩尘雾。

只有用当年的信物表达我的深情，钿盒金钗你带去给君王做纪念。

金钗留下一股，钿盒留下一半，金钗劈开黄金，钿盒分了宝钿。

但愿我们相爱的心就像黄金宝钿一样忠贞坚硬，天上人间总有机会再见。

临别殷勤托方士，寄语君王表情思，语中誓言只有君王与我知。

当年七月七日长生殿中，夜半无人，我们共起山盟海誓。

在天愿为比翼双飞鸟，在地愿为并生连理枝。

即使是天长地久，也总会有尽头，但这生死遗恨却永远没有尽期。

三、元曲杂剧

窦娥冤·第三折

（外扮监斩官上，云）下官监斩官是也。今日处决犯人，着做公的把住巷口，休放往来人闲走。（净扮公人，鼓三通，锣三下科，刽子磨旗、提刀、押正旦带枷上，刽子云）行动些，行动些，监斩官去法场上多时了。

（正旦唱）【正宫·端正好】没来由犯王法，不提防遭刑宪，叫屈声动地惊天。顷刻间游魂先赴森罗殿，怎不将天地也生埋怨。

【滚绣球】有日月朝暮悬，有鬼神掌着生死权。天地也！只合把清浊分辨，可怎生糊涂了盗跖，颜渊？为善的受贫穷更命短，造恶的享富贵又寿延。天地也！做得个怕硬欺软，却原来也这般顺水推船！地也，你不分好歹何为地！天也，你错勘贤愚枉做天！哎，只落得两泪涟涟。

（刽子云）快行动些，误了时辰也。

（正旦唱）【倘秀才】则被这枷纽的我左侧右偏，人拥得我前合后偃。我窦娥向哥哥行有句言。（刽子云）你有什么话说？（正旦唱）前街里去心怀恨，后街里去死无冤，休推辞路远。

（刽子云）你如今到法场上面，有什么亲眷要见的，可教他过来，见你一面也好。

（正旦唱）【叨叨令】可怜我孤身只影无亲眷，则落的吞声忍气空嗟怨。（刽子云）难道你爷娘家也没的？（正旦云）只有个爹爹，十三年前上朝取应去了，至今杳无音信。（唱）早已是十年多不睹爹爹面。（刽子云）你适才要我往后街里去，是什么主意？（正旦唱）怕则怕前街里被我婆婆见。（刽子云）你的性命也顾不得，怕她见怎的？（正旦云）俺婆婆若见我披枷带锁赴法场餐刀去呵，（唱）枉将她气杀也么哥，枉将她气杀也么哥。告哥哥，临危好与人行方便。

（卜儿哭上科，云）天哪，兀的不是我媳妇儿！（刽子云）婆子靠后。（正旦云）既是俺婆婆来了，叫她来，待我嘱咐她几句话。（刽子云）那婆子，近前来，你媳妇要嘱咐你话。（卜儿云）孩儿，痛杀我也。（正旦云）婆婆，那张驴儿把毒药放在羊肚儿汤里，实指望药死了你，要霸占我为妻。不想婆婆让与他老子吃，倒把他老子药死了。我怕连累婆婆，屈招了药死公公，今日赴法场典刑。婆婆，此后遇着冬时年节，月一十五，有瀽不了的浆水饭，瀽半碗儿与我吃；烧不了的纸钱，与窦娥烧一陌儿。则是看你死的孩儿面上。（唱）

【快活三】念窦娥葫芦提当罪孽，念窦娥身首不完全，念窦娥从前已往干家缘，婆婆也，你只看窦娥少爷无娘面。

【鲍老儿】念窦娥服侍婆婆这几年，遇时节将碗凉浆奠；你去那受刑法尸骸上烈些纸钱，只当把你亡化的孩儿荐。（卜儿哭科，云）孩儿放心，这个老身都记得。天哪，兀的不痛杀我也。（正旦唱）婆婆也，再也不要啼啼哭哭，烦烦恼恼，怨气冲天。这都是我做窦娥的没时没运，不明不暗，负屈衔冤。

（刽子做喝科，云）兀那婆子靠后，时辰到了。（正旦跪科）（刽子开枷科）（正旦云）窦娥告监斩大人，有一事肯依窦娥，便死而无怨。（监斩官云）你有什么事？你说。（正旦云）要一领净席，等我窦娥站立，又要丈二白练，挂在旗枪上。若是我窦娥委实冤枉，刀过处头落，一腔热血休半点儿沾在地下，都飞在白练上者。（监斩官云）这个就依你，打什么不紧。（刽子做取席站科，又取白练挂旗上科）

（正旦唱）【耍孩儿】不是我窦娥罚下这等无头愿，委实的冤情不浅。若没些儿灵圣与世人传，也不见得湛湛青天。我不要半星热血红尘洒，都只在八尺旗枪素练悬。等他四下里皆瞧见，这就是咱苌弘化碧，望帝啼鹃。

（刽子云）你还有甚的说话，此时不对监斩大人说，几时说哪？（正旦再跪科，云）大人，如今是三伏天道，若窦娥委实冤枉，身死之后，天降三尺瑞雪，遮掩了窦娥尸首。

（监斩官云）这等三伏天道，你便有冲天的怨气，也召不得一片雪来，可不胡说！

（正旦唱）【二煞】你道是暑气暄，不是那下雪天；岂不闻飞霜六月因邹衍？若果有一腔怨气喷如火，定要感的六出冰花滚似锦，免着我尸骸现；要什么素车白马，断送出古陌荒阡？

（正旦再跪科，云）大人，我窦娥死得委实冤枉，从今以后，看着楚州亢旱三年。（监斩官云）打嘴！哪有这等说话！

（正旦唱）【一煞】你道是天公不可期，人心不可怜，不知皇天也肯从人愿。做甚么三年不见甘霖降，也只为东海曾经孝妇冤。如今轮到你山阳县，这都是官吏每无心正法，使百姓有口难言。

（刽子做磨旗科，云）怎么这一会儿天色阴了也？（内做风科，刽子云）好冷风也！

（正旦唱）【煞尾】浮云为我阴，悲风为我旋，三桩儿誓愿明提遍。（做哭科，云）婆婆也，直等待雪飞六月，亢旱三年呵，（唱）那期间才把你个屈死的冤魂这窦娥显。

（刽子做开刀，正旦倒科）（监斩官惊云）呀，真个下雪了，有这等异事！（刽子云）我也道平日杀人，满地都是鲜血，这个窦娥的血都飞在那丈二白练上，并无半点落地，委实奇怪。（监斩官云）这死罪必有冤枉，早两桩儿应验了，不知亢旱三年的说话，准也不准？且看后来如何。左右，也不必等待雪晴，便与我抬她尸首，还了那蔡婆婆去罢。（众应科，抬尸下）

评析：

《窦娥冤》是元代戏曲家关汉卿的杂剧代表作，也是元杂剧悲剧的典范。该剧剧情取材自东汉“东海孝妇”的民间故事，讲述了一位穷书生窦天章为还高利贷将女儿窦娥抵给蔡婆婆做童养媳，不出两年窦娥的夫君早死。张驴儿要蔡婆婆将窦娥许配给他不成，将毒药下在汤中要毒死蔡婆婆，结果误毒死了其父。张驴儿反而诬告窦娥毒死了其父，昏官桃杌最后做成冤案将窦娥处斩，窦娥临终发下“血染白绫、天降大雪、大旱三年”的誓愿。窦天章最后科场中第荣任高官，回到楚州听闻此事，最后为窦娥平反昭雪。

《窦娥冤》是中国著名悲剧之一，是一出具有较高文化价值、广泛群众基础的传统名剧，约有八十六个剧种都改编、演出过此剧。

刑场哭别一场戏，是表现窦娥的性格不可缺少的一部分内容，也是本剧悲剧因素组成不可缺少的一部分。在刑场上，窦娥再次重申了事实真相和自己的冤情。最后，窦娥向蔡婆婆提出了请求，希望婆婆能在自己死后看在婆媳情分上祭奠一下自己的坟墓。这段哭诉，哀哀怨怨，与前面的愤怒控诉形成鲜明的对比，是窦娥性格的另一方面的体现，也是窦娥在现实中的真实生活和真实性格的写照。它说明窦娥在日常生活中，只是一个勤劳善良、命运孤苦，没有过多要求的普通劳动妇女。她忍受了命运最艰难困苦的打击，从小失去母亲，七岁时又与相依为命的父亲分离，做了蔡婆婆家的童养媳。结婚两年后丈夫又去世。在这种种的命运打击面前，窦娥都忍受了，她只希望能够和婆婆相依为命，过安安稳稳的日子。但现实是如此黑暗，即使这样对生活最起码的要求也难以得到满足，最后落得个无辜受刑的结局。窦娥的请求体现了作为一个普通人的最基本的要求，也增强了人们对窦娥的同情，对社会黑暗的愤怒。最后，窦娥劝解婆婆，说自己是“没时没运”才落得“不明不暗，负屈衔冤”。这只是窦娥安慰婆婆的话，并不是说窦娥自己没有怨恨了。因为她的冤屈完全是人为造成的，是因为社会的黑暗、官吏的腐败、邪恶势力的横行。窦娥也从自己身上认识到这一点，所以在临刑时提出了三桩誓愿。

四、明清小说

红楼梦·第三回

一语未了，只听后院中有人笑声，说：“我来迟了，不曾迎接远客！”黛玉纳罕道：“这些人个个皆敛声屏气，恭肃严整如此，这来者是谁，这样放诞无礼？”心下想时，只见一群媳妇、丫鬟围拥着一个人从后房门进来。这个人打扮与众姑娘不同，彩绣辉煌，恍若神妃神子：头上戴着金丝八宝珠髻，绾着朝阳五凤挂珠钗；项上带着赤金盘螭璎珞圈；裙边系着豆绿宫绦，双衡比目玫瑰佩；身上穿着缕金百蝶穿花大红洋缎窄褙袄，外罩五彩缂丝石青银鼠褂；下着翡翠撒花洋绉裙。一双丹凤三角眼，两弯柳叶吊梢眉，身量苗条，体格风骚，粉面含春威不露，丹唇未启笑先闻。黛玉连忙起身接见。贾母笑道：“你不认得她，她是我们这里有名的一个泼皮破落户儿，南省俗谓作‘辣子’，你只叫她‘凤辣子’就是了。”黛玉正不知以何称呼，只见众姊妹都忙告诉她道：“这是琏嫂子。”黛玉虽不识，也曾听见母亲说过，大舅贾赦之子贾琏，娶的就是二舅母王氏之内侄女，自幼假充男儿教养的，学名王熙凤。黛玉忙赔笑见礼，以“嫂”呼之。这熙凤携着黛玉的手，上下细细打量了一回，仍送至贾母身边坐下，因笑道：“天下真有这样标致的人物，我今儿才算见了！况且这通身的气派，竟不像老祖宗的外孙女儿，竟是个嫡亲的孙女，怨不得老祖宗天天口头心头一时不忘。只可怜我这妹妹这样命苦，怎么姑妈偏就去世了！”说着，便用帕拭泪。贾母笑道：“我才好了，你倒来招我。你妹妹远路才来，身子又弱，也才劝住了，快再休提前话。”王熙凤听了，忙转悲为喜道：“正是呢！我一见了妹妹，一心都在她身上了，又是喜欢，又是伤心，竟忘记了老祖宗。该打，该打！”又忙携黛玉之手，问：“妹妹几岁了？可也上过学？现吃什么药？在这里不要想家，想要什么吃的、什么玩的，只管告诉我；丫头老婆们不好了，也只管告诉我。”一面又问老婆子们：“林姑娘的行李东西可搬进来了？带了几个人来？你们赶早打扫两间下房，让她去歇歇。”

《红楼梦》是中国古典四大名著之首，清代作家曹雪芹创作的章回体长篇小说，又名《石头记》《金玉缘》。此书分为120回“程本”和80回“脂本”两种版本系统。新版通行本前80回据脂本汇校，后40回据程本汇校，署名“曹雪芹著，无名氏续，程伟元、高鹗整理”。后40回作者尚有争议，但是对于矮化甚至腰斩后40回的极端倾向也应保持警惕。

《红楼梦》是一部具有世界影响力的人情小说作品，举世公认的中国古典小说巅峰之作，中国封建社会的百科全书，传统文化的集大成者。小说以贾、史、王、薛四大家族的兴衰为背景，以贾府的家庭琐事、闺阁闲情为脉络，以贾宝玉、林黛玉、薛宝钗的爱情婚姻故事为主线，刻画了以贾宝玉和金陵十二钗为中心的正邪两赋有情人的人性美和悲剧美。通过家族悲剧、女儿悲剧及主人公的人生悲剧，揭示出封建末世危机。

《红楼梦》的作者具有初步的民主主义思想，他对现实社会，包括宫廷及官场的黑暗、封建贵族阶级及其家庭的腐朽，封建的科举制度、婚姻制度、奴婢制度、等级制度，以及与此相适应的社会统治思想，即孔孟之道和程朱理学、社会道德观念等，都进行了深刻的批判，并提出了朦胧的带有初步民主主义性质的理想和主张。

《红楼梦》以“大旨谈情，实录其事”自勉，只按自己的事体情理，按迹循踪，摆脱旧套，新鲜别致，取得了非凡的艺术成就。“真事隐去，假语村言”的特殊笔法更是令后世读者脑洞大开，揣测之说久而遂多。围绕《红楼梦》的品读研究形成了一门显学——红学。

这一段节选是林黛玉第一次进贾府的情景，各个人物的性格、身份都能在这第一次出场的片段里得到展现。王熙凤是贾政妻子王夫人的侄女，贾琏的妻子，也是贾府中的主要理事人之一。其做事雷厉风行，面善心狠，且贪图钱财，但同时也有好的一面。王熙凤的能力绝不输于男人。本段尤其塑造了王熙凤的泼辣、豪爽的性格特征和圆滑、老练的处事风格。利用了“未见其人，先闻其声”的手法，所以给人留下了格外深刻的印象，也给后来的人物描写提供了一种新的方式。

第八章　民俗风情——代代相传

战国时代，楚秦争夺霸权，诗人屈原很受楚王器重，然而屈原的主张遭到以上官大夫靳尚为首的守旧派的反对，不断在楚怀王的面前诋毁屈原，楚怀王渐渐疏远了屈原，有着远大抱负的屈原倍感痛心，他怀着难以抑制的忧郁，悲愤地写出了《离骚》《天问》等不朽诗篇。公元前229年秦国攻占了楚国八座城池，接着又派使臣请楚怀王去秦国议和。屈原看破了秦王的阴谋，冒死进宫陈述利害，楚怀王不但不听，反而将屈原逐出郢都。楚怀王如期赴会，一到秦国就被囚禁起来。楚怀王悔恨交加忧郁成疾，三年后客死于秦国。楚顷衰王即位不久，秦王又派兵攻打楚国，顷衰王仓皇撤离京城，秦兵攻占郢城。屈原在流放途中接连听到楚怀王客死和郢城攻破的噩耗后，万念俱灰，仰天长叹一声投入了滚滚激流的汨罗江。

江上的渔夫和岸上的百姓听说屈原大夫投江自尽，都纷纷来到江上奋力打捞屈原的尸体，纷纷拿来了粽子、鸡蛋投入江中，有位郎中还把雄黄酒倒入江中以便药昏蛟龙水兽使屈原大夫尸体免遭伤害。从此每年农历五月初——屈原投江殉难日，楚国人民都到江上划龙舟、投粽子，以此来纪念伟大的爱国诗人屈原，端午节的风俗就这样流传下来了。

端午节，在所有传统节日当中，罕见地带着浓郁的人文主义色彩。在所有的传统节日中，大概只有端午节明确地与一位历史人物有关，而且是一位伟大的诗人——屈原。这多少让这个国家和民族沾染上了诗性意味。端午节，既是民俗意义上的，更是诗意的、浪漫的。维持这一传统节日于不坠，在某种意义上，也是维护了传统的高贵尊严，以及最后的文化记忆之一。

在中国历史上，屈原是一位最受人民景仰和热爱的诗人。据《续齐谐记》和《隋书·地理志》载，屈原于农历五月初五投江自尽。中国民间农历五月初五端午节包粽子、赛龙舟的习俗就源于人们对屈原的纪念。1953年，屈原还被列为世界四大文化名人之一，受到世界和平理事会和全世界人民的隆重纪念。

知识导航

一、传统节日

传统节日形成是一个民族或国家历史文化长期积淀凝聚的过程。中国传统节日多种多样，是中国悠久历史文化的一个重要组成部分。从远古先民时期发展而来的中华传统节日清晰地记录着中华民族丰富而多彩的社会生活文化内容。

中国的传统节日有除夕（大年三十）、春节（正月初一）、元宵节（正月十五）、清明节（4月5日前后）、端午节（农历五月初五）、七夕节（农历七月初七）、中秋节（农历八月十五）、重阳节（农历九月初九）、腊八节（农历十二月初八）等。

此外，我国各少数民族也都保留着自己的传统节日，如傣族的泼水节、蒙古族的那达慕大会、彝族的火把节、瑶族的达努节、白族的三月街、壮族的歌圩、藏族的藏历年和望果节、苗族的跳花节等。

中华传统节日形式多样、内容丰富，是中华民族悠久历史文化的一个重要组成部分，是“法制化的文明社会”的法律体制，是构成区域文明国家的基本框架。

节日的起源和发展是人类社会逐渐形成、逐渐完善的文化过程，是由猿到人类，文明进化发展的产物。

中国的传统节日承载着神话、传说、天文、地理、术数、历法等人文与自然文化内容。

文献记录至少可以追溯到《夏小正》《尚书》，到战国时期，一年中划分的二十四个节气已基本齐备完成，后来的传统节日全都和这些节气密切相关。节气为节日的产生提供了前提条件，大部分节日在先秦时期就已初露端倪，但是其中风俗内容的丰富与流行，还需要有一个漫长的发展过程。最早的风俗活动是和原始崇拜、生活禁忌有关；神话传奇故事为节日平添了几分浪漫色彩；还有宗教对节日的冲击与影响；一些对历史人物永恒的纪念渗入节日。所有这些都融合凝聚在节日的内容里，使中国的节日有了深沉的历史感。

到汉代，中国主要的传统节日都已经定型，人们常说这些节日起源于汉代，汉代是中国统一后第一个大发展时期，政治经济稳定，科学文化有了很大发展，这为节日的最后形成提供了良好的社会条件。

节日发展到唐代，已经从原始祭拜、禁忌神秘的气氛中解放出来，转为娱乐礼仪型，成为真正的佳节良辰。从此，节日变得欢快喜庆，丰富多彩，许多体育、享乐的活动内容出现，并很快成为一种时尚流行开来，这些风俗一直延续发展，经久不衰。

值得一提的是，在漫长的历史长河中，历代的文人雅士、诗人墨客为一个个节日谱写了许多千古名篇。这些诗文脍炙人口，被广为传颂，使中国的传统节日渗透出深厚的文化底蕴，精彩浪漫，大俗中透着大雅，雅俗共赏。中国的传统节日有很强的内聚力和广泛的包容性，一到过节，举国同庆，这与我们民族源远流长的悠久历史一脉相承，是一份宝贵的精神文化遗产。

二、文明礼仪

人们常说，今天的世界是一个“迅速缩小”的世界，随着各国人民经济文化交往的日益频繁，礼仪的重要性越来越被人们所关注。中国是一个有着五千年文明史的泱泱大国，素有“礼义之邦”的美誉。当今中国社会生活中的许多礼仪习俗，都可以从中国古代找到它的源头，所以在学习、借鉴西方礼仪文化的同时，也有必要继承并弘扬我国的古代礼仪文化。但我们应该看到，中国古代之礼与现代的礼仪精神有很大的不同。探讨它们的不同，对我们吸取古礼之精华，抛弃其糟粕，具有较大的现实意义。中国称为“礼仪之邦”，这是说中国是一个礼典完备、仪节详密、制度严谨的国家，“礼仪”在国家的社会生活中占有极其重要的地位。古代所谓“礼仪”与今天的概念有些不同，今天所说的“礼仪”指的是礼节和仪式。

（一）古代生活礼仪

1. 吉礼

吉礼是五礼之冠，主要是对天神、地祇、人鬼的祭祀典礼。《礼记·祭统》说：“礼有五经，莫重于祭。”按照《周礼·春官·大宗伯》的说法，吉礼用以“事邦国之鬼神示（祇）”，是祝祈福祥之礼。吉礼的主要内容有：祀昊天上帝；祀日月星辰；祀司中、司命、风雨、雨师。以上是祭天神。祭社稷、五帝、五岳；祭山林川泽；祭四方百物，即诸小神。以上是祭地祇。祫祭先王、先祖；禘祭先王、先祖；春祠、夏礿、秋尝、冬烝，享祭先王、先祖。

2. 嘉礼

嘉礼是和合人际关系、沟通联络感情的礼仪。《周礼》说，嘉礼是用以“亲万民”的，主要内容有饮食之礼，婚、冠之礼，宾射之礼，飨燕之礼，脤（社稷祭肉）膰（宗庙祭肉）之礼，贺庆之礼。

在等级制度下，无论什么礼仪，都随地位的尊卑贵贱而有仪节繁简多寡的不同，不可能对“万民”一视同仁。《周礼》所说的嘉礼的几项内容，后代也有不少变化。

（1）宴饮之礼

宴饮是亲人团聚、朋友相会的重要方式。据《仪礼》记载，古代天子往往在朝廷议政之后，宴请群臣。诸侯之间互相派使者聘问，也都有宴请的活动。这些活动的根本目的是要联络彼此的感情，而不是为了满足口腹之欲，因此，礼节性的安排必然较多。

1）宴会要以老人为中心。

任何宴请的场合都有主客和尊卑的区别，席次的安排有严格的规定，不能随意错动。宴请的人数如果很多，分成很多桌，那么就一定会有主桌，以便突出与宴的中心人物以及宴会的主题。

餐桌的席位，主宾居中。主宾的左右是主陪与副陪。主陪与副陪由主人一方中身份最高的人担任，以示对主宾的尊重。随同主宾来的客人与主人一方的其他与宴者交叉着坐在主陪与副陪的外侧，依照年龄和身份的高低为序，越尊者离主宾越近。

如果餐桌上有年龄很高的老人，则宴会的一切要以老人为中心，其他人分坐在老人的两侧。即使是有官职者，也应该把主宾的席位让给老人，以表示尊老的礼仪。

宴会开始，要由老人最先举筷，并且尝宴席菜肴的第一口，然后其他人才能举筷吃菜。

这是全桌与宴者对老人表达敬意的一种方式。眼下独生子女多了，许多家长带着孩子出席宴会，而且有意无意地将孩子作为宴席的主角，宴席的第一口先夹给孩子，这不仅非常失礼，而且过于溺爱孩子，并不明智。往昔，家风比较严谨的家庭，小孩儿不许上宴席，就是因为他们不懂礼数，生怕他们破坏了宴会的气氛。

向长辈或客人敬酒，不能坐着，尤其不能隔着桌子敬酒，那样显得不郑重，一定要起身走到尊长面前行拜礼并且致祝词；碰杯之后，不能与长者面对面地干杯，因为那是平辈之间的礼节，而应该微微侧转身体，表示不敢与尊长抗礼，然后饮酒。长者杯中的酒没有饮完，少者不敢抢先饮尽。如果长者不喝酒，那么其他人就不能喝酒；如果长者说大家不必顾忌，可以喝酒，众人才可以饮酒。同样的道理，如果长者不抽烟，又没有得到他的特许，他人也不能抽烟，否则就有以自己为中心之嫌。

2）文雅用餐。

宴饮之礼要求人们文雅就餐。虽然人类是从动物进化而来的，最初的进食习惯与动物并无区别，但是进入文明时代之后，人们开始意识到，要自觉地摆脱和远离动物的食性。在儒家制定的食礼之中，有不少是为了让人们“知自别于禽兽”的规定。

《礼记》说：“毋抟饭，毋放饭，毋流歠，毋咤食，毋啮骨，毋反鱼肉，毋投与狗骨，毋固获，毋扬饭，饭黍毋以箸，毋嚃羹，毋絮羹，毋刺齿，毋歠醢。”提出了餐饮时必须戒绝的 14 个“毋”。“毋抟饭”，是说从食器中取饭的时候，不要把饭抟成团。先秦时代人们吃饭不用筷子，而是用手抓着吃的，吃一口，抓一口，这种习俗现在许多少数民族还保留着。由于很多人聚餐，食器中的饭有限，有些人不顾别人，为了多吃而把饭搓成团。这是非常自私的行为，理应禁止。“毋放饭”，用手抓饭，总会有饭粒粘在手上，有人明知手上有汗污，还在食器上方搓手，把饭粒放进食器，这种令人恶心的行为，不可仿效。“毋流歠”，是说喝汤时不要倾流不止。“毋咤食”，是说吃菜时舌头不要在口中发出怪声。“毋啮骨”，是说吃带骨的肉食，不要啃出响声，那是动物进食时才会发出的响声。“毋反鱼肉”，是说不要把已经咬过的鱼肉放回食器，那样会让别人没法再吃。“毋投与狗骨”，是说不要把肉骨头扔给狗，那样有贱看主人食物之嫌。“毋固获”，是说不要因为某一个菜好吃，就专门吃这个菜，那样的话，别人就没得吃了。“毋扬饭”，是说饭刚蒸好，很热，可以稍微等待片刻，不要用手去扇饭的热气，那样显得太着急。“饭黍毋以箸”，是说不要用错餐具，吃黍时要用匕，不可用筷子；古代的筷子不是用来吃饭的，而是夹汤里的菜用的。“毋嚃羹”，是说吃羹时不要连羹中的菜嚼都不嚼就吞下去，羹是有菜的浓汤。“毋絮羹”，是说不要嫌主人做的羹味道不好，而去重新调一次味道。“毋刺齿”，是说不要当别人面剔牙齿，那样不雅观。如果牙缝实在塞得难受，那么也应该用另一只手掩住口再剔，以免别人看了不舒服。“毋歠醢”，是说不要像喝汤那样地喝肉酱，如此等等，可谓详尽之极。

类似的规定还有不少，例如，筷子与汤匙一般不要同时并用，一手举筷子，一手举汤匙，会给人以贪吃的印象。所以，举筷子时要放下汤匙；举汤匙时要放下筷子。

夹菜之前，不要“游筷”，就是举着筷子在菜碗之间游移，应该选好吃哪样菜再举筷。夹菜时，不要用筷子在菜碗中翻搅，那是没有教养的表现，也不卫生。不要把筷子并起来抄菜吃，那样有贪吃之嫌。此外，“当食不叹”，不能在饭桌上叹气，那样会破坏宴会气氛。

参加宴饮，一定要从容文雅、举止得体，处处考虑他人，顾及他人的感受，不要只顾自己吃饱。

3）主宾如何相敬。

主人为了请客人吃一餐丰盛的宴席，往往要忙碌一天，甚至几天，非常辛劳，此外还要多所破费。作为客人一定要尊重主人的劳动，感谢主人的盛情款待。在整个宴会的过程中，客人应该适时地表达这一心情。中国人宴请客人，喜欢给客人布菜，以示亲切和隆盛。此时，主人要说：“请多用！”“请慢用！”尽管主人一方精心制作，但仍要谦虚地说：“菜可能不合您的口味。”每当主人亲自布菜时，客人不能安坐不动，泰然受之，那样是自大的表现，应该起立之后“拜而食”，古代是拜谢之后再吃，今人可以致谢之后再吃。

很有可能的是，未必每一样菜都合自己的口味，即便如此，客人也应该多少尝一些，而且要有体谅和包容之心，并且称赞菜的味道好，这是对主人劳动的尊重，如果当主人的面说哪样菜的味道不好，会使主人难堪的。前面提到，客人吃羹，如果觉得味道不太合适，是不可以当着主人的面重加调料的，因为那样显得主人无能，连菜的味道都调不好，主人会无地自容的。

如果客人不懂礼貌，说了嫌菜的味道不合适之类的话，那么主人要说自己不善于做羹；如果客人嫌准备的菜太少，主人就要说自己家贫而简陋，让客人见笑了。

宴席上应该遵循这样一条原则：菜再不好，也应该吃一点儿；菜再好，也不能全部吃完。《礼记》说：“君子不尽人之欢，不竭人之忠，以全交也。”把主人的好菜全部吃光，是贪吃的表现，而且有暗示主人继续添加之嫌。所以，懂礼的客人总是会在盘中留一点儿食品不吃。

席间，如果长者有所赐予，年少者和身份低的人不能像长者的同辈那样行辞谢礼，而应该离开席位，微微侧转身体行礼致谢。在尊者面前吃受赏赐的水果，果核不可随地乱丢，而应藏在怀中，以示对尊者赏赐物的珍重。

古代向客人进献饭食，有一定的规矩：带骨头的大块肉放在右边，切过的肉放在左边。饭放在客人的左边，羹汤放在客人的右边，细切的鱼肉和烤肉放在外侧，肉酱和酱放在内侧，葱放在最外边，酒浆放在客人的右手处。这样安排为的是方便客人食用。

古代为客人削瓜，因身份不同，剖削的方式也不同。为天子削瓜，去皮后先纵向剖成四块，再横向切断，然后用细葛布覆盖。为国君削瓜，去皮后，纵向对剖即可，也是用粗葛布覆盖。为大夫削瓜，去皮对剖后横断，不用巾布覆盖。为士削瓜，去皮后不对剖，只从中间横断，再削去瓜蒂部分就可以了。为庶人削瓜，去皮后横断就行。如今，虽然客人没有了这些等级，但可以根据客人年龄的大小比照着做，越是贵客，越要做得仔细。

4）餐饮结束。

陪同客人吃饭，主人一定不能先吃完，那样有催促客人快吃之嫌。当客人吃完之后，主人要主动提出为客人加饭，这是为了防止客人由于腼腆，没有吃饱就放下了筷子。如果客人说确实已经吃饱，就不必为他添饭，此时主人方才可以放下筷子。

食毕，客人应该主动将剩余的饭菜撤除，交给旁边的侍者。此时，主人要起身阻拦，请客人安坐，然后客人坐下。

按照中国的传统，宴会之后一定要喝茶。喝茶实际上是宴会的继续，主客接着叙旧、谈天，直至兴尽。客人告辞时，应该再次感谢主人的款待，并邀请对方在适当的时候到自家做客。

（2）婚礼

古代非常重视婚姻关系，《周易》说，有天地然后才有万物，有万物然后才有男女，有男女然后才有夫妇，有了夫妇才有父子，有了父子才有君臣，有了君臣才有上下。也就是说，所有的人伦关系都是要从男女夫妇这一对关系开始的。所以，古人认为，婚姻是“人伦之基”，是伦理关系的基础，是万事之始，是理之根本。

1）六礼。

婚姻是社会的细胞，婚姻美满，则家庭和谐。家庭和谐，则家族和社会和谐。所以，古人相当重视婚姻。男女之间不能草率地结合，要经过纳采、问名、纳吉、纳征、请期、亲迎等六道程序，婚姻关系才算确立。

① 纳采。

男家看中了某家的女孩儿，就要派一个中间人充当媒介，到女家去提亲，说明情况，征求对方的意见。纳采不是送财礼。采是采择、选择的意思。纳采是女家谦虚的说法：“我家的女孩儿恐怕配不上你家的公子，不过是聊备你们采择的对象之一。”男家行纳采之礼，带去的礼物是一只舒雁，也就是野鸭。女方如果同意议婚，就把礼物收下。

② 问名。

问名就是询问女家的姓氏，祖上原来住在哪里，跟哪些姓氏有过婚姻关系。其目的是弄清彼此在血缘上是否有联系。古人对血缘关系区别很严，要求“同姓百世不婚”。只要是同姓，就是过了一百世，因为血缘相通之故，也不能结婚。血缘关系近的就更不允许通婚，如姑表亲，或者是其他的亲，看起来很美，是亲上加亲，但是不利于优生优育。因此，一定要问清楚对方的姓氏。

③ 纳吉。

如果对方的姓氏没有问题，男家就要通过占卜来决定是否定亲。如果得到吉利的卦兆，就要派使者到女家去通报，称为“纳吉”。女家依然非常谦虚，说：“我家的小女不堪教育，哪里配得上你家的公子！但既然你们得到吉兆了，那我们也同有这一荣幸，这是我们所不敢推辞的。”

④ 纳征。

“征”是成的意思。纳征相当于今人说的定亲，婚事确定，这时男家要派人到女家送聘礼，就是玄色的和纁色的丝帛一共五匹，幅宽是二尺二寸，另外还有两张鹿皮。这就算是彩礼了，很简单。

⑤ 请期。

女家收下彩礼后，男家要挑选娶妻的日子。古代女孩子 15 岁就可以许嫁，而结婚的时间则要另外决定。婚期也是要通过占卜来选择的。婚姻是双方的事情，所以日子选好以后，要派使者到女家去通报，征得对方的同意，以示尊重。男家的使者说：“我们是否挑个吉日，把婚事给办了？请问哪天最合适？”当然，这是客套话，但不说是失礼的。女家回答说：“既然你们已经选中了吉日，还是请你们决定吧！”男家这才把婚期告诉女家。双方有商有量的，日子就这么确定了。这个仪节叫作“请期”。请期，就是请女方确定结婚的日期。

⑥ 亲迎。

这是新郎迎娶新娘的仪式，今天叫作“迎亲”，是六礼中最核心的内容。入夜时分，新郎驾着车子前往女家迎亲，随从驾着车子在后面跟着。队伍前面有人点着火把照明。车子到达女家门口，新娘的父亲要到门口迎接，把新郎带进门。这时，新娘正在房内等待新郎。新郎上堂后，给岳父、岳母行跪拜礼，感谢他们对新娘的养育之恩。然后进房接新娘。新娘跟着新郎出来的时候，她的母亲正在门口站着，于是在女儿的衣服上别一块丝巾，并且告诫道：“孩子，到了丈夫的家里，要跟公公婆婆、妯娌把关系相处好。每天要勤勉地做事，要让家里和谐，千万要记住我今天的叮嘱！”新娘的父亲在堂东边的台阶上站着，女儿过来时，也要教导她一番，希望她到了夫家以后，事事要顾全大局，要把上下的关系都处理好，并在她身上别上小物品作为纪念，让她日后看到这些物品，就想起在出嫁那天父母对自己的教导。

随后，新娘跟着新郎从西边的台阶下堂。出门之后，新娘上车，新郎亲自驾车，在车轮转了三圈之后，新郎下车。根据当时的习俗，新郎的父母要第二天才能见新娘，这时不能露面。所以新郎必须另外驾一辆车提前赶到家，以便迎接新娘。为什么新郎要在车轮转了三圈之后才下车呢？这是表示迎亲的车是由新郎亲自启动的。新娘的车由新郎的随从负责驾驶，把她送到目的地。新娘到达夫家后，夫妇要在房内一起吃新婚的第一顿饭。夫妇对席而坐，每人面前有主食、酱、醋和调料，还有几样家常菜。古人很讲究卫生，平常吃饭，很像是今天吃份饭，每人一份，各吃各的，不在一个碗里夹菜。可是这一天有些特殊，在新郎与新娘的中间有三个“俎”（古代盛肉食的餐具），其中一个俎上是几条鱼，另一个俎上是一只风干的兔子，还有一个上面是一只乳猪。三个俎上的东西是夫妇共同享用的，这就是我们常讲的“共牢而食”。“牢”是动物的肉。为什么要同吃一份食品呢？因为古代男女之间不交往，所以彼此不认识，如今骤然成了一家人，因此需要通过这样的仪节，让夫妇之间的亲密程度迅速提升，尽快进入状态。今天的婚礼，在闹新房的时候，总是要让新郎、新娘一起咬苹果，表示从这天开始，双方就是亲密无间的一家人了。这种习俗正是古代“同牢而食”的意义。

新婚的第一餐，吃法也很简单，先吃一口饭，吃一点儿菜，再蘸一点儿酱吃，然后喝一口汤，这叫一饭。然后再吃一口饭，吃一点儿菜，蘸一点儿酱，喝一点儿汤，这叫二饭。一共三次，就不吃了，叫作“三饭告饱”。这是礼仪性的场合，吃饭只是象征性的。饭后要喝一点儿酒，漱漱口，古人叫“酳”，既可以清洁口腔，也可以安食气，这是古人的一种养生方法。此时，要将一个葫芦剖开，夫妇各执一半，添上酒以后，同时喝下去，这叫“合卺而酳”。卺就是葫芦剖开的瓢。“共牢而食，合卺而酳”，是表示夫妇一体。今天的婚礼，让新郎与新娘喝交杯酒，也是这个意思。

2）拜见公婆。

新人吃完饭以后休息，但是婚礼并没有结束，还有一个特别重要的仪式，就是第二天要拜见公公婆婆。我们有一句老话叫“丑媳妇总要见公婆”，哪个新娘子都不能赖着不见。第二天一大早起来，新娘梳洗、沐浴，打扮好之后上堂。这时，公公婆婆已经在堂上等候，公公坐在阼阶的上面，这是主人的位置。婆婆坐在东房的门口。新娘拎着一个篮子上前，里面放着红枣和板栗。新娘恭恭敬敬地把篮子放在公公面前。公公用手抚摸篮子，表示收下。新娘拿起另外一个篮子，里面是肉干，献给婆婆。婆婆抚摸篮子，表示收下。接着，公公婆婆让人倒一杯酒，请新娘喝，表示接纳她为家庭成员。于是，新娘开始行使媳妇的责任，伺候公公婆婆。她要把一只剖开的乳猪的一半献给公公，另一半献给婆婆。公公婆婆回敬媳妇：“你也辛苦了。”对女家过来送婚的人，每人发给小礼物犒劳一下。这个礼节就叫拜见舅姑。拜见完舅姑，婚礼才算正式结束。

接着，舅姑下堂。以往，公公婆婆是从东面的阼阶上下的，因为那是主人专用的台阶。婚礼结束后，公公婆婆要从宾阶，也就是西边那个台阶下堂了。而新娘则要从东边这个台阶下去，因为家庭主管者的传承已经完成，公公婆婆退居二线，内主人由新娘来接替了。旧时农村，拜见舅姑之后，婆婆要把家里面所有的钥匙交给媳妇。媳妇接手掌管这些钥匙，成为新的内当家了。

如果公公婆婆已经去世，无法拜见，这个程序也不能少。中国人有“事死如事生”的传统。即使父母已经去世，但是他们九泉有知，这么大的事情，一定要报告他们。变通的方法是，到家庙去拜公公婆婆的牌位，这就是所谓的“庙见礼”。古代家庙春夏秋冬每个季节祭祀一次，因此，新娘最多在 3 个月之内就可以碰上一次祭祀。

3）传统婚礼的合理内核。

中国古代的礼都是举行教育的形式，婚礼也不例外。女孩儿在出嫁前的 3 个月要进行婚前的学习。在即将组建的新家庭中，新娘担当着特别重要的角色，既要相夫教子、伺候公婆，还要处理妯娌之间的关系。那时妯娌的人数不少，其中只要有一人不好，那么这个家庭就很难安稳。新娘跟公公婆婆的关系处不好，这个家就不可能有幸福。婚前教育的内容主要有四类：一是妇德，男子要树立德行，才能在社会上立足，女子也是一样，作为一个内主人，她的德有不同的要求，就是要大度，顾全大局，只有如此，才能处理好各方面的关系，保持整个家庭的和谐。二是妇言，跟长辈怎么说话，妯娌之间怎么说话，跟孩子怎么说话，要掌握分寸和语言技巧。三是妇容，在不同的场合，应该有怎样的容貌，这要学习。与人相处要和颜悦色，对待长辈尤其是如此，不能一天到晚拉着脸。四是妇工，在家庭里面除做饭、做菜之外，还要会纺线、织布、做衣服、纳鞋，为了一个新的家庭，这些活计是必须很好地学习的。

结婚之日，新郎即将离开自家去新娘家之前，父亲在家门口训诫儿子，要求他与新娘一起勤勉地做事，要把家族的美德继承下来。同样，新娘的父母亲也会对她有所教导，在这个人生最难忘的时刻，家人的教育将成为她终生难忘的教导。我们今天的婚礼几乎没有了教育的内容，值得反思。

（3）冠礼

1）冠礼的意义。

男子行冠礼的年龄是 20 岁。因为古代孩子满 6 岁就要接受教育，学习认数目字，辨认东南西北的方向等最粗浅的知识。到了 8 岁，要学习礼让，懂得廉耻。到了 9 岁，要学习历法，什么叫朔，什么叫望，以及怎样运用六十甲子记日子。到了 10 岁，要离开家庭到外面去向老师学习文字、礼仪和常用的辞令。到了 13 岁，开始学习音乐、舞蹈，读《诗经》等经典文献。到了 15 岁，开始学习礼、乐、射、御、书、数。学到 20 岁的时候，知识结构大致完备，身体也已经发育成熟，可以独立面对社会了，所以应该适时举行成年礼。

成年礼的目的是要教育孩子树立成年意识，从此不要再有依赖家庭和社会的行为，而要成为一名对家庭和社会负责任的成年人，要懂得怎样为人子、为人弟、为人臣，担当各种社会角色。

唐宋时代，冠礼废坏，全社会的青年普遍没有成人意识，有的已经进了官场，依然不脱儿童的某些习性。所以二程等学者痛心疾首地说：把冠礼废了，天下就没有成年人了！因此，他们主张要在思想上给孩子一个断乳期，否则他永远是孩子，永远长不大。成年礼包含的内容如此丰富，所以古人对它特别看重，仪式也格外隆重。

那么，成年礼为什么要叫“冠礼”呢？因为在古代未成年的儿童是不戴冠的，冠是成年男子身份的象征，所以要用加冠的方式来作为成年礼的主体。

2）冠礼的过程。

古代的冠礼不像今天是全校几百人集体举行，而是以家庭为单位各自完成的。首先，要通过占卜郑重其事地挑选举行冠礼的好日子，希望孩子有一个好的开始，一生都好。冠礼的主持人相当于今天的嘉宾，由德高望重的长者担任。为了表示郑重，嘉宾的人选一旦确定，冠者的父亲要亲自到嘉宾的家里去邀请。此外，还要邀请一些同事、朋友届时来观礼。

冠礼之日的清晨，家里要开始做各种准备。冠礼用的三个帽子——缁布冠、皮弁、爵弁，分别放在三个竹编的盘里，由三位执事者分别捧着，从台阶上往下依次站着。与冠礼相配的三套成年人穿的衣服，在东房里顺序摆着。冠者一副儿童的打扮，穿着彩色的服装，头发梳着发髻，站在东房等待典礼的开始。

冠者的父亲在门口迎接嘉宾，然后请他上堂。嘉宾请冠者过来、坐下，然后由助手把他的儿童发型弄散，按照成人的发型重新梳理，挽成发髻，用帛包好，再插上簪子。嘉宾亲自取来缁布冠，为他戴上。

缁布冠实际上只是一块黑布。在远古时代，先民没有帽子，就用一块白色的麻布戴在头上，到祭祀时就把它染成黑色。到了周代，这种冠已经不用了，但为了教育孩子不要忘掉祖先创业的艰辛，在冠礼上还要用到它。

嘉宾给冠者戴上缁布冠之后，要发表训诫之词，大意是说，“孩子，今天是一个非常好的日子，你从此成年了，要抛弃儿时游戏之志，做一名有道德、对家庭和社会有责任心的好男子”，然后把冠仔细扶正。冠者转身回到东房，脱去儿时的彩衣，换上与缁布冠配套的衣裳，然后出门站在堂上，向来宾展示自己的成年衣冠。一加之礼到此完成。接着第二次加冠，程序与第一次基本相同，先把缁布冠取下，重新梳理头发，再用帛包发，插上簪子。为什么要重新梳头呢？这是为了表示对容貌的郑重。因为礼仪之始在于正容体。以后穿衣戴帽，都要从正容貌开始。时至今日，不少公共场所都有整容镜，容貌不整，你怎么行礼？接着嘉宾第二次加冠，加的是皮弁。皮弁是用白色的鹿皮缝制的，有点像后世的瓜皮帽。加皮弁之前，嘉宾照例要发表训诫之词，大意与第一次所说的相似。之后，加冠者回到东房，换上与皮弁配套的另一身衣服，然后走到堂上，向观礼的来宾展示第二套成年衣冠。二加之礼到此完成。

第三次加冠的仪式与前两次基本相同，也是要从梳头开始，端正容貌，然后为他加爵弁。爵弁的颜色与雀头（赤而微红）相似，故名。嘉宾发表训诫之词。冠者回东房换爵弁服，再到堂上展示。三加之礼到此完成。

三次加冠，是冠礼的主体部分，是由正宾依次将缁布冠、皮弁、爵弁等三种冠加于将冠者之首。冠礼先加缁布冠，这是冠礼专用的，以后并不再戴。加缁布冠是为了教育青年人不忘先辈创业的艰辛。皮弁与朝服配套穿戴，地位要比缁布冠尊。爵弁是协助国君祭祀等庄重的场合戴的，地位最尊。三次加冠，每加愈尊，是隐喻冠者德行与日俱增，“三加弥尊，加有成也”。

三加之礼完成之后，冠者要以成年人的身份去拜见母亲，感谢母亲的养育之恩，然后彼此行礼。这是冠者第一次以成年人的身份与母亲行礼。接着，冠者又与自己的兄弟姊妹、亲戚行礼。

3）取字和待字。

行礼完毕，冠者上堂，由嘉宾为他取“字”。古人除姓、名之外，还有字或者号。小孩儿生下来满了 3 个月，有取名的礼仪。母亲把孩子抱到父亲那里，父亲用手指头搔孩子的下巴颏，然后给他起名。这个“名”所用的文字表达了父母对他的希望。到他成年了，周围的人就不能直呼其名了。因为在古代中国，只有长辈、天子、国君才能直呼其名。为了社交的方便，就在姓名之外再取一个“字”（或称“表字”），供彼此称呼时使用。“字”与“名”之间一般有意义上的联系。取“字”，同样体现了长辈对他的期待。取“字”的时候，嘉宾对他也有一番教导，大意是希望冠者爱惜自己的名声，在德行各方面都要进步。

接着，冠者穿着成年人的衣服出门，去拜见乡里面的地方官，告诉他们，自己从此成年了，并且请他们对自己有所指教。据《国语》记载，晋国的赵文子成年时，晋国的六位卿每人都对他有一段训诫的话。有的说，你的父亲不行，办事很潦草，这种毛病你可不能再犯；有的说，你爷爷不错，忠于国家，办事认真，这一点儿你要学习；有的说，你父亲有一个很好的优点，值得你学习；有的说，要是能把你父亲和祖父的优点都集中在你身上，你就一定能成为一名优秀的社会成员。这种教导指出冠者前进的方向，应该继承和应该扬弃的东西，将令人终身受用。

古代女孩子不戴冠，那么女孩子有没有成年礼呢？有的，女孩子的成年礼叫笄礼。笄是插在发髻上的簪子。女孩子发育比男孩子早，所以满 15 岁之后，男家就可以来提亲了。双方谈好了就可以许嫁，这时候就要为她举行笄礼。笄礼的仪式与冠礼相仿，但要稍微简单一点儿，这一天，也要给她取一个表字。《礼记》说：“女子十有五年许嫁，笄而字。”尚未许嫁的女孩子是没有“字”的，所以中国人把女孩子还没有许嫁叫“待字闺中”，就是这么来的。

4）现代社会上的冠礼。

今天社会上很多孩子大学毕业了，甚至读了研究生，快 30 岁了，还向家里要钱，对家庭没有义务，只有权利。正因为如此，现在许多地方都在举行成年礼，但总体而言仪式比较简单，还有待完善。我们可以参照古代文献，取法古人的精神，制定出一个容易理解方便施行的成年礼。广东东莞的台商学校为年满 18 岁的孩子举行成年礼，仪式是仿照明朝的，孩子都身穿明朝的服装，加冠的时候戴的是明朝的帽子，加冠后还要为父母敬茶，以感谢父母的养育之恩。这样做不仅增强了孩子对家庭、对亲人的责任感，而且有助于培养他们的文化认同感。

（4）射礼

我国的弓箭史源远流长，相传黄帝发明弓箭，夏代有羿射十日的传说。春秋时期，诸侯纷争，弓箭愈益成为战争中不可或缺的角色。意味深长的是，正是在这崇尚武力的时代，儒家却将弓箭变成礼乐教化之具，引导社会走向平和。这就是射礼。

乡射礼是每年春秋各州为教民礼让、教化民俗而举行的活动，地点是在州的学校“序”。行乡射礼之前，先行乡饮酒礼。主持乡射礼的是宾，而不是地方行政长官。宾是尚未获得官爵，但德行卓著的处士，由宾来担任射礼的主角，是为了提倡尊贤的风气。人选一经确定，州长要亲自登门约请。行礼之日，州长还要在序门之外迎宾。

儒家将往昔的田猎之射提升为富有哲理的普遍之道，内涵十分丰富，其主题之一就是把射礼作为正心修身、反躬自省的一种方式。《礼记·射义》说：“射之为言者绎也，或曰舍也。绎者，各绎己之志也。故心平体正，持弓矢审固；持弓矢审固，则射中矣。”意思是说，所谓射，是寻绎的意思。射者身份各不相同，但都应在射礼的过程中寻绎自己的志向。只有心气平和，体态正直，紧握弓箭，瞄准目标，才有可能射中。《礼记·射义》还提出，无论是做父亲的、做儿子的，还是做人君、人臣的，都要把箭靶作为自己的道德标准来射。尽管同用一个箭靶，但各人所要命中的道德目标却各不相同。射鹄的过程，就是反复内省、存养、进取的过程。因此，孔子说：“循声而发，发而不失正鹄者，其唯贤者乎！”

儒家提倡修身、齐家、治国、平天下，修身是第一位的。人生不会一帆风顺，如何面对失败，培养起百折不回的毅力，从失败走向成功，可以从射礼中得到体悟。《礼记·射义》说：“射求正诸己，己正而后发，发而不中，则不怨胜己者，反求诸己而已矣。”射箭的成败关键在于能否调整好自己的体态和心志。发而不中，根本原因在于自身，不要怨天尤人，尤其不要埋怨射中者，而是要“反求诸己”，反躬自问。

人在社会中生存，就必然会与他人之间出现竞争，如果没有健康的竞争心态，就很容易引发恶斗，影响社会安定。如何处理这类问题，关系国家长治久安。

孔子认为，人只要注重提升精神境界，自然就会淡泊名利，平心静气地对待竞争。他说：“君子无所争，必也射乎！揖让而升，下而饮，其争也君子。”（《论语·八佾》）意思是说，君子以修身进德为本，所以不妄与别人争高低。如果一定要说有所争，那就是比射了。比射要分胜负，输了要当众饮罚酒，所以君子在比赛中要力争胜利，但在比赛时，却是处处与对手揖让而升，降阶同饮，这就是君子之争。

孔子与弟子在矍相之地的园圃中举行射礼，观众层层密密，如同围墙一样。孔子派子路手执弓矢，邀请围观者入内参加射礼，说：“除了败军之将，对国家灭亡负有责任的大夫，以及为了贪财而做别人干儿子的人不得入场，其余的人都可以入内。”于是，大约有一半的人惭愧地自动离去了。比赛结束，行将旅酬，孔子又让公罔裘和序点两人举着酒觯对大家说话。公罔裘说：“从少年到壮年都有孝悌之行，到了六七十岁依然好礼，不从流俗，修身以尽天年，请这样的人到宾位就座。”于是又走了一半人。接着，序点说：“好学不倦，好礼不变，到了八九十岁甚至一百岁依然言行合于道，请这样的人到宾位就座。”刚才留下的人听了这话几乎走光了。可见，孔子赋予射礼太多的内涵，只有有德行者才配参加射礼；那些在国难当头贪生怕死，或者为了贪图财产而舍弃家庭的人，没有资格与乡人序齿，参与射礼。射礼中的宾，更是作为道德形象要求人们取法的，只有德行超群者才有资格担任。这对提倡正气，形成公众舆论，警世导民，具有重要意义。

3. 宾礼

宾礼是接待宾客之礼。《周礼·春官·大宗伯》说："以宾礼亲邦国"，这是天子与诸侯以及诸侯国之间的往来交际之礼。其具体包括：春见曰朝，夏见曰宗，秋见曰觐，冬见曰遇，时见曰会，殷见曰同，时聘曰问，殷覜曰视。

"时见"是有事而会，"殷见"是众诸侯同聚；"时聘"是有事而派遣使者存问看望；"殷覜"是多国使者同时聘问。后代则将皇帝遣使番邦，外来使者朝贡、觐见及相见之礼等都归入宾礼。

4. 军礼

军礼是师旅操演、征伐之礼。《周礼·春官·大宗伯》说："以军礼同邦国"，这是讲对于那些桀骜不驯的诸侯要用军礼使其服从和同。《周礼》所说的军礼包括以下内容：大师之礼，用众也；大均之礼，恤众也；大田之礼，简众也；大役之礼，任众也；大封之礼，合众也。

"大师之礼"，是指军队的征伐行动；"大均之礼"，是指均土地，征赋税；"大田之礼"，是指定期狩猎；"大役之礼"，是指营造、修建等土木工程；"大封之礼"，是指勘定封疆，树立界标。后代礼书又有将射礼、軷祭道路、日月有食伐鼓相救等作为军礼内容的，这里只简介征战、校阅、田猎、马政等几项。

（二）现代社交礼仪

1. 仪表礼仪

（1）选择适当的化妆品和与自己气质、脸型、年龄等特点相符的化妆方法，选择适当的发型来增添自己的魅力。

① 化妆的浓、淡要视时间、场合而定。

② 不要在公共场所化妆。

③ 不要在男士面前化妆。

④ 不要非议他人的妆容。

⑤ 不要借用他人的化妆品。

⑥ 男士不要过分化妆。

（2）服饰及其礼节。

① 要注意时代的特点，体现时代的精神。

② 要注意个人的性格特点。

③ 应符合自己的体形。

（3）中国绅士的标志。

① 有一双干净修长的手，修剪整齐的指甲。

② 虽然不吸烟，但随身携带打火机，以方便在周围的女士吸烟时为其点烟。

③ 天天换衬衫，保持领口和袖口的平整和清洁，有的还会使用袖扣。

④ 腰间不悬挂物品，如手机、呼机等。

⑤ 在与女士相处时，不放过每一个细节以对女士加以照顾，并且几乎在完全下意识的状态下操作，百战不殆。

⑥ 在吃饭时从不发出声音。

⑦ 较常人使用礼貌用语更为频繁。

⑧ 偏爱孤独，寻求宁静的心灵、安静的肉体及激情的冥想。绅士们故此好思想、好舞文、好文学艺术方面的经典名著，绝少拜读浮华喧嚣的弄潮作品，包括影视。翻看一两眼，倘若认为俗，便绝不再拿起，包括讨论。

⑨ 喜怒不形于色，在人群中独自沉默。

⑩ 在对待爱情的态度上思虑过重，常常显得优柔寡断。

2. 举止礼仪

（1）要塑造良好的交际形象，必须讲究礼貌礼节，因此，就必须注意你的行为举止。举止礼仪是自我心诚的表现，一个人的外在举止行动可直接表明他的态度。做到彬彬有礼、落落大方，遵守一般的进退礼节，尽量避免各种不礼貌、不文明习惯。

（2）到客户的办公室或家中访问，进门之前先按门铃或轻轻敲门，然后站在门口等候。按门铃或敲门的时间不要过长，无人或未经主人允许，不要擅自进入室内。

（3）在顾客面前的行为举止。

① 当看见顾客时，应该点头微笑致礼，如无事先预约，应先向顾客表示歉意，然后说明来意。同时要主动向在场人都表示问候或点头示意。

② 在顾客家中，未经邀请，不能参观住房，即使较为熟悉的人，也不要任意抚摸或玩弄顾客桌上的东西，更不能玩顾客名片，不要触动室内的书籍、花草及其他陈设物品。

③ 在别人（主人）未坐定之前，不易先坐下，坐姿要端正，身体微往前倾，不要跷“二郎腿”。

④ 要用积极的态度和温和的语气与顾客谈话，与顾客谈话时，要认真听，回答时，以“是”为先。眼睛看着对方，不断注意对方的神情。

⑤ 站立时，上身要稳定，双手安放两侧，不要背在背后，也不要双手抱在胸前，身子不要侧歪在一边。当主人起身或离席时，应同时起立示意；当与顾客初次见面或告辞时，要不卑不亢，不慌不忙，举止得体，有礼有节。

⑥ 要养成良好的习惯，克服各种不雅举止。不要当着顾客的面擤鼻涕、掏耳朵、剔

牙齿、修指甲、打哈欠、咳嗽、打喷嚏，实在忍不住，要用手拍捂住口鼻，面朝一旁，尽量不要发出声响，不要乱丢果皮纸屑，等等。这虽然是一些细节，但它们组合起来构成顾客对你的总印象。

3. 握手礼仪

（1）握手的要求

通常，和人初次见面、熟人久别重逢、告辞或送行都可以握手表示自己的善意。

有些特殊场合，例如，向人表示祝贺，感谢或慰问时，双方交谈中出现了令人满意的共同点时，或双方原先的矛盾出现了某种良好的转机或彻底和解时，习惯上也以握手为礼。

握手时，距对方约一步远，上身稍向前倾，两足立正，伸出右手，四指并拢，虎口相交，拇指张开下滑，向受礼者握手，如图 8-1 所示。

图 8-1　握手礼

掌心向下握住对方的手，显示着一个人强烈的支配欲，无声地告诉别人，他此时处于高人一等的地位。应尽量避免这种傲慢无礼的握手方式；相反，掌心向里握手显示出一个人的谦卑和毕恭毕敬。平等而自然的握手姿态是两手的手掌都处于垂直状态。这是一种最普通，也是最稳妥的握手方式。

戴着手套握手是失礼行为。男士在握手前先脱下手套，摘下帽子。女士可以例外。当然，在严寒的室外也可以不脱。例如，双方都戴着手套、帽子，这时一般也应先说声“对不起”。握手时双方互相注视、微笑、问候、致意，不要看第三者或显得心不在焉。

除关系亲近的人可以长久地把手握在一起外，一般握两三下就行。不要太用力，但漫不经心地用手指尖“蜻蜓点水”式去点一下也是无礼的。一般要将时间控制在三五秒钟以内。如果要表示自己的真诚和热烈，也可较长时间握手，并上下摇晃几下。

握手时两手一碰就分开，时间过短，好像在走过场，又像是对对方怀有戒意。而时间过久，特别是拉住异性或初次见面者的手长久不放，显得有些虚情假义，甚至会被怀疑为“想占便宜”。

长辈和晚辈之间，长辈伸手后，晚辈才能伸手相握；上下级之间，上级伸手后，下级才能接握；男女之间，女方伸手后，男方才能伸手相握。当然，如果男方为长者，遵照前面说的方法。如果需要和多人握手，握手时要讲究先后次序，由尊而卑，即先年长者后年幼者，先长辈再晚辈，先老师后学生，先女士后男士，先已婚者后未婚者，先上级后下级。

交际时如果人数较多，可以只跟相近的几个人握手，向其他人点头示意，或微微鞠躬就行。为了避免尴尬场面发生，在主动和人握手之前，应想一想自己是否受对方欢迎，如果已经察觉对方没有要握手的意思，点头致意或微鞠躬就行了。

在公务场合，握手时伸手的先后次序主要取决于职位、身份；而在社交、休闲场合，则主要取决于年龄、性别、婚否。

在接待来访者时，这一问题变得特殊一些：当客人抵达时，应由主人首先伸出手来与客人相握;而在客人告辞时，就应由客人首先伸出手来与主人相握。前者是表示“欢迎”，后者是表示“再见”。这一次序颠倒，很容易让人发生误解。

应当强调的是，上述握手时的先后次序不必处处苛求于人。如果自己是尊者或长者、上级，而位卑者、年轻者或下级抢先伸手时，最得体的就是立即伸出自己的手，进行配合。而不要置之不理，使对方当场出丑。

当你在握手时，不妨说一些问候的话，可以握紧对方的手，语气应直接而且肯定，并在加强重要字眼时，紧握着对方的手来加强对方对你的印象。

（2）应当握手的场合

1）遇到较长时间没见面的熟人时。

2）在比较正式的场合和认识的人道别时。

3）在以本人作为东道主的社交场合，迎接或送别来访者时。

4）拜访他人后，在辞行时。

5）被介绍给不认识的人时。

6）在社交场合，偶然遇上亲朋故旧或上司时。

7）别人给予你一定的支持、鼓励或帮助时。

8）表示感谢、恭喜、祝贺时。

9）对别人表示理解、支持、肯定时。

10）得知别人患病、失恋、失业、降职或遭受其他挫折时。

11）向别人赠送礼品或颁发奖品时。

（3）握手的八禁忌

我们在行握手礼时应努力做到合乎规范，避免违犯下述失礼的禁忌。

1）不要用左手相握，尤其是和阿拉伯人、印度人打交道时，因为在他们看来左手是不洁的。

2）在和基督教信徒交往时，要避免两人握手时与另外两人相握的手形成交叉状，这种形状类似十字架，在他们眼里这是很不吉利的。

3）不要在握手时戴着手套或墨镜，只有女士在社交场合戴着薄纱手套握手，才是被允许的。

4）不要在握手时另外一只手插在衣袋里或拿着东西。

5）不要在握手时面无表情、不置一词或长篇大论、点头哈腰，过分客套。

6）不要在握手时仅仅握住对方的手指尖，好像有意与对方保持距离。正确的做法是要握住整个手掌。即使对异性，也要这么做。

7）不要在握手时把对方的手拉过来、推过去，或者上下左右抖个没完。

8）不要拒绝和别人握手，即使有手疾或汗湿、弄脏了，也要和对方说一下“对不起，我的手现在不方便”，以免造成不必要的误会。

4. 赴宴礼仪

赴宴是交际者经常性的活动之一，其中有许多值得注意的礼节。这里主要讲正式就餐之前的赴宴礼仪。

（1）赴宴的仪表着装。应注意仪表整洁，穿戴大方，尽可能整齐、干净、美观地赴宴。忌穿工作服，满脸倦容或一身灰尘。因此，进行一番洗理、一番化妆是很有必要的。男士要刮净胡须，如有时间还应理发。注意鞋子是否干净、光亮，袜子是否有臭味，以免临时尴尬。

（2）赴宴的时间安排。赴宴的时间安排惯例是准时晚到制，有两层含义：第一，赴宴一定不能早到，以防主人还未做好迎宾的准备，但可以准时到达。准时到达时，如果主人还未准备好迎宾，那就是主人失礼，与客无关。第二，赴宴最好是晚到几分钟。这样更可保证主人已经做好迎宾准备。但这种晚到又不是长时间的迟到，让主人和其他嘉宾久久等候。这种晚到的时间可以在5~10分钟之间，视情况而定。如果是大型招待会，晚到时间可以放宽到25分钟左右。如果你与主人关系密切，则不妨早点到达，以帮助主人招待宾客，或做些准备工作。

（3）当你抵达宴请地点时，首先跟主人握手、问候致意。对其他客人，无论相识与否，都要笑脸相迎，点头致意，或握手寒暄，互相问好；对长辈老人，要主动让座请安；对小孩则应多加关照。万一迟到，在你坐下之前，应先向所有客人微笑打招呼，同时说声抱歉。

（4）宴会开始前，可与邻近来宾交谈、自我介绍，不要把自己封闭起来，不与他人交流。

（5）入席要遵守主人的安排，不要随便乱坐。如果邻座是妇女或年长者，应抽开座椅，主动协助她们先坐下。

（6）宴会开始或结束都要听主人的招呼，没有宣布开始，不要动筷子；没有宣布结束，即使吃饱了，也不能擅自离席。散席时，要与主人道别，不要悄无声息地走了。

除此之外，一定还要注意以下几件事。

第一，要考虑好是否携带礼品、鲜花。一般而言，如果出席家宴，或者出席带有私人性质的宴请，最好是带一件小礼物或者鲜花送给主人。

第二，要考虑是否带上名片、笔以及便条本。出席宴请活动，特别是大型招待会，避免不了要遇到老朋友、结识新朋友，携带名片对以后互通信息、保持联络大有好处，而且在收到他人名片时，若无名片回赠，其实也是一种失礼。

第三，要注意是否需要再温习一下将有可能在宴请活动时遇到的人的信息。再次相逢而又叫不上名字是一件非常尴尬的事情，要想避免这种局面，最好的办法是事先准备，看看以往收到的名片，回忆一些见面的情景。当然，遇到有叫不上名字的重逢之友，最好的办法是让自己的热情和机智试着帮助化解尴尬，能否成功，只好看手段和运气如何。

三、多彩服饰

礼是从端正容貌、整齐服饰和使用得体的辞令开始的。《礼记》说："礼仪之始，在于正衣冠。""礼义之始，在于正容体，齐颜色，顺辞令。"一个有良好修养的人，在公共场合一定是体态端正、服饰整洁、表情庄敬、言辞文雅，这既是内在修养的表露，也是对他人的尊敬。积极进取的人总是把精力集中在修身和学习上，服装但求整洁，与自己的身份相称，不与人在生活上争奇斗妍、炫富摆阔。中国人把自己的这种文明制度叫作衣冠文物。唐朝的时候，高丽、新罗、日本的留学生到中国来专门学习我们的衣冠文物，可见"衣冠"这两个字有多重要。衣服的作用不光是御寒、遮羞，还有表达内心情感的功能，所以中国人自古以来就很看重。

衣冠是衣服和帽饰的合称，是文明时代的产物。相传在五千年前，黄帝的夫人嫘祖就发明了蚕桑丝绸，考古发掘的资料证明，这一传说并非空穴来风。浙江余姚的河姆渡遗址，距今约七千年，出土了一件盅形的器物，上面画着四条蠕动着的蚕，还有一圈几何形的文饰。专家认为，上面的这几条蚕已经属于家蚕的形态。那一圈几何形的文饰，很可能就是当时的丝织物上的纹样的写实。考古工作者在浙江嘉兴的钱山漾遗址发现了一块距今四千多年的残绢。可见，至迟在四千多年之前，我们的先民就已经穿丝绸衣服了，这在全世界是绝无仅有的，证明我国是悠久的丝绸王国。当时人们的衣服材料除丝绸之外，还大量用麻。麻的纤维很长，而且强度高，透气性好，经过脱胶、灰治、漂白、纺捻等工艺之后，可以制作各种衣服和织物。

古人所说的服饰主要包括如下几个方面。

1. 头衣

头衣是指覆盖在人头部的织物，今人统称为帽子，先秦时因为形制的不同，而有冠、弁、冕等名称。古人非常看重头部的修饰，在儒家的观念中，身体发肤，受之父母，所以倍加珍惜。头发经常洗濯，甲骨文中的“若”字，就像人洗发之后用双手理顺之形。头发洗净之后，要梳理整齐，挽成发髻盘好，再用玉、骨或者竹子做的簪子固定住，讲究的还要用一块称为“缅”的帛把发髻包起来，然后再戴上冠冕。虽然麻烦，却是一个文明人每天必做的事。这样打扮自己，是严肃的人生态度的表现。在中原人的心目中，披头散发是尚未开化的野蛮民族的做派，会遭到鄙弃。

先秦时期，只有成年男子才能戴冠。冠是身份的象征。所以，孔子的学生子路在战争中被对手砍倒在地的时候，从容地系好冠缨，说：“君子死，不冠免！”后世冠冕的形制不断变化，到宋代有幞头等叫法。

2. 上衣

今人所说的衣服，古人有严格的区别，上衣称“衣”，下衣称“裳”。中国人穿的衣服有鲜明的特色，衣襟一律向右掩，称为“右衽”，这是汉民族一致认同的样式；相反，当时周边民族流行“左衽”的样式，彼此的区别非常明显。春秋时期，周边民族进攻中原，管仲以“尊王攘夷”相号召，保卫了中原王朝的安全。孔子高度评价管仲的历史功绩，说：“微管仲，吾其被发左衽矣！”[a]

上衣用两条腰带束系：一条是布的，作用是将衣服的腰部收紧；另一条是皮革的，缚在布腰带之外，主要用来系挂各种常用的物件。

3. 下裳

先秦时期还没有后世的裤子，当时下身衣服的样子有些类似今人所说的裙子，是用布片连缀而成的。根据文献记载，当时的布，每幅二尺二寸宽，前面是三幅，后面是四幅，在腰间相交，彼此叠压处有褶。

由于两腿不时地活动，所以大腿很容易暴露在外，所以，腰的两侧各用一块称为“衽”的布条来遮掩。

4. 足衣

足部的衣饰主要有鞋和袜。先秦的鞋主要有单底和复底两种。袜的作用有些类似于今天的袜子，不过要厚实得多。

衣服除有御寒、遮羞的功能之外，还可以展示人的志尚、修养和气质，因此，历来受到人们的重视。人与人接触时，影响最直接的就是彼此的服饰。

第一，衣冠的穿戴要紧凑。朱熹提出了“三紧”的标准，就是帽带要紧、腰带要紧、鞋带要紧。三者都扎紧了，人的精神状态才会显得振作，才能表现出对人、对事的郑重。如果衣衫不整，“三带”都松松垮垮，就显得懒散、漫不经心，是既不尊重自己，也不尊重别人的行为，是没有教养的人。此外，即使是盛夏酷暑，也不可以赤膊、穿裤衩、趿拉着鞋进出公共场所。

a 《论语·宪问》。

“头紧”，是说帽子要戴正，带子一定要扎紧。今天的一些明星总是披头散发的，帽子也是故意歪着戴，这不太合我们的传统。要把头发梳好，把簪子插得整整齐齐的，精神状态才能好起来。

“腰紧”，是说要把腰带束好。如今流行宽松的衣服，休闲的时候怎么穿都可以，是你的自由，但是在正式场合，要有所不同，但凡衣服有带子的，不能有的扎，有的不扎，应该全部收紧，这样人的精神才会出来。

“脚紧”，是说要把鞋带系紧。今天有带子的鞋子不太多了。但是，只要是穿了有带子的鞋子，就一定要把它扎整齐。

朱熹说，“凡着衣服，必先提整衿领，结两衽纽带，不可令有阙落”。如果这些地方不注意，则“身体放肆，不端严”，会“为人所轻贱”，别人就有理由对你不放心。因为你连这一点儿事情都做不好，还能做什么大事？《礼记》里面有一句话是：“礼仪之始，在于正衣冠”。要讲礼，首先要把帽子戴正，把衣服穿正，如果你连这一点儿都做不到，那么后面的都不用再谈了。所以自古以来，无论男女，早晨起来要做的第一件事情就是梳头，要把头发盘起来，再用簪子把它固定住。发髻还要用丝绸或者布把它裹起来，这样既美观，也有保护头发的作用。这实际上反映了一种严肃的生活态度。我们每天要面对家庭、他人、社会，所以要有一个整洁的容貌。

西安的阳陵是汉景帝的陵墓，里面出土了很多俑。俑的头发都梳理得很讲究，发髻非常多彩，没有一个是披头散发的。这也说明人们过上富裕的日子之后，也是爱美的。发型要给人一个愉悦的感觉。

现在很多学校门口都有“整容镜”，到学校里来，要面对同学、老师，放置“整容镜”的意思就是提醒你：你的容貌整好了没有，如果没有整好，请你在这里整好以后再进去。台北松山火车站的大厅里也有一面大镜子，上面写着“整肃仪容”四个字，可见两岸的理念是一样的：在公共场合一定要整肃仪容。历代学者都非常注重这个细节。朱熹对自己的弟子有很多谈话，教导他们怎样把自己的容貌做得很规范。他说作为一个人，先要调整身体，无论走到哪里，都要把自己的体形调整好，不能歪着、斜着，那样会让人感到非常散漫、精神不振。以前人的帽子是盖在头上的一块巾，在后面打一个结。衣服、鞋袜都要收拾好，保持洁净、整齐，让人觉得你很在意别人的感受，而不在于它有多华贵。成天穿得邋里邋遢的，是对他人的不尊重。

第二，衣着不能过于暴露，在大庭广众之中打赤膊、穿裤衩，是不文雅的表现，也是对他人的不尊重。《礼记》中说：“劳毋袒，暑毋褰裳。”意思是说，尽管有劳作之事，也不要“袒”，就是袒胸露背；即使是在暑热的时候，也不要“褰裳”，就是撩起下衣。这些规定主要是针对男性而言的，女性就更不用说了，民间对女孩子都有“衣不露体”的教育，要求她们自尊自爱，尤其要注意穿着的严肃性，不能穿着过于暴露的衣服与他人交往。近代以来，许多人把这些古训置之脑后，甚至看作封建社会对人性的束缚，因而片面追求“解放”。近些年，在西方时尚的影响下，大陆女性的穿着朝着紧、透、露的方向发展，穿着随便，甚至超过了男性。如今男同志如果穿着背心、拖鞋出入公共场所，就一定会受到管理人员的训斥或者阻拦。而女同志穿着拖鞋、背心，以及不太正式的短裤，却可以堂而皇之地出入公共场所，包括上飞机，周围的人都似乎熟视无睹。有人打趣地说，“男同志穿得越多越绅士，女同志穿得越少越时尚”。这是一种很不正常的现象，根本就不值得提倡。

第三，衣着要注意身份和场合。衣服要跟年龄、职业、场所相适应。古人认为，外表的衣服要与内在的德行相称，要与内在的情感一致。例如《礼记》中说“童子不衣裘裳”，意思是小孩子不要穿裘皮衣服，因为它太过华贵，小孩子质朴幼嫩，不适合穿这样的衣服，否则内与外不相称。另外，从健康的角度来讲，裘皮衣服保暖性好，小孩子穿了上火，对身体没有好处。古代强调服装要朴实，反对华而不实。

（1）衣服要与场合协调。

例如去参加丧礼，要穿黑色或白色这两种最朴素颜色的衣服，因为这是非常特殊的场合，所有的人都在为失去一位亲友而悲痛，甚至在哭泣。有人不明白这个道理，去参加丧礼的时候，穿着色彩艳丽的衣服，甚至涂口红、化妆。有的人穿的是黑西服，但领带是花的，这就与整个丧礼的气氛不协调，也是非常失礼的行为；相反，假如你正服丧之中，穿的衣服非常素气，那就不要参加人家的婚礼。

（2）服装要与职业相称。

例如学校的教师，如果留胡子、披肩发，就会对学生产生负面影响。著名演员王刚说，他上小学的时候，男同学都非常迷恋一位女教师，但是这位女教师穿着特别朴素，所以，当时全班同学都跟着穿得很朴素、很干净。这就是她给孩子的很正面的影响。假如学校的教师都是放荡不羁，衣着追求怪异，以此为美，那对孩子的影响就会很消极。女教师尤其不能花枝招展，如果成天换首饰、衣服，那学生就无法把注意力都集中在学习上。所以，由于职业的要求，教师的服饰有特殊要求。至于回家以后怎么穿戴，那是另外一回事。

军人是一种特殊的职业，军队里很讲究军容风纪，对服装的穿着有很严格的规定，要求帽檐下不能露出头发，上衣要把风纪扣扣上。凡是在军队里工作过的人，一般都能保持这种严肃的生活态度。其他职业也是如此，尤其是公众人物。衣着穿戴是否整齐，是敬业与否的标志之一。容貌肮脏邋遢，或者把休闲的衣服穿到工作岗位上，都是不敬业的表现。这也是从职业的角度对服装提出的规定，要求从业者具有文明和自尊的形象，这是很有道理的。

另外，服饰具有民族性。服饰是一个民族最显眼的文化表征之一。许多国家或民族，如印度、阿拉伯、蒙古等，都保留了自己传统的民族服装，可惜我们汉族没有保存好自己的民族服装。在汉唐和明朝，汉族的服装是非常漂亮、非常有民族个性的。辛亥革命推翻清朝以后，孙中山发明了中山装。“文革”以前，毛泽东、周恩来都穿中山装。现在，中山装几乎没人穿了。那么，用什么服装代替它？中国是一个多民族的国家，50多个少数民族大多都保存了自己传统的民族服饰，唯有人口最多的汉族没有自己的民族服饰，这当然有其复杂的历史原因。但是，作为一个拥有五千年文明史和众多人口的汉族，还是应该有自己的民族服饰。

中国的衣冠文物绵延数千年，对东亚文化的影响很大。我们有非常值得夸耀的民族服装，值得我们珍视和保护。

四、饮食文化

（一）进食方式

人类进食采用的方式，在现代社会流行最广的是这样三种：用手指，用叉子，用筷子。中国是用筷子群体的主体。

古代中国人使用的用餐器具主要有勺和筷子两类，还曾一度用过餐叉。中国人使用餐叉的历史可以追溯到三千多年前的史前时代，一些新石器晚期发现的骨制餐叉。考古还发现一些商周一朝的餐叉。不过中国历史上没有将餐叉当作首选的进食器具，它实际上是基本被淘汰了，这是因为有了更适用的筷子。

古代中国人使用餐勺的历史更为悠久，其起源可以追溯到距今八千年以前的新石器时代。新石器时代餐勺的制作材料主要是兽骨，而铜器时代则主要取用的是青铜。

最能体现中国文化特色的是筷子，它的使用可能已有不下五千年的历史，筷子被看作中国的国宝之一。考古发现的各时代的筷子有铜质的，也有金、银、竹木质的。古代中国人在进食时，勺与箸通常是配合使用的，两者会同时出现在餐案上。唐宋时代筵宴上要备齐勺和箸（筷子），在进食时对两者的使用范围区分得依然非常清楚。到了现代社会，正规的中餐宴主在餐桌上也要同时摆放勺与筷子，客人每人一套，这显然是古代传统的延续。使用筷子需要有一定的技巧，很多人认为它是世界上所有进食具中最难掌握的一种，两支箸之间没有任何机械与联系，全靠大拇指、食指和中指的恰当掌握，辅以无名指的协作，方能运用自如。

华夏民族历史上拥有过世界各地区常用种类的进食具。在所有以往使用过的进食具中，筷子具有轻巧、灵活、适用的优点，我们的历史曾经淘汰了叉子，现在的许多地区正在淘汰勺子，但筷子的地位依然稳如泰山，一丝也没有动摇。

（二）烹饪技法

中国的烹饪技法，值得引以为自豪的主要有蒸煮法和爆炒法两种，在唐代以前菜肴以烹煮的羹食法为主，随着烹食传统的改变和技术的进步，宋代开始新出现或新改进的烹法有爆、煎、炸、涮、焙、冻等，元代出现川炒、软炸、贴、烧等。明代出现盐酒烹、酱烹，又有酱炒、葱炒。一些研究者认为明清是中国饮食的成熟时期，烹饪形成了煎炒烹炸一菜一做的方法，因为小炒的大量采用，促成了苏、粤、川、鲁四大菜系形成的基础。我们现在无论是荤与素，也无论是主食与副食，都可一炒了之，炒菜、炒米、炒饭、炒面，快捷便当。

中国幅员辽阔，各地区的自然气候、地理环境和物产都有自己的特色，各地人民的生活方式和风俗习惯也存在许多差异。这样一来，在吃什么和怎么吃的问题上，都形成了自己的传统和特色。由于历史的发展，不同的菜系也就逐渐形成了。

1. 巴蜀菜系

巴蜀好辛香，荆吴喜甜酸，说的是食风，这是菜系形成的一个基础。菜系比较通用的是四大菜系说，如图 8-2 所示。

图 8-2　巴蜀猪肘

2. 鲁菜

鲁菜即山东菜，主要由济南和胶东两个菜系构成。鲁菜选料考究，刀工精细，工于火候。烹调技术以爆、炒、烧、炸、溜、焖、扒等见长，具有清爽脆嫩的特色。鲁菜流入宫中，成为皇帝后妃的御膳。鲁菜也在华北、东北和京津地区广为流传，如图 8-3 所示。

图 8-3　九转大肠

鲁菜讲究丰满实惠，大盘大碗。这反映出山东人的好客，唯恐客人吃不好的性格。从筵席名称上，也可看出这一点，如“三八席”，为八碟、八盘、八大碗；又有胶东的

“四三六四席”，为四冷荤、三大件、六行件、四饭菜；还有“十全十美席”，为十盘十碗。从一款八宝布袋鸡中，可以看出鲁菜的实惠。鲁菜精于制汤，十分讲究清汤和奶汤的调制。清汤色清而鲜，奶汤色白而醇。专用肥鸡、肥鸭、猪肘子为主料，急火沸煮，撇去浮沫，鲜味溶于汤中，味道鲜美。奶汤用大火烧开，慢火煎煮，后用纱布过滤，等汤为乳白色即可。鲁菜还善以葱香调味，什么菜都要用葱爆锅，很多馔品都以葱段佐食，大饼卷大葱就是家常饭。

胶东系鲁菜烹制海鲜有独到之处，传统风味有红烧海螺、炸蛎黄、芙蓉蛤仁、蟹黄鱼翅、绣球海参、烤大虾等海味珍品。

3. 京菜

北京菜集全国众菜精华，尤其是吸收山东菜系的优点及北方少数民族的烹调方法，逐渐形成了自己的风格。辽、金、元、清几朝都曾在北京建都，北方一些民族的传统饮食风尚不断地被带到北京，祖居江南的达官贵人们一代一代地从南方带来了优秀的饮食文化；流入民间的官厨名师将宫廷御膳的高超技艺流传出来。这样就使北京菜系显得愈加丰富多彩，如满汉全席、全羊席、涮羊肉、烤鸭等，至今都享有极高的声誉。

京菜选料讲究，调味多变，以爆、烤、涮、溜、炒、扒、煨、焖、酱、拔丝为特色。菜肴以菜物原味为主，具有酥、脆、鲜、嫩、清鲜爽口的特点，如图 8-4 所示。

图 8-4　红烧肚片

京菜注重时令风味。如涮羊肉，须得于立秋后开吃，这时不仅羊肉肥美，而且天气渐凉，适宜涮火锅。又如春卷，则是立春时节才吃。到了夏季，才有水晶虾等，还有杏仁豆腐和荷叶粥等时令小吃。

京菜还十分讲究菜点的配伍，吃什么菜就得配什么佐料和点心。如吃涮羊肉，就有许多讲究，开涮前汤锅中要下口蘑和海米，要备好香菜末、葱白末、芝麻配辣椒油、酱豆腐卤、卤虾油、腌韭菜花、桂花糖蒜、绍兴酒、酱油、芥末等佐料。吃时用筷子夹起肉片在汤锅中涮一涮，随涮随吃，羊肉鲜嫩可口，非一般火锅可比。

4. 川菜

川菜以四川成都的为正宗。当代川菜已发展到近 5000 种，取材广泛，形式多样，清鲜醇浓并重，尤以善用麻、辣著称于世。

川菜烹法注重烧、干酥、熏、烤，调味不离辣椒、胡椒、花椒三椒，再加上鲜姜，品味重于酸辣麻香。川菜中有咸鲜微辣的家常味型，有甜、酸、辣兼备的三香味型，有咸、甜、麻、辣、酸、鲜、香并重的怪味型，有咸鲜辣香的冷拼红油味型，有酸菜和泡菜的酸辣味型，还有糊辣味、陈皮味、椒盐味、酱香味、五香味、甜香味、香糟味、烟香味、咸鲜味、荔枝味、姜汁味、蒜泥味、麻酱味、芥末味、咸甜味等二十多种味型，所以有“一菜一格，百菜百味”的声誉，如图 8-5 所示。

图 8-5　香辣虾

川菜具有适应性强、雅俗共赏的特点。既有工艺精湛的一品熊掌、樟茶鸭、干烧岩鲤、香酥鸡、红烧雪猪、清蒸江团等名菜，又有大众化的清蒸杂烩、箩汤、扣肉、扣鸡鸭、肘子等三蒸九扣，以及宫保鸡丁、怪味鸡、鱼香肉丝、干煸鳝鱼、回锅肉、毛肚火锅等家常风味。另外，传统民间小吃赖汤圆、夫妻肺片、灯影牛肉、棒棒鸡、小笼牛肉、五香豆腐也都是流传很广的名品。

5. 淮扬菜

淮扬菜以扬州风味为主，包括镇江、南京、淮安等地的风味。淮扬菜以烹制河鲜、湖蟹、蔬菜见长，十分注重吊汤，制作精致。

淮扬菜以炒、溜、煮、烩、烤、烧、蒸为主要烹法，擅长炖焖，具有鲜、酥、脆、嫩等特点。

淮扬菜在调味上强调突出本味，使用调料也是为了增强主料本味，还注重用调料增色，或用配料补色。这些做法往往与节令相合，如夏季要求色泽清淡，冬季则要求浓艳。例如夏季做清炖鸡，汤汁清澈见底，鸡块鲜嫩洁白，再衬以鲜嫩的火腿、绿色的菜心、黑色的香菇，使人有清爽悦目的感受。淮扬菜的其他名菜还有清炖蟹粉狮子头、拆烩大鱼头、水晶肴蹄、百花酒焖肉、清蒸鲥鱼等，如图 8-6 所示。

图 8-6　四喜丸子

淮扬菜造型美观，通过切配、烹调、装盘、点缀的方法，达到色、香、味、形俱佳的艺术境地。冷菜拼盘尤其讲究造型，变化多端。例如萝卜花雕技艺高超，刻成梅、兰、竹、菊等花卉，生动传神。冷盘的代表有逸圃彩花篮，篮中有用萝卜雕刻的牡丹、玫瑰、菊花、马蹄莲、白兰花等，多彩多姿，是高雅的艺术品。

6. 粤菜

粤菜选料广博奇杂，鸟、兽、蛇、鼠均为佳肴。在风味上，粤菜夏秋求清淡，冬春浓郁。如八宝鲜莲冬瓜盅，即是用夏令特产鲜莲、冬瓜，配以田鸡肉、鲜虾仁等原料炖制，清淡可口。又如名菜龙虎凤大会，选用秋季肥嫩的三蛇，配母鸡炖汤烩羹，味道浓郁，为滋补佳品。

粤菜的调味品也别具一格，经常采用的有蚝油、糖醋、豉汁、果汁、西汁、煎封汁、白卤水、酸梅酱、沙茶酱、鱼露、珠油等，大都是专门配制的。

粤菜中独特的烹调技法有熬汤、煲、煸、泡、焗等。熬汤以鸡、瘦猪肉为主料，汤成后用于菜肴烹调中的加汤。煲是以汤为主的烹法，用瓦罅慢火熬炖，煸则是将几种动植物原料混配一起，加进调料，煸成色鲜味浓的菜肴。焗分锅焗和瓦焗两种，将原料放入锅中油炸，加盖，以文火焗成浓汁，上盘淋汁，风味别致，如图 8-7 所示。

图 8-7　豉油鸡

粤菜有香、松、臭、肥、浓五滋和酸、甜、苦、咸、辣、鲜六味的分别，如蛇龙虎凤大会、五蛇羹、竹丝鸡烩王蛇、脆皮鸡、烤乳猪、盐焗鸡、出水芙蓉鸭等。

7. 福建菜系

由福州、漳州、厦门、泉州菜组成的福建菜系，烹调技法以清汤、干炸为主。常用红糟调味，偏重甜酸。名菜有干炸三肝花卷、淡糟炒鲜笋、佛跳墙、雹鸡丁、清汤鱼丸、雪花鸡等，如图 8-8 所示。

图 8-8　荔枝肉

8. 湖南菜

湖南菜也是南方一个较重要的菜系，采用熏腊原料较多，烹法以熏蒸、干炒，风味重酸辣，名肴有蒸腊味合、凤尾虾、线粉炒牛肉丝、麻辣仔鸡、红煨仨翅、金钱鱼、冰糖湘莲、清蒸鱼等，如图 8-9 所示。

图 8-9　口味虾

9. 湖北菜

湖北菜重烧、煨、蒸、炒，油厚、口重、味鲜，名菜有红烧鲴鱼、清蒸鳊鱼和皮条鳝鱼、粉蒸鲭鱼、脊花鳜鱼、茄汁鳜鱼、冬瓜鳖裙羹、油酥野鸡、瓦罐鸡等。

10. 杭州菜

杭州菜则具有清鲜、香脆、细嫩的特色，名品有西湖醋鱼、生爆鳝片、叫花鸡、龙井虾仁、东坡焖肉、荷叶粉蒸肉、鸡蓉莼菜等，如图 8-10 所示。

图 8-10　松鼠桂鱼

11. 安徽菜

安徽菜以皖南徽菜为代表，以烹制山珍野味著称，擅长炖、烧、蒸，讲究重油、重酱色、重火工的“三重”。名品有火腿炖甲鱼、红烧果子狸、无为熏鸭、腌鲜鳜鱼、符离集烧鸡、毛峰熏鲥鱼、奶汁肥王鱼等。

在中国菜系中，还有没入系的菜，如素菜和清真菜。一般的菜系都有特定的地域分布范围，而清真菜，尤其是素菜却没有明显的地域特征，它们的形成经历了长久的历史过程。

关于素菜素食的起源，饮食史家们的意见极不一致，或以为与佛教有关。首先在素食的定义上，各家还没有一个统一的标准。佛教创始人释迦牟尼及其弟子遇荤吃荤，遇素吃素，并无什么禁忌。最早的佛教教义并没有一定绝对不许食荤，所以佛教传入中国，对素食的发展起到了推波助澜的作用，但却不一定是起源于佛教。

虽然素食有久远的历史渊源，但作为一个菜系的形成，当是在宋代才开始的。北魏贾思勰的《齐民要术》以及唐代昝殷的《食医心鉴》虽也提到过一些制作方法，但那些蔬食与后世的素食还不能相提并论。

明清两代是素菜素食的进一步发展时期，尤其是到清代时，素食已形成寺院素食、宫廷素食和民间素食三个支系，风格各不相同。晚清时期薛宝辰所著的《素食说略》记述了清末流行的一百七十余种素食的制作方法。他是一位绝对的素食主义者，反对杀生，反对食荤。他认为只知肉食者都是昏庸之徒，而道德高尚才能出众的人，无不以淡泊的生活来表明自己的心志。他还特别指出，素菜如果烹调得法，味美亦不亚于珍馐。

素菜以绿叶菜、果品、菇类、豆制品、植物油为原料，易于消化，富有营养，利于健康。现代医学证实，许多素菜如香菇、萝卜、大蒜、竹笋、芦笋等，都具有抗癌和治癌作用。素菜还能仿制荤菜，形态逼真，口味相似。这些都是素菜越来越受到人们重视的原因。

现代中国素菜已发展到数千种，烹调技法也有很大进步。这些技法大体可归纳为三类：一是卷货，用油皮包馅卷紧，以淀粉勾芡，再烧制而成，名品有素鸡、素酱肉、素肘子、素火腿等；二是卤货，以面筋、香菇为主料烧制而成，品种有素什锦、香菇面筋、酸辣片等；三是炸货，过油煎炸而成，有素虾、香椿鱼等。

素食养生，古代的许多学问家都坚信这一点。饮食既能养生，又能疗疾，这些道理早在野蛮时代便为人们所懂得。然而这些知识要上升为科学，却不知经历了多少个世纪。到了唐代，出现了专门研究食疗的学者和著作，一个新的学科逐渐形成了。

（三）餐桌礼仪

古代在餐桌上的礼仪也非常的严格。《礼记·曲礼》曰："入境而问禁，入国而问俗，入门而问讳。"这话成了周代那个崇尚礼仪的社会所奉行的行为准则。尤其对于饮食礼仪，人们态度之严肃，不是我们当代标榜有现代意识的人所能想象得到的。

《礼记·礼运》说："夫礼之初，始诸饮食。"意思是礼仪产生于饮食活动，饮食之礼是一切礼仪的基础。夏商时的饮食礼仪不太清楚，至迟在周代，饮食礼仪形成了一套相当完整的制度。这些饮食礼俗即便在今天，有相当多的内容还有一定的合理性，所以有许多规范一直保存在现代的饮食生活中，这也是构成中国饮食文化的重要特征之一。

周代的饮食礼俗，经过儒家后来的精心整理，比较完整地保存在《周礼》《仪礼》和《礼记》的《曲礼》《礼器》《郊特牲》《少仪》《玉藻》等章节中。这里我们简单叙述一下客食之礼、待客之礼、侍食之礼、丧食之礼、进食之礼，由此可见周代饮食礼俗之大端。

1. 客食之礼

作为一个客人，首先，赴宴时入座的位置就很有讲究，要求"虚坐尽后，食坐尽前"。古时无椅、凳之类，席地而坐，在一般情况下要坐得比尊者靠后一些，以示谦恭；而饮食时则要尽量坐得靠前一些，以免食物掉在座席上。其次，要求"食至起，上客起"。宴饮开始，馔品端上来时，客人要起立。在贵客到来时，其他客人都要起立，以示恭敬。如果来宾的地位低于主人，必须端起食物面向主人道谢，等主人寒暄完毕之后，客人才可入席落座。

进食之先，等馔品摆好之后，主人引导客人行祭。古人为了表示不忘本，每食用之前必拨出各种馔品少许，放在杯盘之间，以报答发明饮食的先人，是谓"祭"。享用主人准备的美味佳肴，虽然都摆在面前，而客人却不可随便取用。须得"三饭"之后，主人才指点肉食让客人享用，还要告知客人所食肉物的名称。所谓"三饭"，是指一般的客人吃三小碗饭后便说吃饱了，须主人再劝而食肉。实际上，主要馔品还没享用，何得而饱？这一条实为虚礼。

宴饮完毕，客人自己须跪立在食案前，整理好自己所用的餐具及剩下的食物，交给主人的仆从。待主人说不必客人亲自动手，客人才住手，复又坐下。如果是自家人，或是同事聚会，没有主宾之分，可由一人统一收拾食案。如果是较隆重的筵席，这种撤食案的事不能让妇女承担，怕她们力不胜劳，可以推出年轻点儿的人来干。

2. 待客之礼

主人接待客人的方式，上面已言明一二。及至仆从待客，对于馔品的摆放有严格的规定。如带骨的肉要放在净肉的左方，饭食要放在客人的左边，肉羹则要放在客人的右边。脍炙的肉食放在外边，醯酱调味品则放在靠人近些的地方。酒浆也要放在近旁，葱类可放远一点儿。如有肉脯之类，还要注意摆放的方向。这些规矩大致上还是切合实际的，主要还是为了取食方便。

食器、饮器的安排也毫不含糊。仆从摆放酒尊、酒壶等酒器，要使壶嘴面向贵客。端出菜肴时，不能面对客人和菜盘子大口喘气。如果此时客人正巧有问话，仆从回答时，必须将脸侧向一边，避免呼气和唾沫溅到盘中或客人身上。如果上的菜是整尾的烧鱼，一定要将鱼尾指向客人，因为鲜鱼肉从尾部易使骨刺剥离。干鱼则正好相反，上菜时要将鱼头对着客人。冬天的鱼腹部肥美，摆放时鱼腹向右，便于取食；夏天的鱼鳍部较肥，所以背部朝右。主人的情意，由此可以见其深厚，可以见其真切。

3. 侍食之礼

陪侍年长位尊者进餐，自己不是主要的客人，主人亲自进馔，不必出言为谢，拜而食之即可。如果主人顾不上亲自供馔，客人则不拜而食。陪长者饮酒时，酌酒时须起立，离开座席面向长者拜而受之。长者表示后，少者才返还入座而饮。如果长者一杯酒没饮尽，少者不得先饮尽。侍食年长位尊的人，少者还要准备先吃几口饭，谓之“尝饭”。虽先尝食，不得自个儿先吃饱肚子，必得等尊长者吃饱后才能放下碗筷。少者吃饭时还要小口地吃，而且要快些咽下去，准备随时能回复长者的问话，谨防有喷饭的事。凡是熟食制品，侍食者都要先尝尝。如果是水果之类，则必让尊者先食，少量不能抢先。古来重生食，尊者若赐给你水果，如桃、枣、李子之类，剩下的果核不能扔下，须怀而归之，否则便是极不尊重的了。

4. 丧食之礼

家国之丧，有丧食之礼。如果是君王去世，王子、大夫、公子（庶子）、众士三日不吃饭，但可以食粥。病人服丧，可以受到一些照顾，不必死守吃粥的规矩。这服丧之礼到了后来，一些孝子终身食粥，连盐菜都要戒绝。当然也有不孝的子孙，祖先去世，大肉大鱼不断。现在有的地方办丧事大吃大喝，丧事当成喜事办，那又另当别论了。

5. 进食之礼

进食时无论主宾，对于如何使用餐具，如何吃饭食肉，都有一系列的行为准则。如共食不饱，同别人一起进食，不能吃得太饱，要注意谦让。不要长饮大嚼，让人觉得自己是想快吃多吃。咀嚼时不要让舌头在口中作声，不要啃骨头，使人感到不敬重。客人自己不要啃骨头，也不要把骨头扔给狗去啃，否则主人会觉得你看不起他筹措的饮食。不要喜欢吃某一味食物就只独吃那一道或者争着去吃，有贪吃之嫌。吃黍饭不要用筷子，但也不要直接用手抓。吃羹时不可太快，快到连羹菜都顾不上嚼，既易出恶声，亦有贪多之嫌。客人不要自行调和羹味，这会使主人怀疑客人更精于烹调。进食时不要随意剔牙齿，如齿塞须待饭后再剔。肉或烤肉串不要一口吃下去，如此不及细嚼，狼吞虎咽，仪态不佳。吃饭时不要唉声叹气，唯食忘忧，不可哀叹。

这些禁条使中国古代文明的细枝末节在饮食生活中得到了圆满的体现。还有宴饮之礼，周代礼仪之严谨，在宴饮活动中表现得最为充分。

如“乡饮酒”之礼，乡学三年大比，按学生德行选其贤能者，向国家推荐，正月推荐学生之时，乡里大夫以主人身份与中选者以礼饮酒而后荐之。整个乡饮酒程序大约分27个步骤进行。

首先，乡大夫请乡学先生按学生德行分为宾、介、众宾三等，宾为最优。大夫主持大礼，告诫宾、介互行拜答之礼。接着是陈设，为主人及宾、介铺垫座席，众宾之席铺的位置略远一些，以示德行有所区别。在房户间摆上两大壶酒，还有肉羹等。摆设完毕，主人引宾、介入席，在入席过程中，宾主不时揖拜。

饮酒开始，主人拿起酒杯，亲自在水里盥洗一过，将杯子献给宾，宾拜谢。主人接着为宾斟酒，宾又拜。酒肉之先，照例要祭食。席上设俎案，放上肉食，宾左手执爵杯，右手执脯醢，祭酒肉，然后尝酒，拜谢主人。主人劝宾饮酒，宾一饮而尽，又拜谢安坐。接着主人又献介饮酒，礼仪与宾相同。介回敬主人饮酒。主人又劝众宾饮，众宾也回敬主人。

席间有乐工四人，二人鼓瑟，二人歌唱，另有乐师一人担任指挥。所歌为《诗经·小雅》之《鹿鸣》《四牡》《皇皇者华》。《鹿鸣》为君臣同燕、讲道修改之歌，《四牡》为国君慰劳使君之歌，《皇皇者华》为国君遣使者之歌。三曲歌毕，主人请乐工饮酒。接着又是吹竹击磬，都是演奏为《诗经》所谱的乐曲。在整个过程中，乐声间而不断，最后还有合乐，即合奏合唱，所歌也都是《诗经》中的篇章，如《周南·关雎》《召南·鹊巢》等。

宾主应酬之礼和笙歌之礼毕，大概主宾已有些疲倦了，于是主人指使一人为“司正”，作为监察，以防发生失礼的事。以下进行的是相互比较随意的祝酒，众宾之间也可互相祝酒，这时的礼节稍有懈怠，不像起初那么一丝不苟。末了，主人请撤去俎案。宾主饮酒前都曾脱了鞋子上堂，现在要去把鞋子穿上，又是互相揖让，升坐如初。燕坐时，主人命进馐馔如狗肉之类，以示敬贤尽受之意。最后，宾、介等起身告辞，乐工奏乐，主人送宾于门外，拜别。第二天，宾还要穿着礼服前往拜谢主人的恩惠，这时又要举行一次略为简单一点儿的宴会，礼仪要求也不甚严格。如饮酒不限量，将醉而止；奏乐不限次数。有时也不必特为杀牲，有什么就吃什么，不必大操大办。

如此“乡饮酒”，对鼓励年轻人勤学上进具有一定的积极意义。

不过礼仪过于繁复，也会表现出不切实际的弊病，甚至统治者也会感到有些不方便。

拓展阅读

一、春节的习俗

（一）春节简介

春节是指汉字文化圈传统上的农历新年，传统名称为新年、大年、新岁，但口头上又称为度岁、庆新岁、过年。古时春节曾专指节气中的立春，也被视为是一年的开始，后来改为农历正月初一开始为新年。一般至少要到正月十五（上元节）新年才结束。春节俗称“年节”，是中华民族最隆重的传统佳节。汉武帝时期之前，各朝各代春节的日期并不一致，自汉武帝太初元年始，以夏历（农历）正月为岁首，年节的日期由此固定下来，1911 年辛亥革命以后，开始采用公历计年，遂称公历 1 月 1 日为“元旦”，称农历正月初一为“春节”。

春节是中华民族文化优秀传统的重要载体，蕴含着中华民族文化的智慧和结晶，凝聚着华夏人民的生命追求和情感寄托，传承着中国人的社会伦理观念。

在民间，特别是农村地区，有过小年和大年的习惯。

1. 小年

小年即农历腊月二十三日送灶王爷上天（把供奉的灶王画火化），向玉皇大帝报告他所在的一家在过去一年的表现。为了让灶王爷说好话，要供奉糖瓜，送行时还要用糖糊在他嘴上，让他上天言好事。到除夕再把灶王迎回来，就是请（买）一张新的灶王画（画上画有灶王爷和他的太太灶王奶）供在厨房。画的两侧通常贴一副对联：上天言好事，回宫降吉祥。横批：一家之主。

2. 大年

从腊月最末一天开始，一直到正月三十或二月初二（龙抬头）。

从阳历看，春节在 1 月 21 日至 2 月 20 日游动。

北京地区：从腊月初八（过了腊八就是年）直到农历二月二（龙抬头），年才算过完。

（二）节日的习俗

1. 扫尘

“腊月二十四，掸尘扫房子”，据《吕氏春秋》记载，中国在尧舜时代就有春节扫尘的风俗。按民间的说法，因“尘”与“陈”谐音，新春扫尘有“除陈布新”的含义，其用意是要把一切穷运、晦气统统扫出门。这一习俗寄托着人们破旧立新的愿望和辞旧迎新的祈求。每逢春节来临，家家户户都要打扫环境，清洗各种器具，拆洗被褥窗帘，洒扫六闾庭院，掸拂尘垢蛛网，疏浚明渠暗沟。到处洋溢着欢欢喜喜搞卫生、干干净净迎新春的欢乐气氛，如图 8-11 所示。

图 8-11　打扫

2. 守岁

除夕守岁是最重要的年俗活动之一，守岁之俗由来已久。最早记载见于西晋周处的《风土志》：除夕之夜，各相与赠送，称为“馈岁”；酒食相邀，称为“别岁”；长幼聚饮，祝颂完备，称为“分岁”；大家终夜不眠，以待天明，称为“守岁”，如图 8-12 所示。

图 8-12　守岁

“一夜连双岁，五更分二天。”除夕之夜，全家团聚在一起，吃过年夜饭，点起蜡烛或油灯，围坐炉旁闲聊，等着辞旧迎新的时刻，通宵守夜，象征着把一切邪瘟病疫照跑驱走，期待着新的一年吉祥如意。这种习俗后来逐渐盛行，到唐朝初期，唐太宗李世民写有“守岁”诗：“寒辞去冬雪，暖带入春风。”人们还习惯在除夕之夜守岁迎新。

古时守岁有两种含义：年长者守岁为“辞旧岁”，有珍爱光阴的意思；年轻人守岁，是为延长父母寿命。自汉代以来，新旧年交替的时刻一般为夜半时分。

3. 拜年

新年的初一，人们都早早起来，穿上最漂亮的衣服，打扮得整整齐齐，出门去走亲访友，相互拜年，恭祝来年大吉大利，如图 8-13 所示。拜年的方式多种多样，有的是同族长带领若干人挨家挨户地拜年；有的是同事相邀几个人去拜年；也有的是大家聚在一起相互祝贺，称为“团拜”。由于登门拜年费时费力，后来一些上层人物和士大夫便使用名贴相互投贺，由此发展出后来的“贺年片”。

图 8-13　拜年

春节拜年时，晚辈要先给长辈拜年，祝长辈人长寿安康，长辈可将事先准备好的压岁钱分给晚辈，据说压岁钱可以压住邪祟，因为“岁”与“祟”谐音，晚辈得到压岁钱就可以平平安安度过一岁。压岁钱有两种：一种是以彩绳穿线编作龙形，置于床脚，此记载见于《燕京岁时记》；另一种是最常见的，即由家长用红纸包裹分给孩子的钱。压岁钱可在晚辈拜年后当众赏给，亦可在除夕夜孩子睡着时，由家长偷偷地放在孩子的枕头底下。现在长辈为晚辈分送压岁钱的习俗仍然盛行。

4. 贴春联

春联也叫作门对、春贴、对联、对子、桃符等，它以工整、对偶、简洁、精巧的文字描绘时代背景，抒发美好愿望，是中国特有的文学形式。每逢春节，无论城市还是农村，家家户户都要精选一幅大红春联贴于门上，为节日增加喜庆气氛，如图 8-14 所示。这一习俗起于宋代，在明代开始盛行，到了清代，春联的思想性和艺术性都有了很大的提高，梁章钜编写的春联专著《楹联丛话》对楹联的起源及各类作品的特色都做了论述。

图 8-14 贴春联

春联的种类比较多，依其使用场所，可分为门心、框对、横披、春条、斗方等。“门心”贴于门板上端中心部位；“框对”贴于左右两个门框上；“横披”贴于门楣的横木上；“春条”根据不同的内容，贴于相应的地方；“斗方”也叫作“门叶”，为正方菱形，多贴在家具、影壁中。

在贴春联的同时，一些人家要在屋门上、墙壁上、门楣上贴上大大小小的“福”字。春节贴“福”字，是中国民间由来已久的风俗。“福”字指福气、福运，寄托了人们对幸福生活的向往，对美好未来的祝愿。为了更充分地体现这种向往和祝愿，有的人干脆将“福”字倒过来贴，表示“幸福已到”“福气已到”。民间还有将“福”字精描细做成各种图案的，图案有寿星、寿桃、鲤鱼跳龙门、五谷丰登、龙凤呈祥等。

5. 贴窗花

在民间人们还喜欢在窗户上贴上各种剪纸——窗花。窗花不仅烘托了喜庆的节日气氛，也集装饰性、欣赏性和实用性于一体。剪纸在中国是一种很普及的民间艺术，千百年来深受人们的喜爱，因它大多是贴在窗户上的，如图 8-15 所示，所以也称其为“窗花”。窗花以其特有的概括和夸张手法将吉事祥物、美好愿望表现得淋漓尽致，将节日装点得红火富丽。

图 8-15 贴窗花

6. 年画

春节贴年画在城乡也很普遍，浓墨重彩的年画给千家万户平添了许多兴旺欢乐的喜庆气氛。年画是中国的一种古老的民间艺术，反映了人民朴素的风俗和信仰，寄托着他们对未来的希望，如图 8-16 所示。年画和春联一样，起源于“门神”。随着木板印刷术的兴起，年画的内容已并不仅限于门神之类单调的主题，变得丰富多彩，在一些年画作坊中产生了《福禄寿三星图》《天官赐福》《五谷丰登》《六畜兴旺》《迎春接福》等精典的彩色年画，以满足人们喜庆祈年的美好愿望。中国出现了年画的三个重要产地：苏州桃花坞、天津杨柳青和山东潍坊，形成了中国年画的三大流派，各具特色。

图 8-16 年画

7. 爆竹

中国民间有“开门爆竹”一说，即在新的一年到来之际，家家户户开门的第一件事就是燃放爆竹，以噼噼啪啪的爆竹声除旧迎新，如图 8-17 所示。爆竹是中国特产，亦称“爆仗”“炮仗”“鞭炮”。其起源很早，至今已有两千多年的历史。放爆竹可以创造出喜庆热闹的气氛，是节日的一种娱乐活动，可以给人们带来欢愉和吉利。随着时间的推移，爆竹的应用越来越广泛，品种花色也日渐繁多，每逢重大节日及喜事庆典，及婚嫁、建房、开业等，都要燃放爆竹以示庆贺，图个吉利。现在，湖南浏阳、广东佛山和东莞、江西的宜春和萍乡、浙江温州等地区是中国著名的花炮之乡，生产的爆竹花色多、品质高，不仅畅销全国，还远销世界。

图 8-17　放鞭炮

8. 看春晚

春节联欢晚会，通常简称“春晚”，是中国中央电视台在每年农历除夕晚上为庆祝农历新年举办的综艺性文艺晚会。

1983 年，中央电视台举办春节联欢晚会应该说是一个偶然事件。但是现在这台晚会已经成为了中国人的“新民俗，新文化”，每年除夕夜必看的电视大餐。从文化发展的角度看，中央电视台春节联欢晚会开创了电视综艺节目的先河，且引发了中国电视传媒表达内容、表达方式等方面的重大变革。它的成功不仅牢固确立了自身的地位，而且在中央电视台衍生出系列类似的节目，如综艺大观、正大综艺、曲苑杂坛、春节戏曲晚会、春节歌舞晚会、各部委春节晚会（如公安部春晚）以及国庆、五一、中秋、元旦等各种节日综艺晚会。随后，全国大大小小的地方电视台频频效仿并力求创新。

9. 办年货

中国的家庭过年前要购买大量的“年货”，春联、福字、新衣服、过年期间的食品（过年市场多不开门）。办年货是中国人过春节的一项重要活动，与过去相比，中国人办年货的方式变得更加现代，不拘泥于传统。

二、中西方礼仪的差异

由于文化体系的不同，中西方礼仪也呈现出不同的特点，彼此差异有如下几点。

（1）中华礼仪是道德文化的主要构成部分，强调人的道德主体意识，要着力培养内在的道德根基，如修身养性、人文关怀、和谐社会的建立等，把它作为礼的源头和动力。要求人们先做到“德辉动于内”，然后才是“礼法诸于外”。失去了内在的德，礼就成了徒具形式的“仪”，成了伪善的“虚文”。在人与人的交往中，提倡真诚、质朴、自然，强调礼是内心敬意的自然流露，反对华而不实、做作。

西方礼仪则比较注重细节。

①西式的“入座”礼仪。

落座时，右腿应后撤半步，轻稳地坐下。

起立时，右腿向回收半步，用小腿的力量将身体支起，并保持上身的直立状态。

②西式的“握手”礼仪。

行握手礼时，距对方约一步，上身前倾，两足立正，伸出右手，四指并齐，拇指张开，并上下微动，礼毕即松开。

（2）中华礼仪主张彼此之间有一定的距离，相见时用作揖或跪拜的方式，反对肌肤直接接触，认为“亵则渎”，过于亲密的接触是轻浮的表现。只要彼此保持恰当的距离，才有可能产生敬意。强调男女有别，彼此要有分寸，尤其反对肌肤接触，认为那样是不尊重女性，有失体统。

西方则恰恰相反，认为用身体、肌肤直接接触，如握手、亲吻、拥抱等，可以增加彼此的亲密感。在“非典”盛行时，人们发现西方人的这种礼仪很不卫生，因此，有人建议采用中国传统的拱手礼。

（3）中华礼仪的特色之一是讲究尊卑。晚辈与长辈相见，长辈为尊，晚辈应该处处尊重长辈。平辈之间相见，对方为尊，处处为对方考虑。这是中华礼仪的传统。

西方人主张人人平等。无论是谁，都是上帝的儿子，人与人之间没有尊卑。儿子可以给父亲起外号，父母老了应该进养老院，子女没有赡养的责任。唯一受到尊重的是女性，处处都要女性优先。甚至男子求婚，要向女子单腿下跪，而这是孩子对父母都没有的礼节。

（4）中国人比较内向、低调，喜欢用心与别人交流，不喜欢用外表去博得他人的好感。

西方人则喜欢张扬个性，喜欢用外表来吸引人，喜欢把某些东西画在脸上、衣服上，让他人知道。

总之，东西方礼仪各有长短，不妨互相借鉴，但对于民众来说，还是应该首先树立起民族文化的主体，而不是盲目地跟着西方文化走。

第九章 科学技术——璀璨夺目

祖冲之研究了刘徽的“割圆术”。所谓“割圆术”就是在圆内画个正6边形，其边长正好等于半径，再分12边形，用勾股定理求出每边的长，然后再分24边形、48边形，一直分下去，所得多边形各边长之和就是圆的周长。

祖冲之非常佩服刘徽这个科学方法，但刘徽的圆周率只得到96边，得出3.14的结果后就没有再算下去，祖冲之决心按刘徽开创的路子继续走下去，一步一步地计算出192边形、384边形……以求得更精确的结果。

当时，数字运算还没有利用纸、笔和数码进行演算，而是通过纵横相间地罗列小竹棍，然后按类似珠算的方法进行计算。

祖冲之在房间地板上画了个直径为1丈的大圆，又在里面做了个正六边形，然后摆开他自己做的许多小木棍开始计算起来。

此时，祖冲之的儿子祖暅已13岁了，他也帮着父亲一起工作，两人废寝忘食地计算了十几天才算到96边，结果比刘徽的少0.000 002丈。

祖暅对父亲说：“我们计算得很仔细，一定没错，可能是刘徽错了。”祖冲之却摇摇头说：“要推翻他一定要有科学根据。”于是，父子俩又花了十几天的时间重新计算了一遍，证明刘徽是对的。

祖冲之为避免再出误差，以后每一步都至少重复计算两遍，直到结果完全相同才罢休。

祖冲之从12 288边形算到24 567边形，两者相差仅0.000 000 1。祖冲之知道从理论上讲，还可以继续算下去，但实际上无法计算了，只好就此停止，从而得出圆周率必然大于3.141 592 6，而小于3.141 592 7。

很多朋友知道了祖冲之计算的成绩，纷纷登门向他求教。之后，祖冲之又进一步得出圆周率的密率是355/113，约率是22/7。直到一千多年后，德国数学家鄂图才得出相同的结果。

祖冲之是南北朝时期杰出的数学家。在汉以前，中国一般用三作为圆周率数值，即“周三径一”。这在计算圆的周长和面积时，误差很大。祖冲之在刘徽创造的用“割圆术”求圆周率的科学方法基础上，运用开密法，经过反复演算，求出圆周率为$3.141\,592\,6<\pi<3.141\,592\,7$。这是当时世界上最精确的数值，他也成为世界上第一个把圆周率的准确数值计算到小数点以后第7位数字的人。直到一千多年后，这个纪录才被欧洲人打破。

祖冲之的这一成果给当时的人们帮了大忙，要知道那时的量器大多是圆柱状的，以前很难精确计算其容积量。此后，人们制造量器时，就采用祖冲之推算的数值，减少了误差，为日常生活提供了方便。

圆周率的计算是祖冲之在数学上的一项杰出贡献，有外国数学史家把 π 叫作“祖率”。

知识导航

在人类历史上，封建社会科学文化的最高成就是由中国创造的。中国是一个具有 5000 年文化历史的文明古国。其中农学、医学、数学、天文学是我国古代的四大自然科学。从商周时期，历经春秋战国、秦汉南北朝、隋唐时期的发展，到宋朝臻至鼎盛，古代中国科技都在不断地发展与进步当中。明清时期，受海禁及闭关锁国等对外政策的影响，是古代中国科技的衰落时期，西方科学技术传进我国。

中国古代科技具有很强的实用性，服务于生产和巩固统治的需要。中国古代科技著作大多是对生产经验的直接记载或对自然现象的直观描述，具有较强的经验性。古代科学理论的技术化倾向严重，而这些技术又不具有开放性，没有转化为普遍的生产力。总之，中国古代科技对世界造成了重大影响，为世界科学技术做出了重大贡献。

一、天文观测

中国很早就发展出了发达的天文学。根据《尚书》的记载，上古时代的帝尧（约活动于 4300 多年前）曾命令天文学家曦和“钦若昊天，历象日月星辰，敬授民时”，即根据天文观测和编制历法，并分派羲仲、和仲等天文学家分别前往东、西、南、北四方设立观测点。这是关于中国上古天文学的比较早的确切记载，并已经得到了考古证据的支持。

关于五大行星的知识，测定了几个行星的会合周期（即某一个行星前后两次和太阳在同一方向上或和太阳在相反方向上所间隔的时间），发现了火星、金星的逆行现象。甘德还用肉眼发现了木星的卫星。石申则发现了日食、月食是天体相互掩盖的现象。

天象观测:关于日食的记录，在这一时期大约有 50 次，经分析有 33 次是可靠的。《左传》中记载了关于天琴座流星雨的最早记录。《春秋》中记载了关于哈雷彗星的最早记录。

四分历的使用：能够更好地确定节气，确立了阴阳合历的历法形式，产生了二十四节气的独立创造。

大约在公元前 360—公元前 350 年，楚国人甘德写了《天文星占》，魏国人石申写了《星占》，这是世界上最早的星表。

在技术方面，用天文观测仪器漏壶来测定时间，用圭表观测日影来确定季节。

天文学的发展是这一时期的又一个重要成果，东汉著名天文学家张衡对浑天说进行了说明并创制了浑天仪和地动仪，正确解释了月食的成因。历法方面形成了独具一格的历法体系，西汉编制的太初历，对于后世的历法建立了楷模；南北朝时期编制的大明历，首次把岁差的概念引入历法，对于推算太阳所在宿度和节气的精度有重要作用；东晋虞喜最早发现了岁差，岁差是月亮和太阳对地球赤道隆起部分的振动作用所造成的地轴进步的反应。

在技术方面，在天文仪器的制作上对圭表和漏壶进行了改进，使它们更加的精准。

在天文学上，是历法发展的高峰，皇极历、大衍历都在这一时期形成，宋代历法主要体现在一系列天文常数精确度的提高。元代的授时历把我国古代历法推向了新高度。

二、数学体系

数学是随着天文学与测量术而发展的，它在中国科学中是最完全独立发展的部门。大概在春秋战国时期就产生了数学，如别墨派遗留在《墨经》上的记载，就包含了若干几何学的定义和定理，如平面的定义，等长线段的求法，圆的中心在于距圆周同长的点上，圆至其中心同长，不平行的二直线必相交，正方形四边相等、四角相等，等等。又如，别墨派及公孙龙言论中都说过“一尺之捶（“捶”通“棰”），日取其半，万世不竭”的话，可以看出表示无限等比级数的概念。

清修《四库全书》时，戴东原所校订的“算经十书”是现存的最古算书，这十种书是：

（1）《周髀算经》，是前汉末至后汉初出现的，相传是周朝的书。

（2）《九章算术》，是后汉时代出世的，相传为周公所作，其中载有分数、最大公约数的求法、百分法、开平方、开立方的算法，一次联立方程式的解法。

（3）《海岛算经》，是测量术的书籍，著者是魏时的刘徵。刘徵对《九章算术》也做了注解，注解中包含根据几何学而解二次方程的方法、开平方立方之小数计算、圆面积和圆周的算法、角锥体的体积算法等。

（4）《孙子算经》，三国末期出现。

（5）《五曹算经》，是三国末期的书。

（6）《夏侯阳算经》，是南北朝末期的书。

（7）《张邱算经》，是南北朝末期的书。

（8）《五经算术》，是北周甄鸾著。

（9）《数术记遗》，题名汉徐岳撰，疑是甄鸾伪记。

（10）《辑古算经》，相传为唐人王孝通作。

我国圆周率发明很早，前汉末年刘歆即使用过，经过后汉的张衡、魏的刘徵，到南齐祖冲之，乃定圆径比圆周为113/355，圆周率在3.141 592 6 ~ 3.141 592 7，这是5世纪时世界最精密的圆周率。

唐宋期间算学没有什么进步。宋元期间则有秦九韶的《数书九章》，李治的《测圆海镜》《益古演段》，朱世杰的《算学启蒙》《四元玉鉴》等书。我国很早发明的算木计算法，一直沿用到元代。李治的“天元术”（一元高次方程）、朱世杰的“四元术”（四元方程）均用算木代表未知数。这种器械的代数学，到明代已不能再发展，于是算盘代替了算木的地位而普及起来。“九九歌诀”也随着出现。

欧洲人利玛窦等，以及我国科学开创者徐光启等将欧洲的《几何原本》《八线表》等介绍到中国来，当时并没有为我国算学家所直接采用，到清初，才因这种影响而有符号的代数学产生，而有梅氏兄弟的历法与算学的专著出现（梅文鼎著书八十余种，包含代数及三角等，开始用笔算演算），清圣祖御制的《律历渊源》和《数理精蕴》，也包含欧洲的历学与数学。

三、医学理论

中国具有悠久的医学传统。传说中国医学的发明者是生活在约5000年以前的炎帝神农氏。相传为找到合适的药物，神农曾经遍尝百草，“一日而遇七十毒”。这实际上反映了古代先民原始医药知识积累的漫长而痛苦的过程。

春秋战国时期，中国独特的医学理论初步建立，医学方面出现专门的医学著作，之前的《扁鹊内经》《扁鹊外经》已经佚失。保留得最早的医学文献就是《黄帝内经》，它是以论述人体解剖、生理、病理、病因、诊断等作为重点，并包括针灸、经络、卫生保健等。这部著作用问答形式写成，据考证成书大概在战国时期。该著作主要介绍了医学中的整体概念，把人体器官看成一个整体，符合辩证法，并用当时流行的阴阳、五行学说阐述生理、病理、疾病的发生、发展，认为人体阴阳相对平衡是维持正常生理活动的条件，如果失掉这种平衡就会产生疾病。把肝归属于木，心归属于火，脾归属于土，肺归属于金，肾归属于水，用五行相生相克的规律来阐明人体各部分的关系。

在春秋时期，中国已经出现了专职的医生队伍。扁鹊及其弟子子阳、子豹等都是当时著名的职业医生，公元前6—5世纪的秦国还有了专门的宫廷医疗机构。

同时，专门医学著作也陆续问世，如长桑君的《禁方书》《五十二病方》《足臂十一脉灸经》和《阴阳十一脉灸经》也多成于春秋战国之际。战国时期，医书的数量已十分可观，《黄帝内经》是其中最著名的。

随着巫、医的分流和医学研究的开展，春秋战国时期医学理论逐渐形成。如春秋时期医和的阴、阳、风、雨、晦、明“六气”致病说，扁鹊言论涉及的“五脏”“肠胃”“血脉”“血气”“阴阳”等生理概念，《内经》确立了以脏腑、经络、气血为核心的医学理论体系，为后世医学的发展奠定了基础。

从战国到三国是中医医学体系的形成时期。《黄帝内经》是中医理论开始形成的标志。在这一时期出现了以张仲景的《伤寒杂病论》为代表的医学著作，还出现了以《神农本草经》为代表的药学著作。《伤寒杂病论》提出了包括理、法、方、药、的辨证施治原则，使医学理论与医疗实践相结合。三国两晋南北朝时期，出现了大量的医药学著作，特别对脉学、针灸学、本草学、方剂学方面，如王叔和的《脉经》、皇甫谧的《针灸甲乙经》、陶弘景的《神农本草经集注》、葛洪的《肘后方》等，使我国医药学体系臻于完善。

魏晋南北朝时期是中国传统医学进步最大的时期之一。这一方面是因为汉末以来的大瘟疫和战乱导致了对医学研究的迫切需求，并提供了大量的病例和实践机会；另一方面则与道教的兴起直接相关。魏晋是道教形成的时期，先秦的道教哲学和秦汉方士鼓吹的长生术是魏晋道教的主要营养来源。在方士们寻找“不死之药”尝试的基础上，道士们发明了炼丹术。这深刻地影响了中国药剂学的发展，与后来现代化学的出现也有千丝万缕的联系。

汉代医学体系初步形成了，也出现了很多名医，如张仲景、淳于意、华佗等。淳于意辩证审脉，治病多有效验。华佗擅长内、外、妇、儿各科，尤其是外科手术的成就十分有名。

唐代帝王崇奉道教，道教的炼丹术更因为切合了统治者长生不老的愿望而得到大力支持，在唐代迅猛地发展起来。所谓长生不老虽属虚妄，但大量的炼丹实践倒确确实实地导致了诸多新药物、新疗法的发现。唐代的很多名医同时也是重要的炼丹家，被称为药圣的孙思邈就是其中之一。中国的医疗制度和国立医疗机构在隋唐两代走向完善。隋唐两代曾多次组织医官编辑医典、药典、方书颁行天下，并在各地设立医学校和“养病坊”，极大地改善了社会的医疗卫生条件。

这一时期，政府十分重视医药学，医疗行政机构已经比较完善。唐代的医药教育制度也已经相当健全。北宋时期，设立了专门的医学教育机构“太医局”。封建统治阶级为了粉饰太平，安定民心，还建立了一些带有慈善性质的医疗设施。隋唐时期，有巢元方修撰的《诸病源候论》问世。宋代政府也组织编修本草和方术，最后修成《开宝本草》。金元时期，中医学发展到一个新阶段，形成四大家的医学学说。药王孙思邈认为“人命至重，有贵千金，一方济之，德逾于此”，故将他自己的两部著作均冠以“千金”二字，名《千金要方》和《千金翼方》。

汉代出现了中国第一部药学著作《神农本草经》，开创了中国独特的药学分支——“本草学”。到东汉末年，又出现了张仲景、华佗等划时代的名医，在中医内外科的发展史上树立了重要的里程碑。

中医分科由唐代的四科发展到宋代的九科，到元代更增加到十一科。

隋唐政府设有“太医署”和“尚药局”。北宋设立了“太医局”，分九科，元代分十三科。宋元时期设立医学校，三年考试一次，及格的可以进行会试，录取后可以任医官。

李时珍的《本草纲目》是一部具有世界学术地位的专著，该书对药物进行了详细的记录，并传入日本。李时珍共完成了 52 卷的《本草纲目》，在这部巨著中共叙述药物 1892 种，书中还附有处方 11 096 条。书中生动描述了药用生物的形态、产地、采集和栽培方法，还精确地论述了蒸馏法及其历史，以及水银、碘、高岭土等在医疗中的用途，纠正了前人的某些错误，对世界医药学和生物学都做出了重大贡献。赵学敏的《本草纲目拾遗》是继《本草纲目》之后一部比较好的本草书籍。《植物名实图考》是一部科学价值比较高、开近代植物志先声的专著。此外，中医学也有了新的发展，在内科医学方面，温病学说的形成和发展是明清两代的重要成就。人痘接种法的发明比西方早二百多年，在外科医学方面，出现了陈实功的《外科正宗》。

在医疗技术上，明清两代的医学家在临床实践中，深入研究了传染病等热性病的病因、特点和防治措施，总结出胃、气、管、血及三焦辨证的论治的医学理论，形成了温病学说。另一个成果就是人痘接种法的发明。

四、农业科学

中国是世界上发明农业最早的国家之一，也是世界农作物起源中心之一。早在旧石器时代晚期，中国已经形成了分别以黄河和长江流域为中心的两种不同的农业文化——北方的粟作农业和南方的稻作农业。我国也是世界上最早由奴隶制度发展到封建制度的国家。在春秋和战国之交，西周的井田制逐渐崩坏，而后统治中国两千多年的以家庭为基础的小农经济逐渐发展起来。与之相适应，为了最大限度地开发地力，农业的精耕细作传统在此时逐渐形成。在技术上，铁质农具的推广、水利灌溉技术的发展，以及轮作制度等，使农产品产量有了极大的提高。尤其是战国时期为灌溉田地而留下的一系列大型水利工程，其中有不少至今仍为当地的农业做着贡献。这一时期农业进入了新的发展阶段，铁农具广泛使用。在耕作制度上开始出现复种轮作制，出现农家学派和农业专书，“神农之学”的农家学派以楚国人许行为首。战国时期的农家著作有《神农》和《野老》两书。现存最古老的农书就是《吕氏春秋》（公元前 239 年）一书中的《上农》《任地》《辩土》《审时》四篇论著。第一篇论述了新兴地主阶级的重农思想，后三篇论述了从耕地、整地、播种、定苗、中耕、除草、收获以及不违农时等一整套农业生产技术和原则，形成了精耕细作的传统。这四篇著作也体现了朴素的辩证思想，注意到了耕耘、施肥等人为因素与土壤、气候等自然因素的辩证关系。

精耕细作的农业培养方式的雏形形成，具体表现为：深耕（利用铁具、牛耕深度耕作）、畎亩（排水防渍方法形成）、慎种（等距全苗的观念）、易耨（中耕除草做得迅速而细致）、审时（适应气候时节以耕种）。

在技术方面，青铜冶铸技术在春秋战国时期发展到最高阶段。从春秋中期到战国时期，青铜冶铸已经从西周时期比较单一的陶范铸造发展到综合地使用多种金属工艺，创造新的器形、纹饰，达到了新的技术高度。战国中期以后，冶铁技术很发达，出现了三项重大突破：一是生铁冶铸技术的出现。在战国时期，用生铁铸成的农具和手工工具已被广泛应用。但是早期的生铁都是白口铁，碳以碳化铁的形式存在，性脆易折。二是炼钢技术的出现。三是铸铁柔化术的出现。将成型铸铁器件在高温下进行弱化处理，可得到强度、任性大为改善的黑心韧性铸铁和白心韧性铸铁，铁器件得以在战国时期广泛应用。

春秋末期大型渠系工程开始兴建，战国时期更加盛行。这是统治阶级实施重农政策的一项重大措施。著名的渠系工程有漳水十二渠、都江堰、郑国渠、邗沟和鸿沟等。这一时期，手工业生产技术也取得了很大进步，内部分工细密和手工业技术的规范化是这一时期手工业发展的突出特点。《考工记》是我国第一部手工业技术规范汇集，它对车辆的制作工艺和规范、弓箭的材料要求和技术要求、乐器的制作和乐音知识等都有完整的说明。

秦汉时期，中国形成了统一的大帝国，农业生产得到空前的发展。秦以耕战立国，统一中原前就以重视农业著称，修建了都江堰、郑国渠等著名水利灌溉工程，将四川盆地和关中平原建成当时中国最大的产粮区。秦朝末年大乱后，汉朝建立，由于之前的持续战争，人口稀少、国库空虚成为汉初的头等问题。因此，汉代比秦代更重视农业，不但全面继承了先秦时期传承下来的各种技术，还派专门的官员将这些先进的经验整理出来，向全国推广。

魏晋南北朝时期是中国历史上最动荡的时代之一。频繁的战乱导致中原地区的生产遭到了极大的破坏，人口急剧下降。不过在战乱的间隙，一些地区也出现过短暂的和平，生产得到恢复。在这种情况下，对前代农学知识的发掘、整理和推广变得尤为迫切。中国农学历史上的里程碑式著作《齐民要术》正是在这种背景下应运而生的。

隋唐是中国的第二次大统一，经历长期战乱的国家重新进入一个相对比较安定的时代，农业生产从而得到极大的恢复。隋唐时期农业技术进步最突出的是江南地区。魏晋以来中原人口大量南迁，使秦汉时属于边远地区的江南得到迅速开发，更为这一地区带来了先进的农业技术。同时，为适应当地的自然环境，江南人民也对这些技术进行了很多创造性的发展，结合南方原有的优秀农业技术和经验，推动了传统农具的改革，并创造出了新的耕作技术。

宋元时期，中国南方地区的农业技术达到了一个新的水平。这一方面要归功于农作物品种的改良和农耕工具的进步，同时也与江南地区农田水利事业的发展密不可分。与此同时，宋元两代对漕运的高度依赖，也带来了大量以运输为目的的水利工程，对京杭大运河的改造就是其中最重要的一项，始建于隋代的大运河也正是从这个时候开始成为我们今天所知道的“京杭大运河”。

明代在继承宋元时期生产技术的基础上又有很大的提高。在农业方面，由于盐碱地的治理，新型农作物的引进等因素，粮食产量大增，为中国人口的几何式增长提供了条件。在手工业方面，随着经济规模的扩大，江南地区甚至出现了资本主义生产关系的萌芽，为冶金、纺织等各种制造业技术的发展提供了沃土。当时的学者宋应星更对各种手工业产品的生产技术进行了收集整理，写成《天工开物》一书。这也可以视作我国传统手工业技术的总结之作。

经过几千年的发展，至明清时期，黄河和长江流域适合耕种的土地已经基本上开发殆尽，并给生态环境造成了很大压力，水、旱、虫害变得更加频繁。为了生产更多的粮食，养活不断增加的人口，人们只得另辟蹊径。一方面，发展了盐碱地的改造技术，将东部沿海地区无法耕种的土地变成良田。另一方面，“一岁数收”的技术逐渐成熟，通过不同农作物的间作、套作、混作、轮作，可以充分利用土地，使一块地的产出达过去数倍之多。

拓展阅读

一、天文学的发展

我国古代天文学从原始社会就开始萌芽了。公元前24世纪的尧帝时代，就设立了专职的天文官，专门从事“观象授时”。早在仰韶文化时期，人们就描绘了光芒四射的太阳形象，对太阳上的变化也屡有记载，描绘出太阳边缘有大小如同弹丸、成倾斜形状的太阳黑子。

公元16世纪前，天文学在欧洲的发展一直很缓慢，在从2世纪到16世纪的一千多年中，更是几乎处于停滞状态。在此期间，我国天文学得到了稳步的发展，取得了辉煌的成就。我国古代天文学的成就大体可归纳为三个方面，即天象观察、仪器制作和编订历法，但天体物理等理论没有任何贡献。

我国最早的天象观察可以追溯到好几千年以前。无论是对太阳、月亮、行星、彗星、新星、恒星，以及日食和月食、太阳黑子、日珥、流星雨等罕见天象，都有着悠久而丰富的记载，观察仔细、记录精确、描述详尽，其水平之高达到使令人惊讶的程度，这些记载至今仍具有很高的科学价值。在我国河南安阳出土的殷墟甲骨文中，已有丰富的天文现象的记载。这表明远在公元前14世纪时，我们祖先的天文学已很发达了。举世公认，我国有世界上最早、最完整的天象记载，我国是欧洲文艺复兴以前天文现象最精确的观测者和记录的最好保存者。

我国古代在创制天文仪器方面也做出了杰出的贡献，创造性地设计和制造了许多种精巧的观察和测量仪器。我国最古老、最简单的天文仪器是土圭，也叫作圭表。它是用来度量日影长短的，它最初是从什么时候开始有的，已无从考证。

此外，西汉的落下闳改制了浑仪，这是我国古代测量天体位置的主要仪器，几乎历代都有改进。东汉的张衡创制了世界上第一架利用水利作为动力的浑象。元代的郭守敬先后创制和改进了十多种天文仪器，如简仪、高表、仰仪等。

我国公元前240年的彗星记载，被认为是世界上最早的哈雷彗星记录。从那时起到1986年，哈雷彗星共回归了30次，我国都有记录。1973年，我国考古工作者在湖南长沙马王堆的一座汉朝古墓内发现了一幅精致的彗星图，图上除彗星之外，还绘有云、气、月掩星和恒星。天文史学家对这幅古图做了考释研究后，称之为《天文气象杂占》，认为这是迄今发现的世界上最古老的彗星图。早在两千多年前的先秦时期，我们的祖先就已经对各种形态的彗星进行了认真的观测，不仅画出了三尾彗、四尾彗，还似乎窥视到今天用大望远镜也很难见到的彗核，这足以说明中国古代的天象观测是何等的精细入微。

二、九章算术

《九章算术》是中国古代的数学专著，是“算经十书”（汉唐之间出现的十部古算书）中最重要的一种。魏晋时刘徽为《九章算术》作注时说“周公制礼而有九数，九数之流，则《九章算术》是矣”，又说“汉北平侯张苍、大司农中丞耿寿昌皆以善算命世。苍等因旧文之遗残，名称删补，故校其目则与古或异，而所论者多近语也”。根据研究，西汉的张苍、耿寿昌曾经做过增补。最后成书最迟在东汉前期，但是其基本内容在西汉后期已经基本定型。《汉书艺文志》（班固根据刘歆的《七略》写成）中著录的数学书仅有《许商算术》《杜忠算术》两种，并无《九章算术》，可见《九章算术》的出现要晚于《七略》。《后汉书·马援传》载其侄孙马续“博览群书，善《九章算术》”，马续是公元 1 世纪最后二三十年时人。再根据《九章算术》中可供判定年代的官名、地名等来推断，现传本《九章算术》的成书年代大约是在公元 1 世纪的下半叶。《九章算术》将书中的所有数学问题分为九大类，是陈凯靖编辑的。

1984 年，在湖北出土了《算数书》书简。据考证，它比《九章算术》要早一个半世纪以上，书中有些内容和《九章算术》非常相似，一些内容的文句也基本相同。有人推测两书具有某些继承关系，但也有不同的看法认为《九章算术》没有直接受《算数书》影响。

后世的数学家大都是从《九章算术》开始学习和研究数学，许多人曾为它做过注释，其中最著名的有刘徽、李淳风等人。刘徽、李淳风等人的注释和《九章算术》一起流传至今。唐宋两代，《九章算术》都由国家明令规定为教科书。到了北宋，《九章算术》还曾由政府进行过刊刻，这是世界上最早的印刷本数学书。在现传本《九章算术》中，最早的版本乃是上述北宋本的南宋翻刻本，现藏于上海图书馆（孤本，残，只余前五卷）。清代戴震由《永乐大典》中抄出《九章算术》全书，并做了校勘。此后的《四库全书》本、武英殿聚珍本、孔继涵刻的《算经十书》本等，大多数都是以戴震校本为底本的。

作为一部世界数学名著，《九章算术》早在隋唐时期即已传入朝鲜、日本。目前它已被译成日语、俄语、德语、法语等多种文字版本。

《九章算术》的内容十分丰富，全书采用问题集的形式，收有 246 个与生产、生活实践有联系的应用问题，其中每道题有问（题目）、答（答案）、术（解题的步骤，但没有证明），有的是一题一术，有的是多题一术或一题多术。这些问题依照性质和解法分别隶属于方田、粟米、衰（音 cui）分、少广、商功、均输、盈不足、方程及勾股，共九章。原作有插图，今传本已只剩下正文了。

《九章算术》共收有 246 个数学问题，分为九章。它们的主要内容如下。

第一章“方田”：田亩面积计算。主要讲述了平面几何图形面积的计算方法，包括长方形、等腰三角形、直角梯形、等腰梯形、圆形、扇形、弓形、圆环八种图形面积的计算方法。另外，还系统地讲述了分数的四则运算法则，以及求分子分母最大公约数等方法。

第二章“粟米”：谷物粮食的按比例折换。提出了比例算法，称为今有术；衰分章提出比例分配法则，称为衰分术。

第三章“衰分”：比例分配问题。

第四章“少广”：已知面积、体积，反求其一边长和径长等，介绍了开平方、开立方的方法。

第五章“商功”：土石工程、体积计算。除给出了各种立体体积公式外，还有工程分配方法。

第六章“均输”：合理摊派赋税。用衰分术解决赋役的合理负担问题。今有术、衰分术及其应用方法，构成了包括今天正反比例、比例分配、复比例、连锁比例在内的整套比例理论。西方直到15世纪末以后才形成类似的全套方法。

第七章“盈不足”：即双设法问题。提出了盈不足、盈适足和不足适足、两盈和两不足三种类型的盈亏问题，以及若干可以通过两次假设化为盈不足问题的一般问题的解法。这也是处于世界领先地位的成果，传到西方后，影响极大。

第八章“方程”：一次方程组问题。采用分离系数的方法表示线性方程组，相当于现在的矩阵；解线性方程组时使用的直除法与矩阵的初等变换一致。这是世界上最早的完整的线性方程组的解法。在西方，直到17世纪才由莱布尼兹提出完整的线性方程的解法法则。这一章还引进和使用了负数，并提出了正负术——正负数的加减法则，与现今代数中的法则完全相同；解线性方程组时实际还施行了正负数的乘除法。这是世界数学史上一项重大的成就，第一次突破了正数的范围，扩展了数系。外国则到7世纪印度的婆罗摩笈多才认识负数。

第九章“勾股”：利用勾股定理求解的各种问题。其中的绝大多数内容是与当时的社会生活密切相关的。提出了勾股数问题的通解公式：若 a、b、c 分别是勾股形的勾、股、弦，则，$m>n$。在西方，毕达哥拉斯、欧几里得等仅得到了这个公式的几种特殊情况，直到3世纪的丢番图才取得相近的结果，这已比《九章算术》晚约3个世纪了。勾股章还有些内容，在西方却还是近代的事。例如勾股章最后一题给出的一组公式，在国外到19世纪末才由美国的数论学家迪克森得出。

《九章算术》确定了中国古代数学的框架，以计算为中心的特点，密切联系实际，以解决人们生产、生活中的数学问题为目的的风格。其影响之深，以至于以后中国数学著作大体采取两种形式：或为之作注，或仿其体例著书，甚至西算传入中国之后，人们著书立说时还常常把包括西算在内的数学知识纳入九章的框架。然而，《九章算术》亦有其不容忽视的缺点：没有任何数学概念的定义，也没有给出任何推导和证明。魏景元四年(公元263年)，刘徽给《九章算术》作注，才大大弥补了这个缺陷。

刘徽是中国数学家之一，他的生平知之甚少。据考证，他是山东邹平人。刘徽定义了若干数学概念，全面论证了《九章算术》的公式解法，提出了许多重要的思想、方法和命题，他在数学理论方面成绩斐然。

刘徽对数学概念的定义抽象而严谨。他揭示了概念的本质，基本符合现代逻辑学和数学对概念定义的要求，而且他使用概念时也保持了其同一性。如他提出凡数相与者谓之率，把率定义为数量的相互关系。又如他把正负数定义为今两算得失相反，要令正负以名之，摆脱了正为余、负为欠的原始观念，从本质上揭示了正负数得失相反的相对关系。

《九章算术》的算法尽管抽象，但相互关系不明显，显得零乱。刘徽大大发展深化了中算中久已使用的率概念和齐同原理，把它们看作运算的纲纪。许多问题，只要找出其中的各种率关系，通过乘以散之，约以聚之，齐同以通之，都可以归结为今有术求解。

一平面（或立体）图形经过平移或旋转，其面积（或体积）不变。把一个平面（或立体）图形分解成若干部分，各部分面积（或体积）之和与原图形面积（或体积）相等。基于这两条不言自明的前提的出入相补原理，是中国古代数学进行几何推演和证明时最常用的原理。刘徽发展了出入相补原理，成功地证明了许多面积、体积以及可以化为面积、体积问题的勾股、开方的公式和算法的正确性。

三、本草纲目

《本草纲目》一书主要介绍历代诸家本草及中药的基本理论等内容。首先列举了《神农本草经》《名医别录》《雷公炮炙论》《唐本草》等41种本草著作，并加简要评介，基本反映出明代以前本草学发展概况；另又附列引用医书277种，经史百家书籍440种，共计717种。通过引述前人专论，如神农本经名例、陶隐居名医别录合药分剂法则、采药分六气岁物、七方十剂、五味宜忌、五味偏胜、标本阴阳、升降浮沉、脏腑虚实标本用药式、引经报使、相须相使相畏相恶诸药、相反诸药、服药食忌、妊娠禁忌、饮食禁忌、李东垣随证用药凡例、张子和汗吐下三法、陈藏器诸虚用药凡例等，使中药理论获得了系统整理。卷三、卷四为百病主治，大致沿袭宋以前本草“诸病通用药”旧例，以诸风等113种病症为纲，分列主治药物，或于病症下再分若干证，类列药物用法，复设草部、菜部、果木等为小纲，并详其主治，编次有序，便于临证参考。卷五至卷五十二为药物各论，总目原称载药1892种，经核实为1897种。各论均以“部”为纲，以“类”为目分类，分为水、火、土、金石、草、谷、菜、果、木、服器、虫、鳞、介、禽、兽、人等十六部，每部之前均有简要论述。各部之下再分若干类，如草部分为山草、芳草、隰草、毒草、蔓草、水草、石草、苔类、杂草等九类，凡六十类。每药均标注首载文献出处，若有归类变更或并入某药者，则以校正说明；下设释名、集解、辨题或正误、修治、气味、主治、发明、附方等栏目解说。“释名”下列举别名，并释命名意义；“集解”介绍产地、品种、形态、采收等；“辨疑正误”对历代本草有疑误者予以辨正；“修治”阐述炮制方法；“气味”阐述药物性味及有毒无毒；“主治”包括功效；“发明”侧重阐述药性理论、用药要点及李氏学术见解；“附方”广录以该药为主的主治各科病证的有效方剂。本书在唐慎微《经史证类备急本草》的基础上进行大量整理、补充，并载述李氏发明与学术见解。其主要成就包括：集我国 16 世纪前中药学之大成，该书首先介绍历代本草的中药理论和所载药物，又首次载入民间和外用药 374 种，如三七、半边莲、醉鱼草、大风子等，并附方 11 096 则。显示当时最先进的药物分类法，除列“一十六部为纲，六十类为目”外，还包括每药之中“标名为纲，列事为目”，即每一药物下列释名、集解等项，如“标龙为纲，而齿、角、骨、脑、胎、涎皆列为目”；又有以一物为纲，而不同部位为目。特别是在分类方面，从无机到有机、从低等到高等，基本符合进化论观点。全面阐述所载药物知识，对各种药物设立若干专项，分别介绍药物名称、历史、形态、鉴别、采集、加工，以及药性、功效、主治、组方应用等；同时引述自《神农本草经》迄元明时期各家学说，内容丰富而有系统。对中医药理论有所发明，书中强调对中药应该辨证应用，如藜芦条下称“吐药不一，常山吐疟痰，瓜丁吐热痰，乌附尖吐湿痰，莱菔子吐气痰，藜芦则吐风痰者也”。其中亦有前人所未论及的名言和精辟理论，如辛夷条下有“脑为元神之府”之论，橘皮条下称“脾乃元气之母，肺乃摄气之仓”等。书中对过去本草书籍中将两药误为一物者，如葳蕤与女萎；将一物误为两药者，如天南星与虎掌；品种混淆不清者，如百合与卷丹；药用部位失真者，如将五倍子误认为果实；药物归类不当者，如将薯蓣列为草类等，均予以澄清更正。书中对妄图长生不老，服食丹石成风现象进行了批判，对黄连、泽泻服之可以成仙，草子可以变鱼等说，亦做了驳斥。本书虽为中药学专书，但涉及范围广泛，对植物学、动物学、矿物学、物理学、化学、农学等内容亦有很多记载。如在矿物学方面对石油的产地、性状做了详细记述；在化学方面，阐述了检验石胆真伪的方法；在物理学方面，从空气中的湿度变化，以推测雨量的大小；在农学方面，阐述采用嫁接技术，以改良果树品种的方法等。本书通过对药名的探索与考证，阐明某些汉字的字形、读音，也载述一些少数民族和其他国家药名的读音和含义。还记载契丹族用羊皮、羊骨占卜和写字，吐蕃人用燕脂化妆等习俗，蒙古族裹于牛皮内治疗外伤等方法，如图 9-1 所示。

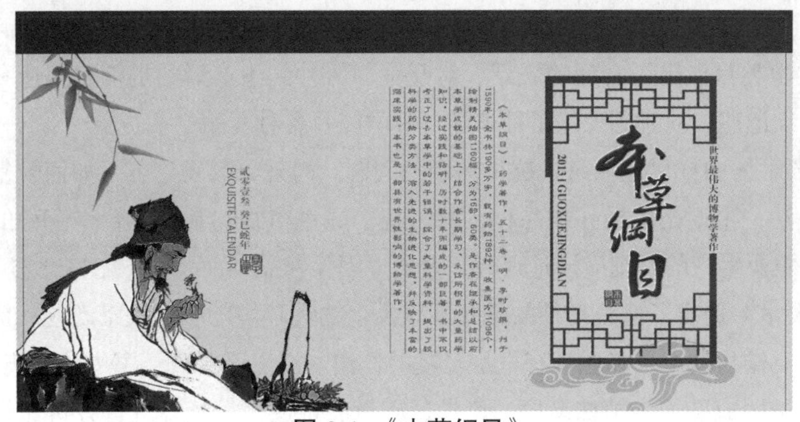

图 9-1 《本草纲目》

本书保存了 16 世纪以前的大量文献资料，其中有的原书已佚失，有关资料可从本书中得以窥见。

四、齐民要术

《齐民要术》是一本综合性农书，中国古代五大农书之首，记述了黄河流域下游地区，即今山西东南部、河北中南部、河南东北部和山东中北部的农业生产，概述了农、林、牧、渔、副等部门的生产技术知识，如图 9-2 所示。

图 9-2 《齐民要术》

书中正文分成 10 卷 92 篇，11 万字，其中正文约 7 万字，注释约 4 万字。书中援引古籍近 200 种，所引《氾胜之书》《四民月令》等现已失传的汉晋重要农书，后人只能从此书了解当时的农业运作。书前有自序、杂说各一篇，其中的序广泛摘引圣君贤相、有识之士等注重农业的事例，以及由于注重农业而取得的显著成效。收录 1500 年前中国农艺、园艺、造林、蚕桑、畜牧、兽医、配种、酿造、烹饪、储备，以及治荒的方法，把农副产品的加工（如酿造）以及食品加工、文具和日用品生产等形形色色的内容都囊括在内。最后列举了很多北方不出产的蔬菜和瓜果。

《齐民要术》推崇耿寿昌之常平仓、桑弘羊之均输法皆为“益国利民，不朽之术”，并嘲笑孔子“四体不勤，五谷不分”。贾思勰建立了较为完整的农业科学体系，对以实用为特点的农学类目做出了合理的规划。对开荒、耕种到生产后的加工、酿造和利用等一系列过程详细记述，同时还论述了种植学、林学以及各种养殖学。

《齐民要术》中详尽地探讨了抗旱保墒的问题。另外，其还论证了如何恢复、提高土壤肥力的办法，主要是轮换作物品种，并出现了绿色植物的栽培及轮作套种的方式，明确提出从事农业生产的原则应该是因时、因地、因作物品种而异，不能整齐划一。

《齐民要术》提出了选育良种的重要性以及生物和环境的相互关系问题。贾思勰认为种子的优劣对作物的产量和质量有举足轻重的作用。以谷类为例，书中共搜集谷类 80 多个品种，并按照成熟期、植株高度、产量、质量、抗逆性等特性进行分析比较，同时说明了如何保持种子纯正、不相混杂，在种子播种前应做哪些工作，以期播种下去的种子能够发育完好，长出的幼芽茁壮健康。

书中叙述了养牛、养马、养鸡、养鹅等方法，共有 6 篇。书中还指出如何使用畜力、如何饲养家畜等，还提出如何搭配雌雄才恰到好处。书中又记载了兽医处方 48 例，涉及外科、内科、传染病、寄生虫病等，提出了及早发现、及早预防、发现后迅速隔离、讲究卫生并配合积极治疗的防病治病措施。

书中阐述了酒、醋、酱、糖稀等的制作过程，以及食品的保存等。从所记载的工艺过程来看，当时的人对微生物在生物酿造过程中所起的重要作用已有所认识，并掌握了很多实际经验和制作技巧。书中记载的蔬菜储藏技术在中国北方仍被使用：九十月间，于地上挖坑，深约 1 米或更多（视储藏量而定），然后把新鲜的蔬菜一层层摆在坑中，再摆一层放一层土，最上面留下一尺多全部用土盖好。这样，冬天取出来的蔬菜不失水分，和夏秋时的一样新鲜。

书中记载了许多关于植物生长发育和有关农业技术的观察资料。例如，“种椒第四十三”中讲述了椒的移栽，说椒不耐寒，属于温暖季节作物，冬天时要把它包起来；又如“种梨第三十七”中说梨的嫁接，“用根蒂小枝，树形可喜，五年方结子；鸠脚老枝，三年即结子，而树丑。”书中还有许多类似记载材料，其中最为可贵的是“栽树第三十二”中所述果树开花期于园中堆置乱草、生粪、温烟防霜的经验。书中认为下雨晴后，若北风凄冷，则那天晚上一定有霜，根据这一方法，人们可以预防作物被冻坏，从而避免损失。另外，还可采用放火产生烟，从而可以防霜。

《齐民要术》中很重视对农业生产、科学技术与经济效益的综合分析，描述了多种经营的可行性，使农民的收入有所增加。书中种白杨一节，预算了可得收入：1 亩 3 垄，1 垄 720 穴，1 穴曲折插 1 杨枝，两头出土，1 亩可得 4320 株，3 年可为蚕架的横档木，5 年可做屋椽，10 年能充栋梁，以售卖蚕架横档木计算，1 根 5 钱，1 亩岁收 21 600 文，1 年若种 10 亩，3 年一轮，那么收入将相当可观。

北魏之前，中国北方处于一种长期的分裂割据局面，一百多年以后，鲜卑族的拓跋氏建立了北魏政权并逐步统一了北方地区，社会秩序由此逐渐稳定，社会经济也随之从屡遭破坏的萧条景象中逐渐恢复过来，得到发展。北魏孝文帝在社会经济方面实施的一系列改革，更是刺激了农业生产的发展，促进了社会经济的进步。尽管如此，当时的农业生产还没有达到很高的水平，有待于得到进一步的发展。

贾思勰青年时代，正值北魏孝文帝所倡孝文汉化运动的高峰，朝廷议政以农为首，督办农业，违者免官。太和九年（公元 485 年）又实行均田制，把无主荒地分给无地或少地农民耕种，规定种植五谷和瓜果蔬菜，植树造林。统治者的励精图治，农业生产的蒸蒸日上，为贾思勰撰写农书提供了便利的条件。

魏晋时期，人字耙和无齿耙开始出现，形成“耕—耙—磨”结合的耕作技术，加强旱地防旱的技术，北魏时又积累了一整套针对不同季节的“耕—耙—磨”经验。贾思勰认为农业科技水平的高低关系着国家是否富强，于是他便萌生了撰写农书的想法。

贾思勰为官期间，到过山东、河北、河南等许多地方。每到一处，他都非常重视农业生产，他曾经亲自从事农业生产实践，进行各种实验，饲养过牲畜，栽种过粮食。贾思勰不但注重亲身实践，而且善于向经验丰富的老农学习，吸收劳动人民在长期的生产、生活中总结出的宝贵经验。

贾思勰在总结前人经验的基础上，结合自己从富有经验的老农当中获得的生产知识以及对农业生产的亲身实践与体验，认真分析，系统整理，概括总结，最后完成了《齐民要术》。

第十章　艺韵人生——辉煌成就

王献之是王羲之的第七个儿子，自幼聪明好学，在书法上专工草书、隶书，也善画画儿。他七八岁时始学书法，师承父亲。有一次，王羲之看小献之正聚精会神地练习书法，便悄悄走到背后，突然伸手去抽小献之手中的毛笔，小献之握笔很牢，没被抽掉。父亲很高兴，夸赞道："此儿后当复有大名。"小献之听后心中沾沾自喜。还有一次，王羲之的一位朋友让小献之在扇子上写字，小献之挥笔便写，突然笔落扇上，把字污染了，小献之灵机一动，一只小牛栩栩如生于扇面上。再加上众人对小献之的书法、绘画赞不绝口，小献之滋长了骄傲情绪。小献之的父母看此情景，若有所思……

一天，小献之问母亲郗氏："我只要再写上三年就行了吧？"母亲摇摇头。"五年总行了吧？"母亲又摇摇头。小献之急了，冲着母亲说："那您说究竟要多长时间？""你要记住，写完院里这 18 缸水，你的字才会有筋有骨，有血有肉，才会站得直立得稳。"小献之一回头，原来父亲站在了他的背后。王献之心中不服，什么都没说，一咬牙又练了 5 年，把一大堆写好的字给父亲看，希望听到几句表扬的话。谁知，王羲之一张张掀过，一个劲儿地摇头。掀到一个"大"字，父亲现出了较满意的表情，随手在"大"字下填了一个点儿，然后把字稿全部退还给小献之。

小献之心中仍然不服，又将全部习字抱给母亲看，并说："我又练了 5 年，并且是完全按照父亲的字样练的。您仔细看看，我和父亲的字还有什么不同？"母亲果然认真地看了 3 天，最后指着王羲之在"大"字下加的那个点儿，叹了口气说："吾儿磨尽三缸水，唯有一点似羲之。"

小献之听后泄气了，有气无力地说："难啊！这样下去，什么时候才能有好结果呢？"母亲见他的娇气已经消尽了，就鼓励他说："孩子，只要功夫深，就没有过不去的河、翻不过的山。你只要像这几年一样坚持不懈地练下去，就一定会达到目的的！"

小献之听完后深受感动，又锲而不舍地练下去。功夫不负有心人，王献之练字用尽了 18 大缸水，在书法上突飞猛进。后来，王献之的字也到了力透纸背、炉火纯青的程度，他的字和王羲之的字并列，被人们称为"二王"。

书法这门艺术形式，每个人有每个人的感悟，王羲之是王献之的爹，但王献之与王羲之在书法上的追求是不一样的，书学史上也是众说不一，褒贬不同，这也恰恰说明书法这个东西博大精深，每个人有每个人的想法与追求，单纯临摹前人，照葫芦画瓢是绝对不行的，就是一味模仿也是没有发展前途的，需要自己有所开拓、有所创新。

王羲之的书法影响他的后代子孙。其子玄之，善草书；凝之，工草隶；徽之，善正草书；

操之，善正行书；涣之，善行草书；献之，则称“小圣”。黄伯思的《东观徐论》云：“王氏凝、操、徽、涣之四子书，与子敬书俱传，皆得家范，而体各不同。凝之得其韵，操之得其体，徽之得其势，涣之得其貌，献之得其源。”其后子孙绵延，王氏一门书法传递不息。武则天尝求王羲之书，王羲之的九世重孙王方庆将家藏十一代祖至曾祖二十八人书迹十卷进呈，编为《万岁通天帖》。

知识导航

一、天籁之音

中国音乐有着悠久的历史。由云南元谋等地发现的古猿人化石可知，大约从100万年以前起，远古的人类就已经在中国的土地上劳动、生息、繁衍。当最早的人类开始制造原始的工具和集体进行劳动的时候，原始的音乐便在他们的劳动节奏和劳动呼声中萌发了幼芽。古代文献中关于远古音乐的传说，大致可分为两类：一类是以某某氏为名的古乐，如朱襄氏之乐、阴康氏之乐、葛天氏之乐、伊耆氏之乐等；另一类是被尊为古代帝王的黄帝、颛顼、帝喾、帝尧、帝舜和夏禹等时代的古乐。

相传为尧、舜时代的“以麋置（冒）缶而鼓之……以致舞百兽”[a]和“击石拊石，百兽率舞”[b]，实际上就是人们在土鼓、石磬之类原始乐器的伴奏下模仿兽类形态的舞蹈，它是原始人类狩猎生活的反映，人们也从它得到鼓舞的力量。葛天氏之乐是“三人操牛尾，投足以歌八阕”，即舞者拿着牛尾巴，边舞边唱。所唱的8首歌中，有《遂草木》《奋五谷》《总禽兽之极》等，就表现了人们盼望农牧业获得好收成的心愿。阴康氏之乐是在洪水为患，水道壅塞，“民气郁阏而滞著，筋骨瑟缩不达”的情况下用来作为“宣导”的一种乐舞。朱襄氏之乐则是在干旱为灾的时候用来招致“阴气”的一种音乐。这些都是和原始人类的生产和生活息息相关的。

中国古代宗教在音乐中也有所反映，如葛天氏之乐所唱的8首歌中，开始两首一为《载民》（意为始民），二为《玄鸟》（即燕，或说为凤凰）。前者含有祖先崇拜的意思，后者可能与图腾崇拜有关。又如关于黄帝族有“黄帝氏以云纪，故为云师而云名”[c]之说，可见黄帝族是以云为图腾的部落。黄帝时的乐舞名为《云门》，颛顼（传说为黄帝之孙）时的乐舞名为《承云》，显然都和图腾崇拜有关。至于朱襄氏之乐的“作为五弦瑟，以来阴气”，伊耆氏之乐所唱歌词“土反其宅，水归其壑，昆虫毋作，草木归其泽”[d]无异于咒语，据说一些原始时代的古乐，如黄帝的《云门》、帝尧的《咸池》（或说是黄帝时乐）、帝舜时的《韶》，在周代还作为宫廷雅乐的“六代之乐”在演出。这些古乐中最重要的算是《韶》，

a　《吕氏春秋》。

b　《尚书·益稷》。

c　《左传·昭公二十七年》。

d　《礼记·郊特牲》。

此外，用伊耆氏之乐的蜡祭，据说孔子和他的学生子贡曾见过[a]。

在关于远古音乐的传说中，曾提到一些古乐器，其中有鼓、磬、钟、箫、管、篪、笙、琴、瑟等。这些记载难免有若干附会的成分，但从现今某些古文化遗存中发现的原始乐器来看，其中有不少在原始时代已出现的可能性是存在的。如距今有 8000—9000 年之久的笛子“骨笛”，在河南省舞阳县贾湖村新石器遗址发掘出了随葬的 21 支骨头制的笛子，它们全部是用鹤类尺骨制成，大多钻有 7 个孔。这是迄今发现的最早的乐器。这事实上也证明了古老的中国音乐在几千年前就已经发展到了相当高的水平。如江苏吴江梅堰和浙江余姚河姆渡出土的骨哨（经测定，河姆渡骨哨为距今 7000 年左右新石器时代的遗物）。

在一些古文化遗址中遗存较多的古乐器是陶埙，南京安怀村、浙江河姆渡、西安半坡村、山西万荣荆村等地均有发现。西安半坡村的埙，经测定是距今 6700 年左右新石器时代的遗物，1 吹孔，1 指孔，能奏出和两个音，相互为小三度关系。山西万荣荆村出土的 3 个埙，一为仅有吹孔，无指孔，发 1 音为；二为 1 吹孔，1 指孔，发 2 音和，也是小三度；三为 2 指孔，发 3 音和，已有小三度、五度和小七度音程。可以看出这时人们的音的观念已在逐渐进步。

在商、周时期出现的乐器中，对后世影响较广的有笙、竽和琴、瑟，笙的开始出现是在商代。甲骨文中有个象形字，据郭沫若考证，它就是早期的笙。至于琴、瑟类乐器，商代虽已具备了产生的条件（如蚕丝的生产与应用等），但至今尚无实物及文字材料可为确证，只是从它们在《诗经》中的频繁出现，可以看出自西周以来它们已经是经常被使用的了。笙、竽和琴、瑟的出现，对音乐的艺术表现力的提高起到了积极的作用。

先秦时代还出现了五声音阶，它是各类音乐的基本音阶，五声音阶是各种音阶的基本音阶。五声音阶是“宫”“商”“角”“徵”“羽”。有时，为表达特殊感情，歌手或乐手也在五声音阶的基础上加入某些变化音阶，从而形成六声或七声音阶。五声音阶是对应古代五行，而中医五行对应五脏，所以古代音乐在医家认为也是药。通过有效的发声，能够通过经络锻炼相应的内脏功能，所以音乐与健康的关系在古代是很受重视的。

五声音阶出现在战国以前，1978 年出土的曾侯乙编钟证明早在战国时期，中国古代已经成熟运用五声音。曾侯乙编钟为战国早期文物，1978 年在湖北随县（今随州市）成功发掘。出土后的编钟是由六十五件青铜编钟组成的庞大乐器，其音域跨五个半八度，十二个半音齐备。它高超的铸造技术和良好的音乐性能改写了世界音乐史，被中外专家、学者称为“稀世珍宝”。

总之，奴隶制时代音乐所取得的成就，为中国古代音乐文化揭开了光辉的一页，给以后音乐文化的发展打下了基础，具有深远的影响。

（一）夏朝

约在公元前 21 世纪时，夏朝建立，中国社会逐渐进入奴隶制时代。由夏、商、西周

a 《礼记·杂记》。

到春秋末约1700年间，中国奴隶社会经历了由产生、发展、兴盛到衰亡的过程。在这段时期中，由于生产力的提高、社会分工的发展等新的客观条件，音乐文化得以较快的速度向前发展。

在奴隶社会中，创造音乐的是奴隶——大量的乐工都是名副其实的奴隶，而享有音乐的则是贵族奴隶主阶级。他们不仅把音乐作为享乐的手段，也把它用作加强其政治统治的工具。在当时，最受尊崇的就是奴隶主阶级用于祭祀等重大典礼的乐舞。其内容多为歌颂统治者列祖列宗的功德，意在宣扬宗族奴隶主统治的合理性，为巩固其统治权服务。音乐于是被打上了阶级的烙印。

传说中夏代的代表性乐舞是《大夏》，以歌颂夏禹治水的业绩为内容，由9个段落组成，演出时用作伴奏，故又称为《夏》。据说这个乐舞在周代还在演出，由八列（八佾）头戴皮帽、下着白裙、裸露上身的演员表演。还多少保留有早期社会的简朴风貌。此外，夏代的乐舞还有启的《九招》和《九歌》。《招》即《韶》，可以认为《九招》就是《韶》在夏代有所发展的形式。

（二）商朝

商代的重要乐舞是在“桑林之社”中用的《桑林》。“桑林之社”既是祭祀祖先，也是男女聚会结交的活动。《桑林》之舞在后人看来似有颇涉淫秽的表现，故有在郑重的交际场合宾客回避观看的记载（《左传· 襄公十年》）。此外，商代还有一种求雨的舞蹈，称为《雩》。

（三）周朝

西周是中国奴隶社会的强盛时期，作为宗族奴隶制国家的上层建筑的宗法制度以及相应的礼乐制度均达到了完备的程度。周代的代表性乐舞有《武》和《象》，它们都是以歌颂周王朝统治者的功德为内容的。《武》又称为《大武》，歌颂周武王伐纣战争的胜利和国家在周、召二公的辅佐下得到有效的治理；《象》又称为《三象》，歌颂周成王讨伐殷人叛乱的胜利。这些乐舞也都是为巩固周王朝的统治服务的。

巫以歌舞娱神，故商代歌舞特别发达，而且这种歌舞不可避免地带着比较浓厚的神秘和迷信的色彩。

在奴隶社会中，音乐文化曾经取得了长足的进步。当时宫廷的乐舞，从参加演出的舞队行列、编悬乐器的编制、乐队和歌队的人数等来看，其规模是相当盛大的。所演出的乐舞作品也多属宏伟而复杂的巨构。以周代著名的乐舞《武》为例，就其表演情节的丰富和节奏层次的多变来看，都已达到了相当发展的程度。我们从《诗经》中保存下来300多首周代歌词。

（四）战国时期

急剧的社会变革，给音乐文化的发展带来了巨大的变化。随着奴隶制的崩溃和封建制的确立，旧的礼乐制度彻底崩溃了，旧时的雅乐也不可挽回地沦丧了，而新兴的民间俗乐则以其旺盛的生命力蓬勃兴起，在春秋时代，孔子已经不安地注意到“郑声之乱雅乐”的严重意义。到了战国时期，魏文侯所爱听的“新乐”已不只是“郑声”或“郑卫之音”，而是已经包括郑、卫、齐、宋四国的民间俗乐。还有齐宣王所好的“世俗之乐”、秦国宫廷中的“郑卫桑间”之乐……可以明显地看出民间俗乐纷纷进入各国宫廷的新趋势。在南方则有楚国的音乐——楚声的兴起，这种音乐曾经给伟大诗人屈原的创作提供了丰富的养料。他的《九歌》就是由民间祀神歌舞加工创作而成的。在秦朝末年的农民大起义中，“楚声”随着以楚为基地并以楚为旗号的起义大军而在全国扩大着它的影响，并在汉代的宫廷音乐中占有重要的地位。

（五）秦汉时期

乐器的发展、音乐创作与演出的实践以及科学的进步也影响着律学的变化。自战国初在理论上确立了三分损益律以来，秦汉时期它一直是一种占主导地位的理论。但在实践中，随着多柱位琵琶和琴上徽位的出现，非三分损益律的律制（为纯律）等已被实际运用。又由于科学的进步和创作演出中旋宫转调的需要，经过精确数学运算，开始发现了按三分损益律所生十二律不能回到黄钟律的缺陷，于是便有了京房六十律学说的出现。京房六十律的提出并无实际应用的价值，但它对于后世从不同途径对律制进行探求，仍有一定的启发意义。

（六）魏晋南北朝

三国、两晋、南北朝是中国历史上一个大动乱的时期。这时，国家分裂、战乱频发、错综复杂的矛盾扭曲了社会的形象。固有的秩序，旧时的信念，统统都已幻灭。人们冀求着新的精神寄托，音乐便是一个理想的避难所。

清商乐是这时期兴起并在当时音乐生活中占据主导地位的一种音乐。它是晋室南迁之后，旧有的相和歌和由南方民歌发展起来的“吴声”“西曲”（或称为“吴歌”“荆楚西声”）相结合的产物，是相和歌的直接继续和发展。其中的“吴声”与“西曲”，一方面从相和歌中吸取了有益的经验，另一方面仍发挥着原有的音乐特色，形成了多样的富于特色的音乐结构。它与相和歌的一个显著不同之处是，它的作品绝大多数皆以爱情为题材，较少有触及社会矛盾的现实内容。其风格一般都较纤柔绮丽，但也有许多确实具有清新自然之美。这种情况的产生固然和士族地主阶级的享乐需要有直接的联系，但作为一种最普通的感情表现，却也另有其时代的需要。

琴曲是这一时期获得重大发展的第一个领域。琴的艺术，自春秋战国时期开始由宫廷乐师向士人转移以来，两汉时期也有相当的发展，许多著名的文人，如司马相如、桓谭、蔡邕等都是著名的琴家。但是，魏晋以来，琴的艺术却进入了高潮时期。当时的许多名士，如魏晋时期的阮籍、嵇康，南北朝时期的戴逵父子，等等，都以琴名世。对他们来说，琴主要是寄托他们的情志的工具，而非无谓的玩物。无论是不满或者超脱，或寄情山水，或饮酒高歌，或求仙成道，或尽情享乐，都离不开一个中心：对于个性或者说个人的价值的肯定。这是处在动荡不安、矛盾重重的时代里名士们能够选取的一种最佳表达方式。由于这样的原因，琴曲的题材范围有所更新，表现形式也有显著的进步。他们创作的或者经他们加工提高的不少琴曲，长久地保持着它们的影响。

（七）隋唐时期

隋唐时期，在国家统一的局面下，经济繁荣，国力强盛。在这个基础上，各族人民共同创造了光辉灿烂的音乐文化，繁盛的燕乐便是它的主要标志。

隋唐燕乐是为满足统治阶级享乐的需要而汇集在宫廷里的俗乐的总称，它包括汉族的和少数民族的、中国的和外国的音乐。包括各种声乐、器乐、舞蹈乃至散乐百戏之类的体裁和样式，而其主体则是歌舞音乐。在歌舞音乐中，大曲（包括法曲）又居于重要的地位。燕乐大曲直接继承了相和大曲和清乐大曲的传统，又有了重大的发展。大曲中含有散序、中序（排遍、歌头）、正、破（舞遍）、入破、虚催、衮遍、实催（促拍）、歇拍、煞衮等不同的结构成分和段落。仅从这繁多的名目中便可看出，燕乐大曲无论是音乐的主题结构还是节奏的发展层次都远较以前的相和大曲和清乐大曲更为细致，更为复杂而多变，其结构也庞大得多。以著名的法曲《霓裳羽衣》为例，全曲共有36段，其中“散序”6段，为器乐的演奏；“中序”（“排遍”）18段，是慢板的抒情歌舞；“破”（“舞遍”）12段，是节奏急促的快速舞蹈，有器乐伴奏。不难想象，这样一首颇为长大的作品，如果没有丰富的艺术手段、高度的技巧和动人的感染力，绝不可能在当时取得公认的完美的艺术效果。燕乐大曲的高度艺术成就，标志着歌舞音乐发展的一个高峰。

隋唐时期的音乐还有一些在当时及后世都有相当影响的体裁，首先是包括歌词和曲子在内的各种歌曲，它们和燕乐大曲也发生一定的联系，有时是它们被大曲所吸收，有时它们又从大曲中吸取一些曲调。曲子的广泛流传，使为曲子填写的词成了宋代重要的文学体裁。其次是属于“散乐”范畴的一些歌舞戏，如“代面”“拨头”“踏摇娘”“窟垒子”和一些带有歌唱的“参军戏”等，这些带有一定故事情节的歌舞，为宋代杂剧与南戏的产生准备了条件。最后是唐代颇为流行的说唱变文。它原是寺院中僧侣们用民间原有的说唱形式来宣传宗教的一种途径，在群众中有广泛的影响。这种齐言歌赞与散文讲说相间的说唱音乐形式，正是后世词话与宝卷一类说唱的直系祖先。

三国、两晋、南北朝至隋唐，是秦汉以来兴起的以歌舞为中心的俗乐进一步发展并达到高峰的时期。作为这种发展趋势在观念上的反映并反过来给它以影响的，便是与传统儒家音乐观相反的重俗轻雅的思想。曹操父子都是俗乐——相和歌的爱好者，特别是曹操，他用相和歌曲调填写的许多歌词都是发自内心的思想感情的表现。在他们“尚通脱”的风气的影响下，出现了像嵇康的《声无哀乐论》那样思想新颖的音乐美学论著。它的主旨就在于打破以《乐记》为代表的儒家音乐思想的控制，为那些被称为“郑卫之音”和“亡国之音”的俗乐争取一个合法的地位。嵇康的这种观点在唐太宗李世民的言论中得到了共鸣。李世民认为被视作“亡国之音”的《玉树后庭花》之类的音乐，不可能让处在盛世的唐朝人感到悲哀，也不能把强盛的国家引上亡国的道路。因此，李世民及其他初唐的统治者对音乐采取了一种比较开放的甚至是“重俗（乐）轻雅（乐）”的政策，从而促进了以燕乐为主体的唐代音乐的高度发展，在中国音乐史上达到了空前的繁荣。

（八）宋元时期

隋唐以来的曲子，到宋代及以后相当长的一段时期中成了一种广泛流行的歌曲形式。它的发展直接导致了宋词创作的繁荣。不少著名词人的作品被运用于实际的演唱中，它们既丰富了曲子的内容，也促进了曲子的发展，出现了“减字”“偷声”“摊破”“犯调”等变化运用和发展曲调的手法，产生了徐缓抒情而细腻深刻的“慢曲”，成为当时流行的一种曲式。在词人中，有的人颇为精通音乐，南宋的姜夔还曾为自己作的词创作曲调（称“自度曲”）。他的《白石道人歌曲》是现存最早的宋词歌谱，用“旁谱”的形式记录了作者的“自度曲”和旧曲共 17 首，它们是研究宋词音乐的珍贵资料。

曲子在民间则沿着另一条路线发展，它除作为歌曲演唱外，还成了说唱和戏曲创作的音乐材料，同时也出现了由单只曲调的运用向多只曲调依不同方式联合的趋势，于是形成了多样的声乐体裁与形式。一种叫作“缠令”，由几个不同的曲调连接而成，前面有引子，后面有尾声；另一种叫“缠达”（也叫作“转踏”或“传达”，可能源出于“转踏”歌舞），由两个曲调轮流反复，前面有引子，后面没有尾声。后来，在南宋绍兴年间，杭州的勾栏（城市游乐场所的名称）艺人张五牛还创造了一种以其特殊节奏而引人入胜的歌曲形式，名叫“赚”，并把它运用到缠令中去，于是形成了兼有缠令、缠达和赚的曲种——“唱赚”。唱赚还属于歌曲的范畴，但它的经验和成果却直接为说唱与戏曲所吸收。

宋元时期的说唱音乐和曲子有较多联系的主要是鼓子词和诸宫调。鼓子词的音乐比较简单，用一首曲子反复咏唱，中间插入散文讲说，以说唱故事。诸宫调也叫作“诸般宫调”，为北宋熙宁、元丰年间汴京勾栏艺人孔三传所首创。其音乐结构是：用同一宫调的若干首曲子联成一个套数，把不同宫调的若干套数或单曲连接起来，用以说唱长篇故事。金章宗时的董解元作词的《西厢记诸宫调》，是现存最完整的一部诸宫调作品，它的全部歌曲（包括重复的）共有长短套数 188 套，曲调 444 个，其音乐之丰富可以想象。诸宫调的形成和发展为戏曲音乐准备了重要的条件。此外，宋元时期的说唱音乐还有陶真、涯词、词话等曲种，其中词话发现有晚期的唱本，陶真只见零星词句，它们的结构基本上与说唱变反属于同一类型，而与曲子较少联系。

宋元两代是新兴的戏曲获得重大发展和趋于成熟的时期，在北方有杂剧，在南方有南戏，杂剧继承唐代歌舞戏和参军戏的传统，在广泛兴起的曲子的基础上，经过宋金时代的发展，到元代达到了它的鼎盛时期。宋杂剧（金代称“院本”）的演出，由“艳段”“正杂剧”“散段”（或称为“杂扮”）三部分组成。艳段演的是“寻常熟事”，散段是滑稽戏一类的东西，只有正杂剧才是搬演故事的戏曲，音乐多是利用曲子和歌舞大曲的曲调。到元杂剧，由于已有了唱赚和诸宫调的丰富经验，音乐形成了一定的格式。元杂剧通常是一剧分为四折，有的在前头或中间加进一个“楔子”。四折分别用四个不同的套数，由主角一人演唱全套曲调，其余角色只说不唱。杂剧音乐通称“北曲”，它的主要特点是用七声音阶，字多调促，风格遒劲。

南戏是北宋时在浙江永嘉（今温州）地区形成起来的，也称为“永嘉杂剧”，宋王朝南渡后得到迅速发展。南戏剧本没有折数限制，音乐没有宫调的束缚，各种角色都能有唱，还有对唱、齐唱等活泼多样的演唱形式。南戏的这些特点使它有了充分发展的余地。元末，南戏已发展成具有高度艺术水平，在南方有着广泛影响的戏曲形式，称为“传奇”。南戏音乐通称“南曲”，它的主要特点是用五声音阶，字少调缓，风格柔婉。

杂剧和南戏的音乐虽然各自保有不同的特点，但也存在互相交流吸收的情况。在较晚的元杂剧和南戏中，都不乏运用“南北合套”的实例。同时，南北曲也逐渐取代以往的歌舞大曲而成了多种器乐形式的曲调主要来源。

乐器和器乐在宋元时期也有重要的发展，尤其是擦弦乐器的发展具有重要意义。稽琴（唐代的奚琴）和（唐代的轧筝）的演奏技巧有了较明显的进步（如运用换把等），并已经常用于独奏与合奏。还有一种“马尾胡琴”，北宋时已在西北边境地区出现，到元代，胡琴已是一种相当流行的乐器（现今甚为流行的弹弦乐器三弦，也是这时期出现的）。由于这类乐器有擅长于演奏歌唱性旋律的优点，较快地以不同的样式发展起来，并被广泛地用于戏曲、说唱的伴奏和各种合奏之中。

宋代城市的游乐场所中流行着多种器乐合奏形式。有名为“细乐”的丝竹乐器合奏、名为“清乐”的管乐合奏，以及“小乐器”“鼓板”等（最后这种以鼓、笛、拍板为主要乐器的合奏形式，在相当长的时期内曾经被用于戏曲、说唱的伴奏）。元代的蒙古族传统音乐“达达乐”，则是一种弦乐合奏的形式。现代民间流行的多种小型器乐合奏大都和它们有着久远的渊源关系。

独奏乐器琴和琵琶的演奏与创作，宋元时期也有较显著的发展。南宋时出现了汴梁、两浙、江西等不同的琴派。涌现出郭沔、毛敏仲等一批优秀的琴家和他们的一些优秀作品。浙派琴家郭沔在琴曲的整理、创作和传授方面都有较大的贡献，所作《潇湘水云》是一首著名的琴曲。在琵琶方面，流传至今的一首反映北方少数民族狩猎生活的琵琶曲《海青拿天鹅》，就是元代出现的一首重要作品。

总之，宋元时期的音乐继承了隋唐燕乐的传统，在广泛兴起的民间曲子的基础上，通过分别向南北两个中心区域的汇集与提高，形成了以杂剧、南戏为中心的南北曲音乐系统，成为影响歌舞、说唱以及器乐等多种音乐体裁的巨流。这是中国音乐史上以南北曲为中心的音乐开始形成并得到发展的一个重要时期。

（九）明清时期

明清两代（至鸦片战争之前）是封建制度渐趋衰落的时期，明中叶资本主义因素的萌芽成了社会发展的一个新的催化剂。

杂剧和南戏在明代出现了新的发展趋势。这就是杂剧的渐趋衰微和南戏的转趋兴盛。由于南戏（传奇）主要流行在中国南方，在流传当中，不断与各地民间音乐相结合，并根据各地语言音调的不同而不断派生出多种南方的戏曲声腔，如“海盐腔”（浙江）、“余姚腔”（浙江）、“弋阳腔”（江西）、“昆山腔”（江苏）等。其中出现较早的是“海盐腔”，而在明初流传最广的则是“弋阳腔”，它不仅流行于江西、福建和安徽各地，还远及于云南、贵州两省。“弋阳腔”是高腔一类戏曲声腔中最早出现的一种，运用帮腔和滚调是它的特色。明代的“乐平腔”“青阳腔”，以及清代盛行的“京腔”等多种高腔剧种，都不同程度地受到它的影响。

“昆山腔”是明代戏曲声腔中成就极高、影响极广的一种。它在元末明初时即已形成，但当时“海盐腔”盛行，故未能受到广泛重视。明中叶，魏良辅等人经过多年刻苦钻研，在总结传统经验的基础上，吸收其他声腔的优点，对“昆山腔”做了重大的创造性发挥，创造了称为“水磨调”的新唱法，更加突出了舒缓优美和细腻的风格。用新的“昆山腔”演唱的第 1 个剧本《浣纱记》（明梁辰鱼作）上演之后，“昆山腔”遂风靡一时，为其他声腔所不及。

作为一种声腔或剧种的“昆山腔”（亦称“昆曲”），并非它的所有音乐皆为昆山一地的产物。相反，它的音乐的绝大部分都是经过长期积累的南北曲曲调，只是在昆曲中经过不同程度的特殊处理，使之具有昆曲的风格色彩而已。在昆曲中，不仅有在杂剧与南戏中便已出现的南北合奏的形式，而且有将整套南曲和北曲间杂使用的“南北联套”形式；同时，还有许多整套的北曲剧目被作为昆曲的保留节目而上演不辍。这说明南北曲在明代出现了另一个重要趋势：走向融合。而昆曲就是南北曲的集大成者。不幸的是，作为南北曲发展的顶峰的昆曲，由于适应上层观众的需要，创作和表演上过分追求文雅和雕琢，到明末清初便逐渐趋于衰落，代之而起的是多种地方戏曲声腔兴起的新局面。

在明末清初兴起的多种戏曲声腔中，影响最大的当推“梆子腔”和“皮黄腔”。“梆子腔”起源于陕西一带，故又称为“秦腔”。早在明代就已产生，逐渐流行于黄河以北诸省，又形成了多种不同的梆子戏。在南方的许多剧种中，“梆子腔”也是一种比较常用的声腔。

“皮黄腔”是“西皮”“二黄”两腔的合称。“二黄”是在安徽、湖北一带形成的新声腔，“西皮”则是“梆子腔”流入湖北后逐渐演变而成的。18 世纪末徽班艺人首先把“二黄”带进北京；19 世纪初汉班艺人相继入京，他们大多数以唱“西皮”著称。在北京的徽汉艺人的合班演出，进一步促进了两腔的结合。其后著名演员辈出，艺术上广为吸收昆曲等多方面的经验，有了重大的发展，逐渐形成了以“皮黄腔”为主要声腔的新剧种——京剧。

“梆子腔”和“皮黄腔”的音乐都属于“板腔体”。这种“板腔体”的戏曲，音调虽较简单，但却颇为灵活。能做多层次的节奏与色彩等的变化，富于戏剧性，也便于欣赏和学习，因而深受群众欢迎。它的出现是戏曲音乐发展一个意义重大的转变。

另外，明清时期的音乐继续着宋元时期开始的发展趋势，在资本主义因素萌芽，商品经济进一步发展，众多的城市以及农村集镇不断兴起的形势下，各种民间音乐形式普遍得到发展，形成了数以百计的戏曲剧种、说唱曲种和器乐乐种，积累了无比丰富的音乐财富，为近代音乐提供了良好的发展基础。

二、笔酣墨饱

汉字是一种语素，是一种音节文字，而不是拼音文字。拼音文字由若干字母组成，尽管可以写得好或写得坏，还产生了字母的花体写法，仍总的形成不了艺术。汉字则由于结构繁复且多变化，书写汉字很早就成为一种艺术，人们称之为“书法”。又由于汉族和用汉字的人在我国占了绝大多数，通常也就把这种“书法”定为我国特有的艺术。日本和朝鲜半岛等地也讲书法（日本称之为“书道”），则是因为用过或仍用着汉字，受了中国书法的影响。

任何事物都在发展演变，中国的书法也不例外。所以讲书法要从它的发展演变来讲，也就是从书法史来讲才讲得清楚。这又牵涉字体的演变，这虽是文字学的内容，在这里仍不能不讲到。

历史上有名的书法家要不要讲？当然要讲。但要知道这些书法家只是书法发展到某一阶段产生出来的杰出人物，并非脱离了时代风尚孤立的人物，不要把他们神秘化。

书法要根据什么资料来讲？当然最好根据实物，即古人书写的墨迹。但传世的写在纸或绢帛上的书法家的墨迹，唐和唐以前的几乎没有真的，最好的不过是后人的摹本临本，往往走了样，多数还出于后人伪造，完全不能信据。因此除先秦时期可利用甲骨、青铜器外，秦汉以来下至魏晋南北朝以及隋唐主要是用碑刻。碑刻也有缺点，它无论是用朱砂写在石板上，还是写在纸上再摹到石板上，最后都要把笔画刻出、凿出，总难免留下斧凿痕而多少失去毛笔书写的气韵，当然更看不到原来用朱砂、用墨书写时显出的轻重浓淡。但是它一般不会伪造，比误用了伪造的和临摹失真的所谓墨迹以及据此刊刻的帖要好得多。此外，出土的秦汉魏晋的帛书、简牍书以及敦煌的写经和其他文书同样可供参考，这些很少能伪造，当然也有缺点，即多数并非出于书法家之手，不是上乘之作。再则史传和其他文献上讲到书法之处也值得重视，会发现和碑刻、写经所显示的情况十分一致。宋以来则多有可靠的真迹流传，即使有伪造的也多经鉴别剔除，可凭这些真迹，再辅以文献、碑刻来研究、讲述。

（一）甲骨文

最早的原始的汉字是什么模样，今天已不清楚了。今天知道的现存的早期文字有甲骨文，它已比较成熟而并非原始的汉字。

稍有历史常识的人都知道，殷商时的统治者很迷信，经常要烧灼龟甲（腹甲、背甲）或兽骨（主要是牛的肩胛骨），看其裂缝（叫作“兆”）来卜吉凶，并且把占卜的事由、吉凶以至于应验与否刻在这些甲和骨上面，今天就叫它甲骨文。但切莫误会认为当时人们还不知道用笔，要写字只会用刀来刻；也不要以为当时的龟甲和兽骨就像后世的纸一样，是专用来书写文字的东西；另外，殷商时代也并不是只有甲骨文，在青铜器上的文字——通称为金文的并不是在西周才出现，然后取代了甲骨文。

先说笔，我国传统的用来写字的毛笔，早在殷商就已存在，而且成为书写文字的主要工具了。证据是甲骨文中已出现了“聿”字,《尚书》的《多士》篇是可靠的西周文献，其中有“惟殷先人，有册有典”的话，所以当时正式的文书——典册是用毛笔书写在竹木简上的，这种竹木简在汉代纸出现后还使用了一段时间，到东晋以后才逐渐绝迹。遗憾的是，已发现的最早只有战国时楚墓中的竹简，殷商的典册迄今不曾发现。但不要紧，殷商时已经能铸造精美的青铜器，青铜器上常有铭文，亦即殷商的金文，这种金文肯定是用毛笔书写后铸在器上：字形美观，笔道有方有圆，有粗有细，如图 10-1 所示，可以看出当时书写者已在讲究书法艺术。此外，在甲骨出土的河南安阳殷墟，还发现陶片上有个别用黑色书写的文字，器皿上和甲骨上有朱色书写的文字。有人推测有些甲骨文还是先写了，再用刀刻的，刀刻当然是怕笔写的日久会磨灭。

图 10-1　甲骨文

甲骨文因为用刀刻，不易刻出圆的笔道，所以看上去和金文不一样，但仍旧在讲书法艺术。出土的甲骨中有在牛骨上刻“干支谱”的。干支者，古人以甲、乙、丙、丁、戊、己、庚、辛、壬、癸为十干，以子、丑、寅、卯、辰、巳、午、未、申、酉、戌、亥为十二支，二者相配，甲字的计出现六次，因而也叫作“六甲”，古人用它来记日子、记年以及做种种迷信活动。所以在汉代幼童初入学首先要学“六甲”“九九”,“九九”即数学的小九九表，“六甲”即练习书写“六甲”，是习字的开始。而甲骨上居然也出现了“干支谱”，其中有的刻得精美整齐，有的歪斜拙劣，说明早在殷商时已用“六甲”来习字，其精美整齐看是老师刻的范本，歪斜拙劣者是学生刻的作业。这个习字的传统一直延续到今天，说明我国对书法艺术的一贯提倡重视。

（二）金文和小篆

周的典册也没有发现，要了解西周至春秋战国的文字书法，主要依靠青铜器上的金文——前人也称之为“钟鼎文”。众所周知，地处我国东部（今河南、山东等地）的殷商，其文化本高于地处西部（今陕西、山西）的周，周的制造青铜器技术应是从殷商传来的。但事物总是在不断发展的，殷商青铜器上的金文字数都不多，到西周的金文就有时在百字以上，甚至有三四百字之多。从书法方面来讲，最初仍沿袭殷商晚期的神态，字的象形程度比较高，到康王、昭王、穆王时字形就渐趋整齐方正，恭王、懿王以后笔道更向线条化、平直化发展，如图 10-2 所示。

图 10-2 金文和小篆

已发现的西周的青铜器多为周王朝的贵族、臣僚所有，春秋时则是各个诸侯国的。因此这各诸侯国青铜器上的金文，除起初还沿袭西周晚期的风格外，以后各国以及各地区逐渐形成自己的特色，字形构造虽大体近似，书写风格却有区别，尤其是某些地处东方、南方的国家，有些金文字形特别狭长，笔画故意宛转屈曲，出现了明显的美术化倾向。到春秋末战国初，楚、宋、蔡、吴、越等国的金文中还流行一种加进鸟形、虫形纹饰的美术字体，后人称之为“鸟虫书”。

战国时东方六国的文字，在青铜器、玺印、货币、陶器、竹木简和帛上可看到，但仍以青铜器上的金文为主。在战国早期，这六国的金文和春秋后期还差不多。到中后期则长篇的已很少见，一般只有作器年份、主管作器的官吏和作器工人的名字等少数文字，而且往往不是铸在器上，而是器铸成后再用刀刻上去，和过去相比已较为简率。

再看西方的秦国，在周王室东迁（今洛阳）以后，周王室在今陕西的领地就为秦国所占有。加以秦国的经济文化不如东方那样发展迅速，所以秦国的文字基本上还近似西周晚期。当然也在缓慢地向前演变，现存的春秋战国之间刻在石碣上的秦文字即所谓《石鼓文》的，在字形上已比较整齐匀称。以后还有《诅楚文》，在战国后期秦王诅咒楚王的告神之辞，每告一神刻一石，北宋时发现了三石，可惜原石及拓本均已遗失，现存的摹刻本只略存字形，看不出它的书法艺术。

秦始皇统一中国，实行“书同文”的政策，即废止原东方六国那些不规范、不统一的文字，在中国推行当时的秦文字。他东巡时在沿海刊刻了好些石碣，就都用这种标准的文字。这些石碣也多数毁失了，只有在琅琊的尚存残块，并有原石的旧拓本传世，可惜存字已不多。但峄山、泰山、会稽的都还有摹刻本，另外出土的当时的权、量上也刻有整段的文字，都多少可看到这种统一中国的秦文字是什么模样。它和《石鼓文》比较已更为整齐匀称，象形程度更为降低，部分字开始有所简化，再是字的下端往往拉长，在整齐中见艺术，是这种文字的特色。

这种文字通称为“小篆”，也叫作“秦篆”。不过这都不是当时就有的，是汉代人叫起来的，当时大概只称之为“篆”。这“篆”和“瑑”字古人通用，而“瑑”是“雕刻为文”的意思。所以称之为“篆”者，是说这是当时正规的文字，是可以铭刻在金石上的文字。

（三）从隶书到八分

小篆在统一我国字体上起了大作用，而且从艺术角度来说确实很美观，美中不足的是书写起来太麻烦，很多笔道像画圆弧，而圆弧画起来比直线要吃力得多。像琅琊、峄山等庄严的刻石固可慢工出细活地书写，日常使用就不能不随便一些，把本该画圆弧的改成直线，改成折角。这样，就很快地在小篆普及的同时又出现了改圆成方的隶书。《汉书·艺文志》说秦时“始造隶书”，“起于官狱多事，苟趋省易，施之于徒隶也”，是大体说对了的。

秦代的隶书今天虽已看不到，但看秦权、秦量上的文字已不如琅琊等石刻整齐，已有变圆为方的地方，说明已在开始向隶书转变。到西汉时的石刻，如现存的《群臣上醐刻石》《巴州民杨量买山地石刻》《鲁孝王刻石》《應孝禹刻石》，新莽时的《莱子侯刻石》，已都是这种由小篆演化成的隶书，说明在西汉时这种隶书已有逐渐取代小篆之势。

但隶书书写虽方便，从艺术角度看总欠优美。要恢复到写小篆吧，写起来又太麻烦。所以从现存的东汉碑刻来看，除《袁敞》《袁安》二碑是用小篆书写外，绝大多数都改用了一种在隶书基础上加以美化的新字体。这种新字体萌芽于西汉，到东汉成熟，著名的如《乙瑛碑》《礼器碑》《西岳华山庙碑》《史晨前后碑》《韩仁铭》《曹全碑》《熹平石经》，都用这种新字体书写。这种新字体的特点是：字形都呈扁方，较长的横笔包括右下方的斜笔，在右端收笔处都略向上挑，后世的书法家称之为“波磔”或“波发”。为了把这种有波磔的隶书和前此无波磔的相区别，又给它一个新名称叫“八分”。《说文解字》说：“八，别也。象分别相背之形。”“八分”，也就是因为字有了波磔像“八”字向左右分开而得名。当然，不叫它“八分”，仍称之为隶书也可以。而且因为西汉时那种无波磔的旧隶书传世少，后人所谓“隶书”或“汉隶”，一般都指这种有波磔的而言。

这种八分的艺术性不亚于过去的小篆，可同样又产生了书写费时费力的缺点。好在不久又出现了一种新字体，叫作“草书”。顾名思义，它就是比旧隶书和八分写得草率一些的字体。这种字体中仍有像八分那样的波磔，是它和后来出现的无波磔的草书的最大区别。无波磔的草书，人们称之为“今草”，而给有波磔的草书起了个“章草”的名称。

在东汉以前，没有说谁是书法家。到东汉末年书法艺术在社会上日渐重视，就出现了公认的大书法家钟繇。东晋时另一位大书法家王羲之曾说：“我书比钟繇当抗行，比张芝草当雁行”，见《晋书》本传。稍后刘宋时人羊欣也说：“钟书有三体：一曰铭石之书，最妙者也；二曰章程书，传秘书、教小学者也；三曰行狎书，相闻者也”[a]。行狎书是写信

a 《法书要录》。

札所用，肯定和同时的张芝一样用章草来写。章程书则用来抄书，字体当在章草和八分之间，和敦煌发现的早期写经差不多，铭石书则是纯正的八分。相传曹魏的《上尊号碑》《受禅碑》都是他的手笔。《晋书·荀勖传》说勖“领秘书监”，“立书博士，置弟子教习，以钟、胡为法”。可见钟繇的书法已成为西晋时的官学。“胡”是胡昭，也善写八分、章草。西晋时官方立的《皇帝三临辟雍碑》，就一承《上尊号碑》等的书法。

（四）唐楷及其他

“楷书”这个名称出现得比较早。早在南北朝时曾用它来称八分，本是说八分整齐规矩，可作为楷模的意思。以后也就一直用下去，把脱离了八分的波磔向前过渡的新字体仍叫“楷书”。同时，“隶书”一词并没有取消，它覆盖面更广，从西汉的隶书开始，经过东汉以后的八分，再向前过渡的新字体，都可叫“隶书”。另外，南北朝时又出现一个名词叫“正书”或“真书”，是对草书而言的。到了宋代，就以篆、隶（或八分）、真（或正、楷）、行、草为五种字体，称为“五体书”。其中真书到近代更多称之为“楷书”。

楷书到隋代可说初步定型，到唐代就完全成熟。唐初书法家以欧阳询、虞世南和褚遂良最为有名，其中欧阳询和虞世南行辈最先，实际上都是隋人到晚年才入唐的。虞世南的楷书只写过一块《孔子庙堂碑》，原石早已佚失，有北宋初王彦超在西安摹刻的所谓陕本和元人在山东城武摹刻的城武本，还有清临川李氏旧藏的所谓庐拓残本，但均不见佳妙，因为虞世南的专长本非楷书而是行草，因唐太宗李世民同样爱好行草，才使虞世南获得崇高的地位。唐人学虞世南楷书的只有高宗时张德言所书《魏法师碑》，很少被人称道，可见虞书在当时并无多大影响。楷书真高明的是欧阳询，他写的《九成宫醴泉铭》《温彦博碑》《皇甫诞碑》以及原石佚后有唐宋旧拓传世的《化度寺故僧邕禅师舍利塔铭》都极有名。以至于在书法史上有“欧体”“欧字”之称。但这种字体在隋代早就流行了，隋墓志中如《元公墓志》《姬夫人墓志》《芳孝慈墓志》等有很多和欧体同一风格、同一面目，而唐初碑志中写欧体的仅发现一方《文安县主墓志》。这说明欧体在当时已偏旧而无大影响，虽然到中唐以后又流行起来，曾用它书写《开成石经》，宋代官刻书也多模仿这种欧体。欧阳询之子欧阳通也有书名，但所书《道因法师碑》和《泉男生墓志》转型古拙，更无影响可说。

（五）宋代的书法

宋代以来的书法，仍以楷书为主，擅长楷书者也多能写行书。草书不论章草、今草、狂草都谈不上创新，隶书也缺乏创新，只有篆书到清代出现一点儿新面目，如图10-3所示。

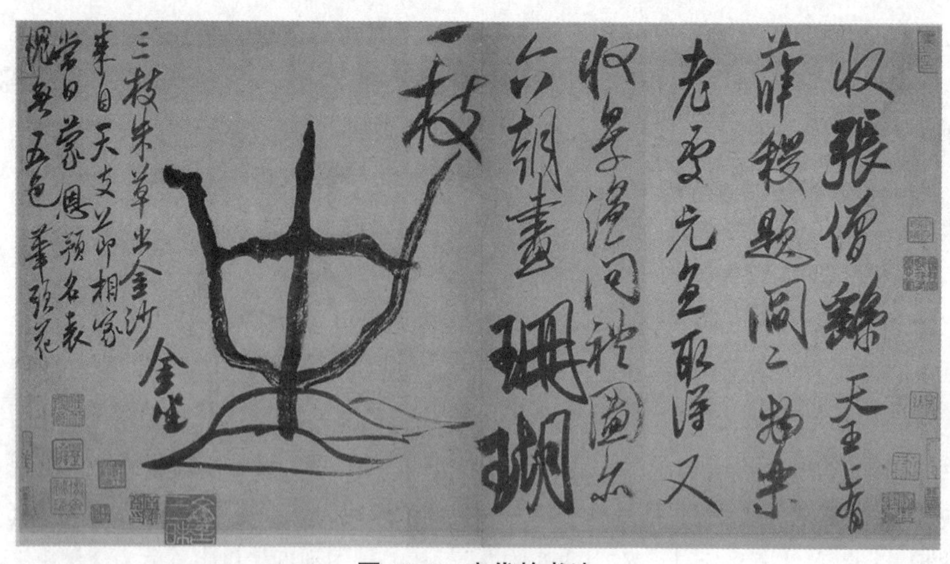

图 10-3　宋代的书法

北宋的楷书、行书多数走的是颜真卿一路。当时有“苏、黄、米、蔡”四大家的说法，苏是苏轼，黄是黄庭坚，米是米芾，蔡本是蔡京，后人因为蔡京奸佞，把他的前辈蔡襄换上。清人王澍说：“宋四家皆出鲁公（颜真卿封鲁国公）”，“《争座》一稿（颜行书《争座位帖》）便可陶铸苏、米四家”，这至少对苏轼、蔡京来讲是不错的。蔡襄楷书《万安桥记》《昼锦堂记》，苏轼楷书《丰乐亭记》《醉翁亭记》，都是颜字的味道，苏轼的行书更是如此。蔡京留下的多为行书，好像和颜字不同，但据其子蔡絛《铁围山丛谈》中所说，蔡京先受笔法于蔡襄，后于苏轼同学唐人徐浩，则和颜字仍有渊源。米芾也未见有楷书，行草则似追踪所谓王羲之、王献之父子的书帖。黄庭坚的楷书以及宋徽宗的瘦金体楷书，则像是学了褚遂良，再加进点柳公权的笔法。到南宋楷书、行书仍多学颜体，从过去故宫博物院影印的《宋人法书》看得很清楚。值得注意的是，连当时福建建阳刊刻的大量书籍都一律用颜字，足见颜字在当时社会风行的程度。

（六）元明时期的书法

到元代这一切都有了变化。元初有位大书法家赵孟頫，他不仅留下了不少墨迹，即书写的碑刻《寰宇访碑录》已著录有八十四种之多，叶昌炽的《语石》说他的书法“重规叠矩，鸿朗庄严”“有元一代丰碑皆出其手。前贤谓韩（愈）文起八代之衰，余谓赵书亦起两宋之衰”“元百年中，莫与两大”。实在说得并不过分。他各种字体都能写，写得最多的是楷书和行书，楷书是在褚遂良的基础上有所发展，不像褚遂良那么方整而更为流动，后人专称之为“赵体”“赵字”。元代其他书法家，如鲜于枢、柯九思、郭畀、倪瓒、张雨等的字几乎都走这个路子，元代刻书除建阳仍用颜字外，也统统用赵字。因此可以这么说，宋人习颜，元人崇赵，而赵又出于褚，唐楷的颜、褚二派分别孕育了宋元两朝的书法，如图 10-4 所示。

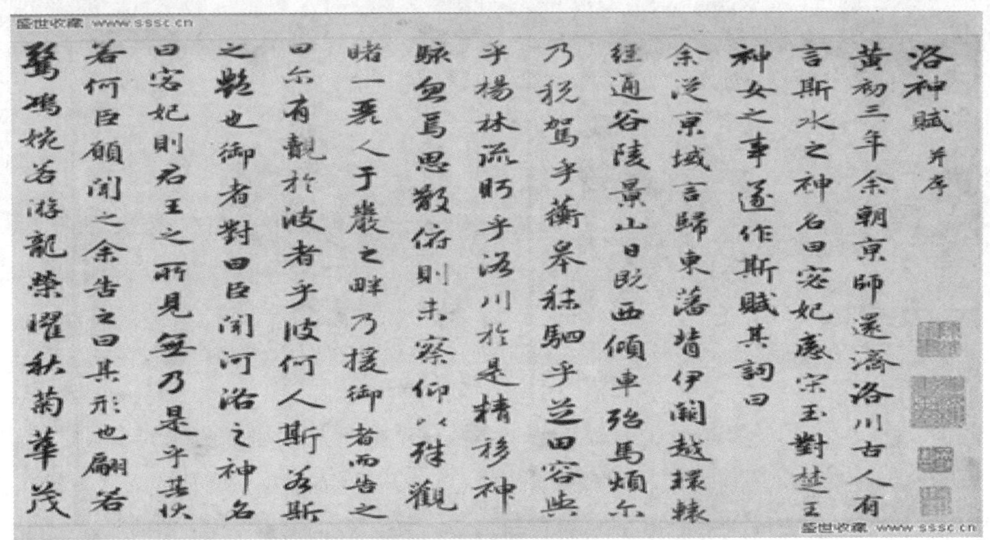

图 10-4　元明时期的书法

褚遂良、赵孟頫这一路的书法进入明代后仍很流行，明代初年的书法家沈度、沈粲兄弟创立当时的所谓“馆阁体”，楷书端正雅丽，仍是赵字的气派格局。从明初到正德以前刻书的也照旧用赵字。正德、嘉靖时祝允明、文徵明等都以楷书和行草著称。祝允明的楷书仍源出褚遂良、赵孟頫，文徵明楷书也承褚法而稍带瘦劲。当然也有写颜字的，但多不著名。学颜字而著名的是明末的董其昌，但行书尚秀润可喜，楷书则全仿颜字缺乏新意。明末还有张瑞图、倪元璐等写行书有古拙意味，清初傅山也是这一路，但总有点儿走偏锋而不够正宗。

（七）清代的书法

清人的楷书、行书分别走颜真卿、董其昌和褚遂良、赵孟頫两条路子。师承颜真卿、董其昌的以张照、刘墉、钱澧等最有名，渊源褚遂良、赵孟頫的推王文治、梁同书等最杰出。同时还有一位翁方纲，写唐楷中的欧体，在书坛很有地位，其实只是临摹《化度寺故僧邕禅师舍利塔铭》等石刻，缺乏自己的个性。大概由于写唐楷、学宋元学得厌了，到清中叶邓石如、包世臣又主张学北魏，包世臣的《艺舟双楫》论书部分对魏碑宣传得最起劲。其实包世臣的行书甚至楷书仍多得力于《淳化阁帖》，不过掺杂了魏碑的笔道。这方面比较成功的是稍后的何绍基，但他仍是以颜字做底子，再加点北魏《张玄志》的笔意，成功之处是能形成自己的风格。此外篆刻大家赵之谦在印石上刻边款模仿魏碑仿得真像，但用笔在纸上写北魏体就太软弱，少气魄。清末陶溶宣学龙门造像又太板滞，欠生动。总之，魏碑的字是写了以后在碑志上用刀刻出来的，用毛笔去硬写总有些勉强，还不如写颜字、赵字能雅俗共赏，既够艺术，又有裨于实用，如图 10-5 所示。

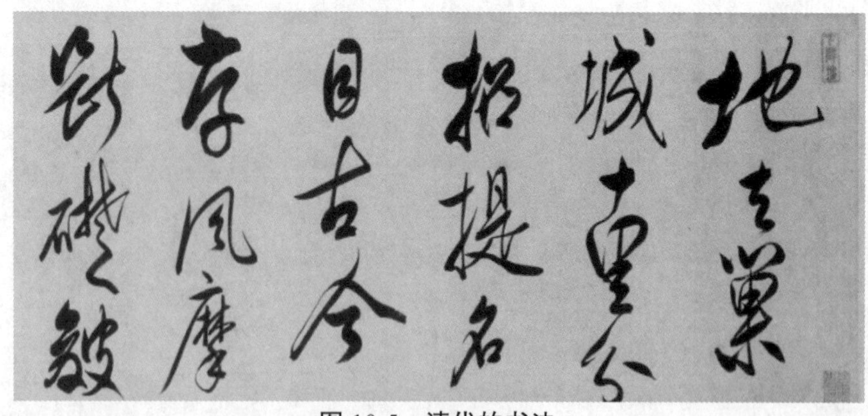

图 10-5　清代的书法

清人在书法上的一大贡献是写好了篆书。清中叶的钱坫学唐李阳冰的小篆学得很出色。邓石如和另一位篆刻大家吴熙载则想把小篆打开个新局面，即不是每笔一样粗细，而是粗纭相间，有飘逸之势，以吴熙载写得最为优美。这时收藏青铜器研究金文的人多起来，吴大澂在收藏研究的同时又成为擅长写金文的书法家。另一位杨沂孙则在写小篆时带进点金文，也能自成体势，为懂行的所欣赏。至于那位在清末就享大名的吴昌硕，画花鸟是好的，刻印有的也可以，用行书的笔法来写《石鼓文》，便不免出格而徒见其粗率了。

三、妙手丹青

我国的绘画历史悠久，它的发源可以上溯到原始社会的新石器时代，距今至少有七千余年。在漫长的艰苦岁月中，我们的先民通过辛勤的劳动，在发展主产、认识自然、改造自然的同时，也发展了自己的审美意识和艺术创造才能，从而认识并掌握了绘画这一门艺术。

最初的中国绘画是画在陶器、地面和岩壁上的，渐而发展到画在墙壁、绢和纸上。使用的基本工具是毛笔和墨，以及天然矿物质颜料。在无数知名和不知名的画家不断探索、创新的努力下，中国绘画艺术逐渐具有鲜明的民族风格和民族气派，并有着自己独立的绘画美学体系，在世界绘画艺术中，代表东方独树一帜。中国古代绘画作品存世量之大，也是世界上少有的，是我们民族光辉灿烂的古代文化艺术中的瑰宝，也是世界文化艺术的奇葩。

（一）先秦至两汉时期

帛是丝织物的总称，凡画在丝织物上的绘画都可以称为“帛画”。但今天是专指考古发掘出来的画在丝绢上用于殉葬的绘画，发掘最早的是长沙战国楚墓帛画。

《人物龙凤图》，纵 31.2 厘米、横 23.2 厘米，于 1949 年出土于长沙陈家大山楚墓，如图 10-6 所示。画一女子侧身而立，头挽垂髻，细腰大袖，长衣曳地，双手前伸做合掌状。女子前上方，画有夔龙和凤鸟各一。根据发现的类似作品来考察，画中的女子应为墓室主人，龙和凤为吉祥通神动物，在引导死者灵魂升天。

图 10-6 《人物龙凤图》

《人物御龙图》，纵 37.5 厘米、横 28 厘米，于 1973 年发现于长沙子弹库楚墓中，如图 10-7 所示。画一男子侧身直立，峨冠大袖，腰佩长剑，手执缰绳，驾龙主游。龙首高昂，身平伏而尾好像一条船。龙尾上站立一鹭，仰首向天，龙身下有一鲤鱼，上方则有舆盖。人物衣着及手执的缰绳均有飘带，仿佛随风拂动，造成一种向前行进的动势。远古传说中有黄帝乘龙上天之说，此画所反映的当是人们死后，灵魂借助于神龙以达天国。

图 10-7 《人物御龙图》

这两幅战国帛画均以单线墨笔勾勒，后者并加以平涂渲染设色，这一基本的绘画形式和技巧，一直沿用到今天，可以说我国绘画的基本特征，早在战国时代就已经奠定了。女子的形象刻画得比较抽象、概念化，男子虽为侧面，而眉目清秀，就较为生动具体了。他们均为墓室主人，也可以说是我国最早的人物肖像画。刘向的《说苑》记载：“齐王起九重台，召敬君画之。敬君久不得归，思其妻，乃画其妻对之。”《孔子家语》中说到孔子参观的明堂，见壁上画有“尧、舜之容，桀、纣之像”“各有善恶之状”。可知人物肖像画也有很久的历史，参看这两幅帛画能了解到当时的确能达到这一水平。

帛画在汉代有了进一步的发展，1972 年和 1973 年长沙马王堆一号和三号汉墓出土了五幅，1976 年山东临沂金雀山九号汉墓也出土了一幅。内容除继承战国帛画引导死者灵魂升天的主题外，还有夸耀死者生前的享乐生活及“养生之道”的气功强身图等。其中保存最完好、艺术也最精美的一幅帛画，是马王堆一号墓出土被释作“非衣”的一件。

马王堆一号墓出土有一具完整的女尸，非衣即覆盖在她的彩漆棺椁上，呈现“T”形，纵 205 厘米，上部横 92 厘米，下部横 47.7 厘米。画面分上、中、下三层，被认为表现了天上、人间、地下三个世界。天上部分，画有日、月、星辰和象征日、月的金乌、玉兔、蟾蜍。日、月之间有一人首蛇身形象，或认为是人类的创造者和保护神女娲。此外，还有阙门及守门人（帝阍）等。人间部分上层，画一老年妇人，衣着华丽，手扶拐杖，步履蹒跚，而显现出雍容华贵、仪态尊荣，应是死者墓主人肖像。老妇身后有三个侍女，一字并列肃立，身前两个侍女举案跪迎，衬托出老妇的特殊身份地位。下层描绘厨房。地下部分画一身材肥短“巨人”，手托一板状物象征大地。全画从上到下，龙蛇盘曲，将三部分联系成一个整体，空隙间还补充画有鱼、龟、猛兽、飞禽及磬、璧、铎等形象。非衣所描绘的世界充满着神话想象，反映了当时人们的信仰，对宇宙的解释。在表现手法上，以线描为基，敷以浓重色彩，红白为基调，间以青蓝，璀璨夺目。造型写实和夸张相结合，而又富有装饰特色。墓主人肖像刻画，仍沿袭战国帛画侧影式，简略朴拙，但动作神态生动，和出土的女尸相比，还有些相似。马王堆三号墓出土非衣，主像为一男性，身材较胖。红袍佩剑，袖手缓步，气度从容。面像采用四分之三侧面，是人物肖像画的一人突破。

西汉帛画的发现弥补了中国绘画史的一大空缺，它所表现的高度绘画技巧和艺术水平，显示了古代画工的智慧和才能。因为他们的地位低下，不可能在画上留下姓名。在墓室中埋放帛画，一直延续到唐代和辽金。出土的作品有新疆阿斯塔那唐墓绢画、辽宁法库叶茂台辽墓绢画。随着时代的变迁，这些绢画无论是在形式、内容上，还是在技法、技巧上，都发生了很大的变化。

壁画是指直接画在墙面上的绘画，按其用途和绘制地点，可分为殿堂壁画、寺观壁画、石窟壁画和墓室壁画。

据文献记载，自周至汉代，殿堂壁画是相当兴盛的，除孔子观乎明堂见周代壁画外，屈原的《天问》中反映的楚国先王庙宇及公卿祠堂里的壁画，内容也十分丰富，并且规模宏大。秦、汉时宫殿中的壁画，除历史和神话题材外，还有当代的人物肖像，如麒麟阁和云台的功臣图。壁画除起装饰建筑作用之外，还是封建统治者宣传教育的重要工具，如官署中画古名臣像，为官吏们树立楷模，画时贤像以进行褒奖，学校中画孔子及其门徒像，在于教育士子。由于时代的久远，地面建筑毁坏，这些壁画已不复存在。近年考古工作者在秦代成阳宫遗址清理中，曾发现有残存的壁画车马图等，可印证文献的记载。

汉代能保存至今的主要是墓室壁画，在河南洛阳和密县、河北望都和安平、山东梁山、山西平陆、辽宁辽阳和金县、甘肃酒泉、内蒙古和林格尔及托克托等地都曾发现过汉代的墓室壁画。墓室壁画的内容十分丰富，主要有：①引导死者灵魂升天，这点与帛画内容一脉相承；②车马出行，以炫耀死者生前身世显赫；③衙寺属吏；④饮宴百戏，以表现死者生前的享乐，死后的荣华。

此外，在表现死者生前享乐的同时，壁画还描绘了生产劳动等社会生活内容，如耕地、舂碓、庖厨、谷仓、马厩，以及城市、衙署、庄园等，在研究汉代社会历史方面，这是最真实生动的部分。墓室壁画技巧，在形象刻画上虽不及帛画精镂细刻，但由于幅面大，粗犷稚拙中，有着壮阔的气势，线条粗率似不经意，而有着朴实的天真。一般都是以线描做基础，然后平涂敷彩，有的也纯用色彩渲染，类似后世的“没骨法”。

（二）魏晋南北朝

魏晋南北朝是我国绘画发展的重要时期，除绘画的技术技巧渐趋成熟外，著名的画家成批涌现，人们开始对绘画做系统的理论探讨和品评，随着佛教的传播，宗教绘画也乘势兴起，这些都是这一时期绘画发展的标志。

汉代以前，画家的名字很少被史籍记载下来，这是因为绘画创作是由地位低下的工匠们来担任。随着绘画在人们社会生活中越来越重要，并且认识到它的宣传教育作用，逐渐就有有身份地位的人甚至帝王本人也参与到绘画的创作行列中。画家的地位有了提高，于是才被载入史册。这一时期最著名的画家有曹不兴、卫协、顾恺之、陆探微、张僧繇、杨子华、曹仲达等，其中顾恺之被学术界认为是我国绘画史上第一个有画迹可考的著名画家。

顾恺之（348—409 年），字长康，小字虎头，无锡（今属江苏）人，曾在大将军桓温帐下任参军，后官通直散骑常侍。博学多才艺，为人“好谐谑”“率直通脱”，有“才绝、画绝、痴绝”美誉，时称“虎头三绝”。他是宗教壁画家和人物肖像画家，曾在江宁（今南京）瓦棺寺画维摩诘像一堵，在揭幕时他当众点睛，“光照一寺，施者填咽，俄而得百万钱”，可见他的艺术在当时引起的震撼之大。评者谓他画的维摩诘像“有清羸示病之容，隐几忘言之状”，即不唯形似，而且神肖。他为裴楷画像，“颊上加三毛”“觉神明殊胜”，表明他善于捕捉表现人物性格的某一特征。他特别注重描绘人的眼神，往往很长时间不点睛，认为“四体妍蚩，本无关于妙处，传神写照，正在阿堵（眼睛）中”。他的作品线条用笔属于“密体”，特点是“紧劲连绵，循环超忽，调格逸易，风趋电疾，意存笔先，画尽意在，所以全神气也”[a]。他同时还是绘画理论家，著作有《论画》《魏晋胜流画赞》《画云台山记》等，最先提出“以形写神”的观点。

在传世绘画作品中，《列女仁智图》《女史箴图》《洛神赋图》都被归在顾恺之名下。

a　张彦远的《历代名画记》。

其实这三件作品风格各异，所画人物衣冠服饰和器具有着不同的时代特点，应不是同一时期同一个人的作品。

《女史箴图》的创作采用了东汉以来流行的《列女图》平列式构图。有的地方如“班姬辞辇”，甚至是照搬原样，这可从出土的北魏司马金龙墓漆屏风画中得到证实。所不同的是，《列女图》所画的都是一个个故事，有具体的情节可表现。而《女史箴图》是借事说理。用多种事物集合，以表达一个抽象的理论。如用太阳的升降、月亮的盈亏，以及山峰、弓箭等，来说明“物无盛而不衰”。画家为表现这个道理，只好将这些事物集中起来构思，因而成了一幅奇异而又神秘的景观。《女史箴图》设色浓丽，线条细劲流畅，与《列女仁智图》的色彩淡雅和线条粗犷恰成对比，而显示了不同的风格特色。

魏晋南北朝时期，在绘画的创作理论总结、作品的评论上，较之前代再不是只言片语了，而是进行了系统的研究，有了专门的著述。这是一种开创，为后世绘画理论的发展奠定了基础。画论品评著述除顾恺之外，还有南朝宋宗炳的《画山水序》、王微的《叙画》、南朝齐谢赫的《古画品录》和陈姚最的《续画品录》等。

谢赫本人是一个画家，长于人物肖像画，作品今无存，而留下的《古画品录》一书使之名传不朽。该书对前代 27 个画家的艺术进行了品评，提出了许多有价值的美学观念，是我国最早的一部绘画批评史论著作。序言中提出的“六法”论，也是对我国绘画创作所做的第一次系统的理论总结。“六法”是：“一曰气韵生动，二曰骨法用笔，三曰应物象形，四曰随类赋彩，五曰经营位置，六曰传移模写。”《古画品录》和《续画品录》是与刘勰的《文心雕龙》、钟嵘的《诗品》等同一个时代的产物，代表着当时的先进文艺思想。

（三）隋代

隋代虽然历史短暂，但是在中国绘画史上，它上承魏晋南北朝，下启盛唐，是绘画发展的历史转折时期。也可以说，它是波澜壮阔、灿烂辉煌的唐代绘画艺术的前奏。隋代著名的画家有郑法士、郑法轮、董伯仁、展子虔、杨契丹、尉迟跋质那、阎毗等。只有展子虔有作品传世。

展子虔，渤海人，一生经历了北齐、北周和隋，在隋曾任朝散大夫、帐内都督。擅长画人物、车马、楼阁、山水，曾在洛阳、长安、江都等地寺庙中创作大量的壁画，与董伯仁同时齐名，号称“董、展”。在发展中国的山水画上，展子虔是继往开来的关键人物，前人评价他：“写江山远近之势尤工，故咫尺有千里之趣。”这就是说，在克服六朝时代山水画“水不容泛”“人大于山”等方面，他做出了新的探索和贡献，使山水画能比较客观地描绘自然面貌，并能在有限的画面中表现出无限的空间，给人以真实之感。

《游春图》（今藏故宫博物院）是展子虔唯一传世的作品，绢本青绿设色，描绘春天来临，碧波粼粼，青山叠翠，山花盛开。开阔的湖心，游弋着画船，曲折的岩岸，人们在游玩赏景，充分表现了明媚春色给人们带来的精神愉悦。人、马、山、树，比例合宜，境界阔大。描写自然，再不是“伸臂布指”，较之顾恺之的《洛神赋图》背景中的山水，在改变其中的不合理和非自然上有明显的进步。但其山石只空勾轮廓，不加皴斫，即用青绿赭石涂染，树枝叶匀整平板，高峰上大点苔，用细线圈出，再用深青填入，这些画法古拙，尚保留着从六朝脱胎出来的痕迹。所以看到盛唐成熟后的山水画的张彦远对他的山水画提出了批评。也正因为如此，使我们相信，尽管《游春图》为后代摹本，但的确反映出了展子虔时代的创作水平。

敦煌莫高窟今存有隋窟 95 个，壁画内容除佛、菩萨像和佛传、本生故事外，新的创作题材有《法华经变》和《维摩诘经变》（423 窟），是唐代大规模经变图的先声。本生故事的题材虽仍旧，但表现手法则改变了原有的单幅画形式，吸收了《洛神赋图》中的方法，以一个个连续画面来表达故事的全过程，因而更完整、更细致，也更便于人们观赏了解。在人物刻画中，线条趋向明朗，衣着造型更具有中土风采，可以看到佛教艺术在中国土地上生根的过程中，必然民族化的规律。隋代的墓室壁画发现极少，仅山东嘉祥英山一号隋墓一处，弥足珍贵。在其《徐侍郎夫妇宴享行乐图》中，画有屏风一个，是一幅完整的山水画，这是我们目前见到的最早的独立山水画作品的形象记载。

（四）唐代

在隋代国家统一的基础上，唐代经过“贞观之治”，国家强盛，经济繁荣，文化发展。反映在绘画上，创作热情空前高涨，规模宏大，气象万千，名家辈出，灿若群星，为中国绘画史上最光辉灿烂的一页。

阎立德、阎立本兄弟为初唐重要人物画家。他们的先世为北魏、北周时显宦，父阎毗与后周武帝之女清都公主结婚，入隋为朝散大夫、殿内少监，兼领将作少监，擅长书画，谙练旧事，曾为宫廷设计辇辂车舆，多所增损。立德继承家学，唐高宗时，为造衮冕大裘等六服并腰舆伞扇、营造陵墓，官至将作大匠、工部尚书。同时于绘画，所作《职贡图》，“异方人物诡怪之质，自梁魏以来名手不可过也”，可惜作品今无传。阎立本（601—673 年）继承家学，曾继兄任工部尚书，后官至右相中书令。因擅长绘画，有“右相驰誉丹青”之说。能作人物、车马、楼观和道释画，曾创作过《秦府十八学士图》《凌烟阁功臣二十四人图》等重要人物肖像画作品。今传《步辇图》（故宫博物院藏，为宋人摹本），描绘唐太宗李世民坐在步辇上，接见吐蕃派来迎娶文成公主的使者禄东赞的情景。另外，相传《历代帝王图》（今藏于美国波士顿博物馆）为阎立本所作，描绘了从汉昭帝到隋炀帝共 13 个帝王及其侍臣的肖像，寓褒贬于人物的精神形态的刻画之中，鲜明生动。

另外一个重要画家就是吴道子。吴道子（约 680—759 年），又名道玄，阳翟（今河南禹县）人，幼孤贫，曾当过县尉和小吏。长于绘画，“年未弱冠，已穷丹青之妙”。受唐玄宗赏识，召入禁中授以“内教博士”“宁王友”等职，“非有诏不得画”。他是一个罕见的多产画家，曾在长安、洛阳一带寺庙中绘制壁画三百余幅。吴道子以他旺盛的精力、高涨的热情、娴熟的技巧、奇异的想象、准确的造型、独创的风格，赢得了“画圣”之称。当他创作壁画时，“长安区肆老幼士庶竞至，观者如堵”，甚至“观者喧呼，惊动坊邑”。

所画《地狱变相图》，“使观者腋汗毛耸，不寒而栗，因之迁善远罪者众矣”。可见他的艺术在群众中的影响。苏轼认为：“诗至杜子美（甫），文至韩退之（愈），书至颜鲁公（真卿），画至吴道子，而古今之变，天下之能事毕矣。”

吴道子被称为“张僧繇后身”，他的艺术继承了张僧繇简括的造型技巧，“笔才一二，像已应焉”，点划之间，时见缺落，后人称之为“疏体”。其用笔如“莼菜条”，雄劲、磊落、气势磅礴。喜用焦墨勾勒，略加淡彩，自然传神，所谓“天衣飞扬，满壁风动”，有“吴带当风”之誉，称之为“吴装”。他的宗教壁画以独特的艺术风格传派，当时叫作“吴家样”。其特点是，落笔时或自臂起，或从足先，不拘规矩，一笔挥就，但又不失尺度。吴道子的作品，今已无存，日本大阪市美术馆收藏的《送子天王图》卷，传为吴道子真迹，其实，最多不过是他传派的摹本草稿。北宋时的武宗元曾在洛阳等地寺庙见过吴道子的壁画，努力学习其造型笔法，从所做的《朝元仙仗图》（今藏于美国某私人处），可探知其艺术特点。除文献记载外，要了解吴道子的艺术，莫高窟的盛唐壁画和唐宗室墓葬壁画或可提供一些线索。

在唐代，山水画的发展已经日趋成熟，较为有名的就是王维。

王维（701—761年），字摩诘，著名诗人，亦长绘画。晚年隐居陕西蓝田，并以其庄园景致创作成《辋川图》，开创了文人士大夫别墅画的风气，为后世所崇。苏轼称赞他“诗中有画，画中有诗”。明末董其昌等人提倡山水画“南北宗”说，将李思训说成“北宗之祖”，崇王维为“南宗之祖”，创水墨写意文人画。相传王维有《伏生授经图》（今藏于日本大阪市美术馆）、《雪溪图》（今藏于台北故宫博物院）等，均不可信，王维画风有待进一步探讨。

唐代最著名的绘画类型当属壁画。唐代壁画有宫殿、寺观、石窟、墓室等数种。宫殿、寺观壁画之盛，见诸文献记载，超出以往时代，但随着建筑物的毁灭，早已渺然无存，今天所能见到的只有石窟和墓室里的壁画。

敦煌莫高窟发展至唐代为全盛时期，今存唐窟有两百余个。随着国家统一与社会安定，唐朝的经济和文化空前繁荣发达，唐窟的壁画题材，由南北朝以来流行的宣扬忍耐牺牲精神的主题，逐渐转变为渲染以西方极乐世界的享乐情景为宗旨。如《西方净土变》，把极乐世界描绘得富丽辉煌，殿堂楼阁，参差错落，歌童舞女，一派升平景象，实际上是帝王贵族的现实生活写照（320窟、127窟可为代表）。《法华经变》《报恩经变》中穿插的其他佛教故事及生活情节，如45窟的胡商遇盗、217窟的化城喻品、85窟的善友品，以及众多的生产劳动场面，曲折地反映了当时社会生活的各个方面，内容极其丰富。《维摩诘经变》为最受欢迎的题材，它所刻画的维摩诘具有充沛的精力、潇洒的风度、闪烁的眼神，是当时士大夫形象的写照。103窟的《维摩诘经变》，线条简括流动，有吴道子画派风格。其旁帝王听法的场面，可从中探知唐代著名画家作品《职贡图》《帝王图》一类题材的表现方法。整个敦煌唐代壁画，无论是描写佛、菩萨，还是天王、力士、伎乐、飞天，都更世俗化，充满着人间的温情，而体态婀娜，夸张变化，有着动人的艺术效果。

唐代的墓室壁画，今发掘出土的有唐初的李寿墓，盛唐的章怀太子李贤墓、懿德太子李重润墓、永泰公主李仙蕙墓等，都是属于皇室宗族的墓葬。这些墓室壁画直接出于宫廷匠师之手，其规模与气派与敦煌唐壁画相比，有过之而无不及，是其他唐代绘画作品所不可替代的。从李寿墓中的农耕、放牧、杂役等画面，可以了解到初唐的农牧手工业生产。李贤墓中的《出行图》《客使图》《仪仗图》《马球图》等，描写了宫廷贵族的奢侈豪华，是当年宫廷贵族生活的写照。其中《客使图》与传世《职贡图》的造型十分相近。李仙蕙墓中的《宫女图》，描绘宫女们姿态多端，不仅衣着华贵，而且形象美丽，飘飘欲仙，更是一幅完整而细腻的杰作。

（五）五代至两宋时期

唐末藩镇割据，国家走向分裂，相继出现五代十国。五代时期，绘画盛行的地区主要在中原、西蜀和南唐所辖地。西蜀和南唐都建立了画院，山水、花鸟画成熟，出现了一批对后世有极大影响的画家。北宋统一后，绘画得到了进一步发展，画院兴盛，文人画兴起。这一时期传世的作品较多，寺观等壁画虽也有所成就，相形之下，就退居其次了。

五代的顾闳中是其中较为有名的画家，但其唯一传世作品是《韩熙载夜宴图》。据记载，此画是奉南唐后主李煜之命而作。全画分为听乐、观舞、休息、清吹、送别五个段落，描写韩熙载的夜宴过程，客观上反映了当时贵族的腐朽生活。由于作者技术的高超，对韩熙载的刻画能通过形象而揭示出内心的矛盾与痛苦；所画其他人物也都各有特点，生动传神。该画线描的工整精细、严谨有法，设色的绚丽清雅、丰富协调，都达到这一时期的最高水平。

这一时期其他著名画家有贯休、阮部、胡壤、卫贤等。

此时的花鸟画是一大代表性类型，其中比较有名的是“徐黄异体”。“徐黄异体”是指以徐熙和黄筌为代表的、在艺术风格上不同的两大花鸟画流派，最早见于郭若虚的《图画见闻志》记载。

徐熙，金陵（今南京）人，性淡泊，所画花鸟多为“汀花野竹，水鸟渊鱼”“蔬菜茎苗，亦入图画”。其画法“落笔颇重，中略施丹粉”，可能是一种以勾勒为主的淡彩画法，有“落墨花”之称。他的题材内容与画法都表现出文人士大夫的情趣，故有“徐熙野逸”之评。但他也为宫廷服务，创作一些装饰用的作品，称为“铺殿花”“装堂花”。

黄筌，字要叔，成都人，西蜀的宫廷画家。除人物画外，尤擅长花鸟画，多画宫廷中珍禽瑞兽，奇花怪石，以供帝王贵族玩赏。其画法先用细笔勾出轮廓，然后敷以重彩，极其工细精整，富丽堂皇，故有“黄家富贵”之称。传世作品有《写生珍禽图》（今藏于故宫博物院），如图 10-8 所示。

图 10-8 《写生珍禽图》

入北宋以后，宫廷中主要是黄筌体系的花鸟画占统治地位。宋太祖赵匡胤、太宗赵光义都非常欣赏黄家作品，曾命黄筌之子黄居寀负责搜访天下名画，诠定品目，因而黄家的画法便一时成为宫廷绘画的标准。徐熙之孙徐崇嗣继承祖法，在宫廷中受到排斥，只好改变画风向诸黄学习，创造了“没骨法”。

北宋的花鸟画家除黄居寀、黄居宝外，重要的还有赵昌、崔白、易元吉等。赵昌长于写生，形象生动，被认为达到了“与花传神”的境地，作品有《四喜图》（今藏于台北故宫博物院）、《写生蛱蝶图》（今藏于故宫博物院）。崔白，字子西，作品有《寒雀图》（今藏于故宫博物院）、《禽兔图》（今藏于台北故宫博物院）等。易元吉，长沙人，善画猿狘獐鹿，曾深入荆湖深山，对野生动物做观察研究，又于家中建庭苑，养育野禽，对之写生。所以他的作品真实生动，被认为“徐熙以后一人而已”，传世有《聚猿图》等。北宋的花鸟画家重视师法自然，观察细致入微，创作精密不苟。北宋是花鸟画发展取得重大成就的时代。

五代是中国山水画发展的重要时期，表现为：①水墨山水画的确立；②巨家深入自然，创造了不同的笔法，出现了南北两大派别。代表画家有荆浩、关仝、董源、巨然。

荆浩（号洪谷子），沁水（今属山西）人。唐末隐居太行山，潜心研究山水画，善画北方地区的崇山峻岭，层峦叠嶂，沿袭唐代水墨山水画法而有新的创造。他曾认为吴道子有笔无墨，项容有墨无笔，自己则采二者之长而成一家之法。画法在钩斫之中有皴有染，用笔带方而讲究笔势。他的作品有《匡庐图》（台北故宫博物院藏），为全景式山水画，气势雄伟。他曾著《笔法记》一文，着重“图真”，提出“六要”，总结用笔方法“四势”和“二病”，对于山水画的创作和美学研究都是很有价值的见解。

关仝，长安（今属陕西）人，山水学荆浩，多描写关中一带风景，尤喜绘秋山寒林、村居野渡。所绘山水，用笔简练而气势壮阔，石体坚凝，山峰峭拔，杂木丰茂，有枝无干，被认为“笔愈简而气愈壮，景愈少而意愈长”。传世关仝作品有《关山行旅图》（台北故宫博物院藏），勾笔粗壮雄健，境界宏大。

荆浩和关仝对表现大自然雄伟之美开创了新风格，把山水画的思想内容提到了新高度。

董源，字叔达，钟陵（今江西进贤西北）人，南唐中主时任北苑副使。他善画江南风景，山峦浑厚，林木苍茂，烟雾迷荡。用笔长、圆，称为“披麻皴”和“点子皴”。作品有《潇湘图》（故宫博物院藏）、《夏景山口待渡图》（辽宁省博物馆藏）、《夏山图》（上海博物馆藏）、《龙宿郊民图》（台北故宫博物院藏）等。

巨然，江宁（今江苏南京市）人，开元寺和尚，山水师法董源。用长披麻皴雪山，以破笔蘸墨点苔。所画山水为水深林密、烟云流润。作品有《秋山问道图》（台北故宫博物院藏）等。

董源和巨然创立了山水画的另一种新风格，受到元明以来文人画家的推崇和模仿，比荆浩、关仝影响更大。

李成、关仝、范宽在宋初被认为是并立的三大家，评价为“三家鼎峙，百代标程”的人物。关仝的峭拔、李成的旷远和范宽的雄杰，代表了宋初山水画北方风格的不同气派。

李成，字成熙，避乱居青州营丘（今属山东）。他是唐王朝宗室，有文学才能，抑郁不得志，好饮酒和游历，善画山水，能表现出山川地势和季节气候的多样变化；山林薮泽，平远险易，素带曲折，一一吐自胸臆而写之笔下。喜作寒林雪景，笔势锋利简洁，有“惜墨如金”之誉。但他的作品到宋时就很少，今有与王晓合作的《读碑窠石图》（画中人马为王晓所作）可供参考。

范宽，字中立，华原（今陕西耀州区）人。宋仁宗在位早期尚在。其受李成影响，也曾师法荆浩、关仝。他长期生活在终南、太华一带，所作多关陕地区雄奇壮美景色。山石坚劲，气势逼人。喜作正面主峰，用笔浓重粗壮而短，称为“雨点皴”或“芝麻皴”。作品有《溪山行旅图》《雪山萧寺图》等（均藏于台北故宫博物院）。

在两宋时期，文人画开始兴起，文人画是相对于当时的工匠画而言的，参与者多为文人士大夫阶层中人，逐渐形成一种新的画风，故有此名。

文人从事绘画活动，虽然由来已久，但真正掀起潮流还是在北宋中后期，重要的画家有苏轼、文同、米芾等。

苏轼（1037—1101 年），字子瞻，号东坡，四川眉山人。他是北宋文学家、书法家，同时也善画枯木竹石。他在绘画方面的主要贡献在于推进了文人画的发展，并在文人画的理论方面提出了一系列的见解，大体可归纳为以下几点：①确定文人画的地位高出于工匠画。他很推崇吴道子，但更推崇王维，正式提出“士人画”的概念。②强调艺术形象创造的主观感受，以便达到于象外求意。有“论画以形似，见与儿童邻”“摩诘得之于象外，有如仙翮谢笼樊”等诗句。③提倡绘画表现的诗歌意趣，如说“味摩诘之诗，诗中有画；观摩诘之画，画中有诗”“古来画师非俗士，摹写物象略与诗人同”，如此等等，都对后世绘画有极大影响。苏轼有作品《枯木怪石图》（今在日本）存世。

与苏轼同时对文人画做出重大贡献的画家还有文同和米芾等。

文同（1018—1079 年），字与可，四川永泰人，诗人兼画家。善画墨竹，因出任湖州（今浙江吴兴），所画墨竹及后来学他画法的，称为“湖州竹派”。他曾深入竹林，做仔细观察研究，先有成竹在胸，然后进行创作。有《墨竹图》两幅（一幅在台北故宫博物院，另一幅在广州市博物馆）存世。

米芾（1051—1107年），字元章，居襄阳，后定居润州（今江苏镇江）。精于鉴藏古书画和善书法，在绘画上，根据江南烟云风雨变化的特点，用大笔触水墨方法来表现。这一方法为他的儿子米友仁（1074—1153年，字元晖）所继承和发挥，世称“米氏云山”。阔笔浓墨皴法，被称为“米点皴”或“落茄皴”。米芾画已无存，存世《溪山雨霁》等图乃后人所作。米友仁作品有《潇湘奇观图》等。

宋代继承南唐和西蜀的做法，在宫廷中设置了翰林图画院，集中了当时大批优秀画家，为宫廷创作服务。到宋徽宗、宋高宗时期，画院最为兴盛，并有一整套制度。当时画院也同科举考试一样，进行开科取士，分为佛道、人物、山水、鸟兽、花竹、屋木六科，以摘古人诗句为题目。考取后按出身分为“士流”与“杂流”，授以不同等级职称，有画学生、供奉、祗候、待诏、艺学、画学正等名目；再通过考核予以提升。特别恩宠者赐“绯紫”和“佩鱼”，有的还授以朝官衔。画院画家的创作，主要为宫廷服务，受皇帝支配控制；画稿需经审查，才能正式创作。

宋徽宗赵佶（1082—1135年）在位期间，是画院的高峰时代。他本人也是出色的画家，善画花鸟和山水。有作品《四禽图》《雪江归棹图》《柳鸦图》《祥龙石图》等，被认为是其亲笔。另外有《腊梅山禽图》《芙蓉锦鸡图》《听琴图》等作品，画法工细，设色浓丽，技巧精熟，被认为是画院画家代笔。他还擅长书法，用笔瘦硬，被称为“瘦金体”。赵佶自己是画家，经常对画院进行指导。他的喜好与他对绘画的某些见解，对画院创作风格有着支配作用。他还命臣下整理记录了当时宫廷的古今书画收藏，编辑成《宣和书谱》《宣和画谱》，是官修的重要书画史论著作。

张择端和王希孟是宋徽宗时期宫廷画院里的画家，分别以创作了《清明上河图》和《千里江山图》（两图均藏于故宫博物院）而成为画史上不朽的画家。

张择端，字正道，东武（今山东诸城）人。原为士人，游学京师，后习绘画。入画院为翰林待诏。工界画，尤长于画舟车、市桥、郭径，自成一家。所作《西湖争标图》《清明上河图》被称为神品。

《清明上河图》，绢本，淡着色，如图10-9所示。以全景式的构图、严谨精细的笔法描绘了北宋都城汴梁汴河沿岸及东角子门内外市区风貌。全画可分为三段，首段为市郊农村风光；中段以“虹桥”（正名上土桥）为中心，画出汴河及两岸车船运输交通、手工业和商业贸易的繁忙景象；后段则是城门内外纵横交错的街道，商店鳞次栉比，车马轿驼往来熙攘。作者以写实的手法、高超的技巧，集中概括、生动有趣地再现了北宋都市社会生活的各个方面，令人百看不厌，不但是一幅杰出的绘画作品，还具有历史文献价值。

图 10-9 《清明上河图》

王希孟，宋徽宗时期画院的学生，曾得到宋徽宗赵佶的亲自指授，天才颖悟，进步很快。但寿命不长，作品仅留下《千里江山图》一件。据图后蔡京题跋，王希孟创作此图时，年仅 18 岁。

《千里江山图》，绢本，青绿设色。描绘江南自然景色，峰峦冈岭，江湖河港，境界空阔，气势宏伟。其间丛树竹林，楼台庄院，舟楫桥亭，以及各种人物往来活动，繁密不可胜记。整个色调，以暖色赭石衬托出石青、石绿，统一和谐而绚丽夺目，给人以祖国辽阔大地雄伟壮丽的深刻鲜明印象。在艺术技巧上，作者主要继承了传统的“青绿法”，适当吸收了董源、巨然的笔法，灵活地将郭熙“三远”取景构图融为一体，因而极富变化。《千里江山图》不但代表了北宋宫廷山水画色作的最高成就，也是中国山水画史上罕见的鸿篇巨制，如图 10-10 所示。

图 10-10 《千里江山图》

南宋时期，由于赵宋政权退避江南，民族矛盾尖锐，长年与北方的辽、金政权处于敌对状态，这时画家们的人物画常常是通过历史题材反映人民收复失土的愿望。早期李唐画有《采薇图》，以歌颂伯夷、叔齐不食周粟饿死于首阳山的气节，讥讽朝廷中的投降派。又有陈居中的《文姬归汉图》、宫素然的《明妃出塞图》，隐喻少数民族的入侵给中原人民带来的悲痛。刘松年的《中兴四将图》画的是刘光世、韩世忠、张俊、岳飞四位抗金名将，是为岳飞恢复名誉而作。此外，无名氏画家留下的《折槛图》《却坐图》《锁谏图》等，都是以表彰贤臣、斥责权奸为主题的。

风俗画包括节令画，以描写民间风俗和吉祥用语为主要内容。苏汉臣擅长画婴戏一类题材，有《婴戏图》《秋庭戏婴图》《五瑞图》等作品传世。李嵩善画货郎题材，描绘货郎走村串巷，招徕妇女儿童，引起阵阵欢乐。无名氏作品《百子嬉春图》《村童闹学图》《大傩图》等，取材于民间风俗活动，色彩艳丽，颇有情趣，具有今天年画的性质。当时的汴梁和临安，每逢年节，市场上均有门神桃符、钟馗、虎头一类书画出售。

南宋时代还有其他许多画家，如杨无咎、赵孟坚、郑思肖、梁楷、牧溪等也都对后世画风颇有影响。

（六）辽、金、元时期

辽、金、元都是由少数民族贵族建立的政权，它们先后和宋对立。在立国期间，受汉民族文化的影响，出现了不少知名的少数民族画家和汉族画家。辽、金、元都没有正式的图画院，却有类似机构组织画家创作，为宫廷服务，如辽的“翰林院”，金的“秘书监”下属“书画局”、“少府监”下属“图画署”，元的“祗应司”下属“画局”，等等。

辽代贵族继承唐代遗风，在墓室建造中，仍然喜欢制作壁画，企图保持生前的显赫地位和享乐生活。今辽墓壁画发现有多处，如辽宁白塔子之北的庆陵、内蒙古库伦旗一号辽墓、法库叶茂台辽墓，以及张家口宣化和北京永定门外西马场辽墓等。

庆陵是辽兴宗耶律宗真的墓葬，墓内甬道及主室均绘制有壁画，最突出的是主室四壁所画的《四季山水图》，如图 10-11 所示。崇山峻岭中，云彩飞扬，一派辽阔的北方景象。其表现手法以墨线为主，略施晕染，稚拙淳朴，较多地保留了唐代的画风。

图 10-11 《四季山水图》

另外，从总的趋向来看，元代的人物画不及宋代，更远不及唐代之盛，这原因是多方面的。一方面，大规模的宗教寺庙建筑势头在减弱，墓室建筑也不注重壁画，社会的需求不如唐宋那么迫切；另一方面，文人画的兴起逐渐成为画坛主流，文人画家表达自己思想的方式多借重于山水、花鸟以怡情适性，而不重视人物画。元初的文人画大家赵孟頫、钱选等尚能画人物，仅止玩赏小幅而已，之后的“元四家”只是做点景人物。以人物擅长的元代人物画家有任仁发、刘贯道、颜辉、王振鹏、张渥等。

任仁发（1254—1327 年），字子明，号月山，松江（今属上海市）人。曾任都水监，指挥疏浚黄河及吴淞江河道，治水有方，并有著作，是一名水利专家，后官至浙东道宣慰副使。吏事之余，擅长画人物、鞍马。作品有《张果见明皇图》、《二马图》（均藏于故宫博物院）等。前者画八仙之一的张果老在见唐玄宗李隆基时表演法术的故事。张果老紫袍高冠，形如鹤瘦，唐玄宗黄袍幞头，雍容华贵。两人相对而坐，一瘦一胖，一喜一惊，对比强烈。后者画肥瘦两匹马，作者自跋云：“予吏事之余，偶图肥瘠二马，肥者骨骼权奇，萦一索而立峻坡，虽有厌饫刍豆之荣，宁无羊肠蹄蹶之患？瘠者皮毛剥落，啮枯草而立霜风，虽有终身摈斥之状，而无晨驰夜秣之劳，甚矣哉！物情之不类如此，世之士大夫，廉滥不同，而肥瘠系焉。能瘠一身而肥一国，不失其为廉；苟肥一己而瘠万民，岂不贻污滥之耻欤？按图索骥，得不愧于心乎？”作者寓寄，针砭时弊，入木三分。

刘贯道（1258—1336 年），字仲贤，中山（今河北定州）人，曾任宫廷肖像画师。作品仅存《消夏图》（藏于美国堪萨斯纳尔逊博物馆），画一士大夫仰卧榻上，旁置阮咸，仕女侍立，环境幽雅。此图疑为长卷中的一部分，表现的是魏晋时代的文人闲逸放达的生活。人物刻画准确生动，是元代人物画中的杰作。

颜辉，字秋月，庐陵（今江西吉安）人，以画道释鬼神人物见长，作品有《李仙像》（藏于日本京都智思院）等。

王振鹏，字朋梅，永嘉（今浙江温州）人。画得元仁宗赏识，赐号孤云处士。长于界画，精细入毫端，自成一派，作品有《阿房宫图》《金明池龙舟图》等。人物善白描，师法李公麟。所绘《伯牙鼓琴图》（藏于故宫博物院），画伯牙挥弦自如，子期听曲入神，各臻其妙，而线条流利劲健，加以淡墨渲染，别具特色。

张渥，字叔厚，号贞期生，祖籍淮南，居杭州。人物擅自描，承继李公麟法。作《九歌图》多本（其一藏于吉林省博物馆），取屈原《九歌》为题材，一诗一画，并附以屈原肖像“招魂”一段。线条流畅潇洒，一点一画，细致入微，受到历代收藏家重视。元代虽不设画院，但有时集中画家为宫廷作画，其中重要任务是为皇帝、皇后、皇妃画肖像。据记载，刘贯道、叶可观、叶清支和礼霍孙等，都曾为元帝后画过肖像。今存《元帝后肖像》图册（藏于故宫博物院），线条粗犷，造型很具有蒙古民族特征，可谓神形毕肖。这些作品都没有留下作者的名字。

元代著名肖像画家有作品存世的是王绎。王绎字思善，号痴绝生。其先睦州（今浙江建德）人，迁居杭州。生于1333—1334年，卒年未详。早岁为秀才，以画肖像知名。所画肖像与对象“无毫发异”，“非惟貌人之形似，抑且得人之神气”。著有《写像秘诀》一篇，提出画肖像除注意对象的轮廓形态特征外，还要注意对象在活动中的神态特征，等待对方在“叫啸谈话之间，本真性情发现，我则静而求之”。他的这篇论文为我国第一篇肖像画创作专论。作品有《杨竹西小像》(藏于故宫博物院)。

杨竹西，名谦，松江人，一生不仕。画家将他画成身着宽袍，手持竹杖，徜徉于山水之间（背景松石土坡为倪瓒画），像是一个悠游林下的高士。衣纹简洁，以突出人物面部。面部以淡墨勾勒，略加皴擦渲染，使之具阴阳凹凸之形，而表情有林泉啸傲自得之神。手法新颖，技巧熟练，与传统肖像画不同，是我国肖像画史上极重要的作品。

（七）明代

明朝前期，以宫廷画和浙派绘画为主，中期吴门画派兴起，成为画坛旗帜，晚期董其昌为画坛领袖。文人画全面占领画坛，是这一时期中国绘画发展的主要脉络。随着封建王朝的没落，宫廷绘画也随之式微，不再居于画坛领导地位。文人画发展成为中国绘画的主流，传统的绘画“成教化，助人伦”的社会作用观念，逐渐被“怡情适性”“寄兴自娱”所代替，因而使水墨写意的山水、花鸟画获得特别的发展，相比之下工笔画与人物画没有受到应有的重视。由于社会矛盾复杂，城市经济迅速发展，使地域性的绘画派别纷纷出现。晚明成批的青楼女子、侍姬画家的出现，表现出封建束缚下妇女的才华，但也反映了社会的进一步腐朽没落。随着海上交通的发达，促进了中外绘画的交流。日本画僧雪舟等曾来中国学习，中国画僧也曾东渡日本；明末欧洲传教士来华，同时带来了西方绘画。

明代没有正式的翰林图画院，但组织了大批的画家为宫廷服务。洪武初期，画家临时奉诏入宫，随意授以职衔。如沈希远为朱元璋画像称旨，授中书舍人。陈远同样为朱元璋画像称旨，则授以文渊阁待诏。当时主要任务是为皇帝画肖像（有沈希远、陈远、孙文宗等）和为皇宫及皇室寺院画壁画（如周位、盛著、卓迪、上官伯达等）。画家大部分来自江浙地区，画风各随原来面貌。由于朱元璋的个性猜忌，赵原和盛著竟以画“不称旨”被处死，周位则“以谗死”，使明代的宫廷画家们不敢大胆地放手创造，影响了宫廷画的发展。宣德至弘治（1426—1505年）时期，由于明宣宗朱瞻基、明宪宗朱见深、明孝宗朱祐樘均好绘画，其本身也能作画，遂使宫廷画盛极一时，出现了一批有成就的宫廷画师。这时画家多安置在仁智殿、武英殿、华盖殿等处，准备随时奉诏，并授以锦衣卫镇抚、百户、千户、指挥、都指挥等武职官衔。锦衣卫本为皇帝的禁卫仪仗，后成为特务组织，声名狼藉。授以画家锦衣卫各级职衔，是为了便于领取俸禄（锦衣卫无常员，可以随意安置）和接近皇帝，随时听召。嘉靖以后，随着明帝国的衰落，宫廷绘画也跟着衰落了。

明代宫廷人物画多继承南宋宫廷历史故事画风，内容大都与王朝的政治需要有关。

在现存的宫廷人物画中，题材多称颂前代圣主贤臣，以及描绘宫中行乐等。重要的画家和画作有：倪端，字仲正，宣德时被召入宫中，作品有《聘庞图》，描绘三国时刘表延请庞德公的故事；商喜，字惟吉，宣德中授锦衣卫指挥，作品有《关羽擒将图》，描绘三国时关羽水淹七军活捉庞德的故事；刘俊，字廷伟，官锦衣卫都指挥，作品有《雪夜访普图》，画宋太祖赵匡胤私访赵普的故事，宣传半部《论语》治天下；谢环，字廷循，宣德时为锦衣卫指挥，作品有《杏园雅集图》，描绘当时在朝官吏杨一清等人的一次集会，是一幅群体肖像画。

宫廷山水画主要继承南宋马远、夏圭的风格，并参以北宋郭熙等技法。重要画家有：李在，字以政，宣德时与谢环、石锐、倪端同时被皇帝恩宠，待诏仁智殿，作品有《阔渚晴峰图》等；王谔，字廷直，弘治时供事仁智殿，曾被明孝宗朱祐樘誉为“当世马远”，可见其画风与马远十分接近，但较之马远平稳、完整而细腻，作品有《江阁远眺图》等；朱端，字克正，正德间以画士值仁智殿，后授锦衣卫指挥，画风学郭熙，作品有《烟江远眺图》等。

宫廷花鸟画在宋代画院的基础上有所发展，创造了多种风格，在整个明代宫廷绘画中是成就最高的。著名的画家有：边景昭，字文进，永乐时入宫为武英殿待诏，擅长工笔花鸟画，“妍丽生动，工致绝伦”“花之娇笑，鸟之飞鸣，叶之正反，色之蕴藉，不但勾勒有笔，其用笔墨无不合宜”。作品《竹鹤图》，画竹林中两只白鹤，悠闲徜徉，不惟造型准确、体物入微，且能表现出气宇轩昂的神态，且设色鲜明，对比强烈，竹鹤穿插，层次分明。较之南宋的花鸟画，在富贵明丽中，更突出浑朴端庄气象。孙隆，号都痴，宣德间为翰林待诏，常陪侍明宣宗朱瞻基作画。善画花鸟草虫，以色代墨，随意点染，不用勾勒，简括而放纵，逸笔草草，使神形具备，称“没骨法”，自与宋代徐崇嗣的“没骨法”不同，在当时花鸟画中独树一帜。作品有《花鸟草虫图》《花石游鹅图》等。林良，字以善，广东南海人。少年时家贫，曾充当奏事杂役，因画而知名。明英宗时应召入宫，授工部营缮所丞，直宿仁智殿，后由锦衣卫镇抚、百户直升到指挥。林良早年曾学习画山水、人物，后来以花鸟专门，存世最多的是他的水墨写意花鸟画作品，“随意数笔，如作草书，能脱俗气”“取水墨为烟波，出没凫雁嚵唼容与之态，颇见清远。运笔遒上，有类草书，能令观音动色”。喜画鹰，威猛有势，多为绢本立轴。故宫博物院收藏他的《灌木集禽图》卷为纸本水墨，略施淡彩。在灌木杂草丛生的水沼边，众鸟聚集，或振翅奋飞，或觅食寻宿，或追逐相亲，或欢呼跳跃，各尽姿态。加之枝条摇曳，草叶飞翻，形成一片热烈景象。其用笔随意挥写，概括简略，似不经意而谨严不失法度，达到了情景交融的完美统一。在发展中国水墨写意花鸟画上，林良是一位继往开来的大师。吕纪，字廷振，浙江宁波人。弘治间被荐入宫，供事仁智殿，授锦衣卫指挥。其为人恪守礼法，敦诚信义，很受士大夫们欢迎。同时作品多所寓意，又得明孝宗器重，说：“工执艺事以谏，吕纪有焉。”他的花鸟初学边景昭，继承五代以来黄筌的手法，以精细、工细、设色浓艳见长，而运笔、章法又吸收南宋马远、夏圭的粗豪险劲的特点，遂形成自己的风格。代表他工笔的花鸟画作品有《桂菊山禽图》等。他同时也擅长水墨写意花鸟，曾私淑林良，同造化境。作品《残荷鹰鹭图》，描写秋日荷塘，苍鹰袭来，众鸟惊散。鹰之搏击，众鸟之仓皇惊惧，风吹苇动，败荷翻飞，绘声绘色，妙趣横生，无不扣人心弦。作者把握住禽鸟的自然特征，加以人格化、个性化的渲染，强化了主题内容的感人力量。林良和吕纪在明代宫廷花鸟画家中，如双星辉映，后世并称为“林、吕”，故画坛谚语云：“林良、吕纪，天下无比。”代表了明代宫廷绘画的最高成就。

当明宫廷绘画兴盛的时候，与之共荣的有以戴进为首的浙派画家，由于他们的画风相近，画史上并称为“院体浙派”。戴进（1388—1462 年），字文进，号静庵、玉泉山人，钱塘（今浙江杭州）人。少年时曾为锻工，铸造金银器皿，后习绘事，名闻江南。宣德间曾被荐入宫，受宫内画家妒忌排挤，终未被录用，后回江南以卖画为生，声名更甚，因而有关他入宫被谗事，传说越演越奇。戴进的绘画技巧熟练精湛，达到了很高的艺术水平。其山水画，以马远、夏圭画风为基础，同时吸收了董源、巨然的技巧，笔迹遒劲疾迅，墨色淋漓，形式风格，变化多样。代表作品有《渭滨垂钓图》《风雨归舟图》《春山积翠图》等。人物画较多道释题材，及前代圣贤、隐逸故事。多用铁线描，间亦用兰叶描法。《钟馗夜游图》则用“蚕头鼠尾”描法，行笔顿挫有力，更具特色。其他人物画作品有《达摩至慧能六代祖师图》《南屏雅集图》《三顾草庐图》等。花鸟画有工笔设色的《葵石蛱蝶图》，水墨写意的《三鹭图》《墨松图》，二者结合的《耄耋图》，等等，技法和风格有多种。由于他的工力深厚，才华出众，在当时颇受画坛的推许，即使到后来文人画风靡的时候，院体浙派画家受到攻击，人们也仍然佩服他。其中排斥最有力的画坛领袖董其昌见了他的作品，也不得不赞誉说：“国朝画史以戴进为大家。”在戴进的身后有一大批追随者，后人称其为“浙派”之祖。其中吴伟、张路、蒋嵩等成就最高。

吴伟（1459—1508 年），字次翁，号小仙，江夏（今武汉）人。幼失怙，家贫寒，而喜绘画，后以此成名。弘治时曾两次被召入宫，待诏仁智殿，授锦衣卫镇抚、百户，很得明宪宗朱见深宠信，赐“画状元”印和居第，声名更甚。其为人“性戆直，有气岸，与俗寡偕”。又好酒使气，“性自是，不受羁绊”“出入掖庭，蔑视权贵”，因此受到公卿们的攻击，两度离开宫廷到南京。明武宗朱厚照即位，再次召他入宫，还未上路，因剧饮中毒而亡。吴伟的绘画近受戴进影响，远承马远、夏圭遗风，而更加放纵，笔墨豪爽劲健如其为人。山水喜作大幅，浓墨大笔，气势豪放，如《溪山渔艇图》，纵 270 厘米，横 174.4 厘米。然而他也能作细笔，人物白描，秀雅可爱，有元人韵致，如《铁笛图》《子路问津图》等。追随吴伟画风的画家，称为“江夏派”。

以戴进为首的浙派和以吴伟为首的江夏派，以及宫廷中的画师们，曾经盛极一时，自吴门画派兴起之后，他们的画风逐渐受到批评，特别是董其昌等人的批评更为尖锐。主要是他们的笔墨过于放纵，缺乏蕴藉含蓄，也流于习气，而这些画家们大都是出身低微的职业画师，不入“仕流”，故而受到文人们的轻视。

随着经济的发展，明代中期的苏州（古称吴门）成为重要的手工业和商业城方，它的繁荣为吴门画派的兴起提供了物质基础。明初以来，江南士大夫阶层遭政治上的打击，为了求得心理上的平衡，以“清高”“不求仕进”为慰，采取了优游林下、诗酒书画自娱的生活方式。这为吴门画派的出现准备了人才和条件。在沈周出现之前，杨基（字孟载）、张羽（字来仪）、徐贲（字幼文）、陈汝秩（字惟寅）、陈汝言（字惟允）、赵原（字善长）等，均为苏州地区文人，同时擅长画山水和枯木竹石，寄托悠闲平静、冲淡清雅的情致。他们的继承者有刘珏（字廷美）、杜琼（字用嘉）、赵同鲁（字与哲）、谢缙（字孔昭）、马琬（字文璧）等。由于这些吴派的先驱将元代兴盛的文人画延续和播种在苏州地区，成就了沈周、文徵明成为一代画坛宗师。吴门地区也有受南宋李唐、马远、夏圭影响的画家，如王履和周臣。王履曾以创作《华山图》著名，周臣则为职业画师，他门下的两位学生唐寅和仇英，名与沈周、文徵明相齐，画史把他们并称为“吴门四家”，名倾天下。

沈周（1427—1509 年），字启南，号石田、白石翁，从小受家庭熏陶，父恒吉、伯贞吉，均寄兴于诗画，不曾做官。沈周同时师事陈宽（陈惟允之子）、赵同鲁、杜琼、刘珏等，亦受其影响。沈周不曾出仕，为人宽厚，优游林下，以诗画为乐，深受士大夫们的尊敬。绘画以山水为主，兼作花鸟，继承了宋、元时期董源、巨然、黄公望、吴镇四家传统而有所创新。早年笔法较细和繁密，深得王蒙之法，如《庐山高图》。此画是为其师陈宽祝寿而作，山势雄伟富于想象，以比拟其师的崇高品德。中年以后，扩为粗笔秃锋，笔力雄壮，圆润而简括，形成自己的风格。《夜坐图》，画山中茅屋，一人秉烛夜坐，抒发世上“人喧未息”的感慨。他的山水画作品，无论是以江南名胜风景为依据的作品，还是自己想象构思出来的意境，都表达出士大夫们对闲适生活的追求，于静中求美，抒发出清心寡欲、高举远引的情怀。沈周的传世作品很多，著名者有《东庄图册》《沧州趣图》等。

文徵明（1470—1559 年），初名壁，字徵明，后以字行，更字徵仲。他是沈周的学生，早年潜心艺术，不曾仕进。54 岁时曾被荐入宫，授翰林待诏。未及四年，便自求退职回乡，专心从事诗文书画的创作。晚年声望愈高，向他求画者，车马盈门。而其为人，谦虚谨慎，勤奋刻苦，孜孜不倦，诗文书画，不激不怒，体现着他的人品性格。其绘画风格也多样，青绿山水及水墨枯木、竹、石、兰草兼而有之，主要师法赵孟頫。笔致和平清远，情调萧疏幽淡。山顶的平台、浓密的小叶苔点等特点，则师法元四家，融汇成自己的风格。有时他也放笔作水墨写意山水，但控制得法，不太显露锋芒。因这类作品较少，与沈周的早年细笔一样，故收藏家有“粗文细沈”之说，得此弥足珍贵，代表“粗文”的作品有《寒原宿莽图》《古木寒泉图》等，代表“细文”的作品有《江南春图》《真赏斋图》《惠山茶会图》等。他也能作人物，多为山水中作点景用。独立的人物画作品有《湘君湘夫人图》，线条细劲如游丝，造型古朴典雅。

唐寅（1470—1524 年），字子畏，又字伯虎，号六如居士。与文徵明、祝允明、张灵、徐祯卿友善，为吴中才子。青少年时，读书求学，29 岁举南京应天乡试，获第一名解元。曾刻有印章“南京解元”和“江南第一风流才子”在书画作品中使用，其倜傥自许如此。不料次年入京会试时，因考场“鬻题受贿”一案，无辜受到牵连，不但受到严刑杖责，而且被永久取消功名资格。这一打击使他饱尝了人情冷暖、世态炎凉的痛苦。自此就采取了放浪形骸、玩世不恭的生活态度。唐寅的绘画，透过他的老师周臣，主要继承了南宋李唐的造型用笔吉法，同时又远溯李成、郭熙，并把自己在诗文方面的修养体现在作品中，因而夸“出蓝”之誉。尽管他放怀不羁，然创作勤谨，短短的一生，作品不少。山水画有《山路松声图》《女几山图》《事若图》等。他的人物画作品，多取材下层妓女生活，对她们不幸的遭遇寄予一定同情，也表现出他对封建道学的嘲弄。技法则继承唐张萱、周防的造型，作品有《陶谷赠词图》《李端端乞诗图》《王蜀宫妓图》等。《秋风纨扇图》画一女子抱扇立于秋风中，并题诗曰：“秋来纨扇合收藏，何事佳人重感伤？请把世情详细看，大都谁不逐炎凉。”当是他身世遭际的切身体会。

仇英（约 1501—1551 年），字实父，号十洲，原籍太仓，寄居苏州。他出身漆工，兼画建筑彩画，后弃工专学绘画，从师周臣，又得文徵明父子的鼓励指授。他擅长临仿古画，可以“乱真”，曾被收藏家项元汴、陈官延聘至家中，专门临摹、全补古代名家作品和创作。由于他天资颖悟、刻苦用功，从临摹复制古画中广泛地吸取前代大师的技法、技巧，融汇到自己的创作里，所以很受文人们的器重，认为他的作品“秀雅纤丽，毫素之工，侔于叶玉”。他最擅长的是工笔重彩的人物画和青绿山水画。突出成就表现在纤细精巧艳丽中，能得古朴淡雅的意趣。所以前人评价认为，其人物“发翠毫金，丝丹缕素，精丽艳逸，无惭古人”“神采生动，虽（周）昉复起，未能过也。”山水则是“赵伯驹后身”。代表作品有《玉洞仙源图》《桃源仙境图》《剑阁图》《兰亭修禊图》《春夜宴桃李园图》《金谷园图》等。他也能作水墨写意人物和白描人物，作品如《羲之书扇图》等。

沈周、文徵明的学生、子侄及追随者很多，他们大都能诗善文，使吴门画派壮大成一股潮流，影响以后明、清两代的绘画史进程。其中重要画家有文彭、文嘉、文伯仁、陆治、陆师道、王谷祥、钱谷、陈淳、周天球、孙枝等。

水墨写意的花鸟画，经过林良、沈周、唐寅等人的努力，在明代得到空前发展，继之者陈淳、徐渭又做出了新的贡献，特别是徐渭，对后世的影响尤为深远。

徐渭（1521—1593 年），字文长，号天池、青藤等，山阴（今浙江绍兴）人，为明代文学家、戏曲家、书画家。幼颖慧，学书学剑，心怀远志。然 20 岁考取秀才之后，连续八次参加乡试不中。兵部右侍郎胡宗宪总督东南沿海抗倭时，曾延至幕府，献谋献策，参与机密。后胡宗宪因严嵩案发败落，徐渭精神受到刺激，旧“脑风”病复发，数次自杀不死。因疑心击杀继室，入狱 7 年。出狱后贫病交加，寂寞中死去。徐渭一生，遭际坎坷，怀才不遇，有托足无门之悲。曾有题《墨葡萄图》诗云：“半生落魄已成翁，独立书斋啸晚风。笔底明珠无处卖，闲抛闲掷野藤中。”此诗正是其心境的写照。故其书画有一种兀傲不群之气，令世俗骇目，在当时得不到赏识，死后则身价越来越高，直到今日。他的作品主要是水墨写意花卉，在继承沈周、陈淳写意技巧上，笔墨更为自由活泼，纵横驰骋，淋漓满纸，不受任何拘束。他画上的题句表达了心中的愤懑和对世态的讽刺。如《石榴图》题诗云："山深熟石榴，向日笑开口。深山少人收，颗颗明珠走。"又有《黄甲图》，在败荷下，画了一只螃蟹，题诗云："稻熟江村蟹正肥，双螯如戟挺青泥。若教纸上翻身看，应见团团董卓脐。"在《墨花图》卷里，泼墨画各种花卉，其中一段画萱花荆棘上栖一白头翁，题诗云："问之花鸟何为者，独喜萱花到白头。莫把丹青等闲看，无声诗里颂千秋。"他不独在技巧形式上对写意画做出了独特的贡献，而且在诗、书、画的紧密结合上亦为人称道。

（八）清代

清代（1636—1912 年）是中国封建社会最后一个王朝。清初画坛受董其昌影响，文人绘画占绝对优势，但由于最高统治者是满族贵族，强烈的民族矛盾促使文人画家中分离出一批遗民画家。中期由于政权巩固，宫廷绘画得到发展，但因思想控制严厉，社会矛盾加深，绘画中也出现了异端，隐晦曲折地表达了士大夫阶层的愤懑和不安。晚期受西方资本主义列国的侵略，外来文化也影响画坛。随着清帝国的崩溃，资产阶级民主革命的高涨，新的思潮猛烈冲击着封建旧文化，中国绘画的发展也进入了一个新的历史阶段。

中国历史上曾经两次出现过所谓的"遗民画家"，第一次是元初，代表有郑思肖等；第二次便是清初，这是由于中国传统文化观念、文人画发展与异族统治相结合而产生的。清初遗民画家人邈之冬、声势之大、影响之远，在中国绘画史上占有突出的地位。其代表人物除"四僧"外，还有龚贤、项圣谟、陈洪绶、方以智、傅山、肖云从、程邃、查士标、梅清、徐枋、姜实节、黄道周等。

弘仁（1610—1663 年），号渐江，俗姓江，安徽歙县人。明亡前习举子业，侍母至孝。明亡后离家出走，入福建武夷山，可能是去参加抗清活动，就在那里他出家做了和尚，师父是古航禅师。返歙后住西干五明寺。擅长山水兼画梅花，山水学倪瓒，多写黄山风景。用笔清刚，墨如海色，山石层叠多方折，则不受倪法束缚。画梅花清秀可爱，画松千姿百态，不落尘规。作品有《黄山图册》50 幅，《枯槎短荻图》《晓江风便图》等。弘仁与查士标、孙逸、汪之瑞一起称"新安四大家"（或称"海阳四家"）。又有汪家珍、郑旼、程邃等均为歙人，后人呼为新安画派。

髡残（1612—1692 年），字介丘，号石溪、白秃等，俗姓刘，湖广武陵（今湖南常德）人。青年时自己剪发为僧，清兵入湖南，曾遁迹武陵山中，受种种磨难。后到南京，住牛首祖堂山幽栖寺。与顾炎武、熊开元等抗清志士遗民往来，尤与程正揆过从密切。程正揆，字端伯，号清溪，曾创作《江山卧游图》五百卷。他与石鲻并称"二溪"。髡残为人耿直，个性倔强，有着强烈的爱国热情。所作山水，多取黄山及南京一带风景入画，高山巨壑，叠巘层峦，烟云氤氲，草木蓊郁，元气漓淋，千变万化。而笔墨不事修饰雕琢，一任纯朴自然，因而有“粗服乱头”之称。主要是继承元四家，特别是王蒙的笔法，而参以荆浩、关仝之意，在当时画坛别具一格，作品有《雨洗山根图》《云洞流泉图》等。

朱耷（1626—1705 年），明宗室后裔，江西南昌人。明亡后落发为僧，别号人屋、个山等，59 岁后号八大山人。朱耷心怀国破家亡之痛，有时装聋作哑，于门上大书一“哑”字，不与人交谈，有时又跑到市上去，边歌边哭，然后大笑而走。种种狂态，不一而足。然而他的绘画却异常冷静，山水从董其昌处得笔意，意境荒寒萧瑟，满目苍凉，曾在《为黄研旅写山水册》中题诗云：“郭家皴法云头小，董老麻皮树上多。想见时人解图画，一般还写宋山河。”语意双关。花鸟画淋漓奇古，题诗晦涩难读。技巧上继承陈淳、徐渭大写意画法，而于水墨渗透效果的控制运用，更加得心应手，灵活自如。运笔浑圆厚朴，不假矫饰。造型夸张，越出常规，生气活泼。作品有《杨柳浴禽图》《双雀图》《河上花图》等。

原济（1642—1708 年），号石涛、大涤子、清湘陈人、苦瓜和尚等。本姓朱，明宗室广西靖江王后裔。其父代福王监国，为人所杀。他逃走后很小就出家为僧，漫游各地。先后到过庐山、黄山、浙东一带，后到南京，晚年定居扬州。明亡时，原济年仅三岁，成年后正是清王朝巩固发展时期，因此遗民意识较少。曾经到北京，与清室权贵交往。在扬州时，两次被康熙皇帝召见。曾有诗画赞颂清王朝，因而后人多有微词。其实，他的遗民形象是后人给他装扮起来的。擅长画山水、兰竹。山水初似梅清，后自成面貌。用笔纵横恣肆，奔放洒脱，不拘古法。画兰竹，如野战，略无纪律，而规矩法度在其中。作品有《搜尽奇峰打草稿图》《万点恶墨图》《余杭看山图》《高呼与可图》等。除绘画创作外，在绘画理论上，石涛也做出了突出贡献。其理论主张除散见于他的题画跋语中外，集中体现在《画语录》一书中，全书共 18 章，主要针对当时画坛临摹尚古之风，对“泥古不化”提出批评。他提倡到真山水中去“搜尽奇峰打草稿”，以创造出自己的风格。他试图运用哲学思想对画理进行精深的探索和阐述，体现了见解的高深。《画语录》是中国画论史、美学史上的重要著作。

四、亭台楼阁

建筑是园林中不可缺少的构成要素。以建筑构景，是中国园林艺术的重要技法之一，园林中的建筑不但有其实用的一面，也是人情之所在。宗白华曾经说：“中国人爱在山水中设置空亭一所。”苏轼在《涵虚亭》中说道：“唯有此亭无一物，坐观万景得天全。”唯道集虚，中国建筑也表现着中国人的宇宙情调。

的确，建筑还是人精神的象征，是人工美的代表。景有情则显，情之源来于人。建筑上的匾额楹联更真实地反映了人对自然、人生的感悟。因此，园林中的建筑即便是空亭一座也成了“山川精神聚集的处所”，成了人情感寄托、抒发的场所。岳阳楼、黄鹤楼、滕王阁、兰亭、醉翁亭、沧浪亭等建筑之所以闻名于世，其原因就在于这些建筑能集自然山水之美与人文情趣于一体，充分地表现了人的精神。

造园离不开建筑，构园需要从建筑开始，而园林中的建筑更是集功能与审美于一体，居、行、游、赏都离不开建筑。

中国古代建筑以木构为主，一般由台基、屋身和屋顶三个部分组成，单体建筑一般体量不大，造型上具有灵活多变、轻盈空透、适应性强等特点，在整体布局上，是以空间的平面铺开，相互连接和配合的群体建筑为特征，空间的意识转化为时间的进程而逐次展现。在园林中，常随地势之高低、景观之需要，因地制宜地布置亭台楼阁等建筑，并以廊桥路相连，门窗分隔渗透，从而形成了园中园、院中院、景中景、湖中湖的景观体系，这是中国园林的一大特色。

一个国家、一个民族的建筑风格主要由其建筑结构决定，内部的结构决定了它的外部形式。我国的古代建筑结构，自穴居和巢居发展为地面上的房屋建筑以来，逐渐创造了木构梁柱式的结构体系。虽然也同时并行着以砖石材料建造的叠涩和拱券式结构，但是在长期实践的过程中，梁柱式结构以其各方面的优越性成为中国古代建筑结构的主流，并由此形成了它的独特艺术风格。

梁柱式结构以木材为主，由立柱、横梁及顺檩等主要构件组成。各构件之主的结点用榫卯相结合，构成了富有弹性的框架。这种榫卯结合的形式，在浙江余姚河姆渡原始社会建筑遗址中已有发现，表明它在距今七千多年前就已经形成了。在后来的长期发展过程中，又创造了“斗拱”这种独特的结构形式，成为中国古建筑结构的一种重要特征。斗拱由形状像量谷物用的斗和升子相似的构件和好像弯弓一样的拱形构件组成，所以称之为斗拱。斗拱的位置在柱子与梁和其他构件的交结处，它的作用不仅有加大加长结点的接触面、增强抗萎能力的作用，还有装饰作用。凡是古代重要的建筑，如宫殿、坛庙、寺观以及“大式”的楼台亭阁等都使用了斗拱。由于主要建筑都使用斗拱的缘故，至少在宋代以前就已经形成了以斗拱的“材、契”尺度作为“模数”，分等级大小来决定建筑物全部构件尺度的制度。在宋代《营造法式》中，对此已有了明确的规定。清朝的《工部工程做法则例》中也同样以“斗口”的等级尺度来决定建筑物的所有构件尺度和比例。每个时代的斗拱大小和比例都有它们的时代风格，因此斗拱的形制还是鉴别古建筑年代的重要依据。一般情况下，斗拱在建筑物上，由粗壮发展为纤细，由功能性发展为装饰性。

中国古代木结构主要有三种形式：一是“井干式”，即是以圆木或方木四边至叠结构如井字形，这是一种最原始而简单的结构，现在除山区林地之外，已很难见到了。二是“穿斗式”，是用穿枋、柱子相穿通接斗而成，便于施工，最能抗震，但较难建成大型殿阁楼台，所以我国南方民居和较小的殿堂楼间多采用这种形式。三是“抬梁式”（也称为叠梁式），即在柱上抬梁、梁上安柱（短柱）、柱上又抬梁的结构方式。这种结构方式的特点是可以使建筑物的面阔和进深加大，以满足扩大室内空间的要求，成了大型宫殿、坛庙、寺观、王府、宅第等豪华壮丽建筑物所采取的主要结构形式。有些建筑物还采用了抬梁与穿斗相结合的形式，更为灵活多样。

“墙倒屋不塌”这一句中国民间的俗语，充分表达了上述梁柱式结构体系的特点。由于这种结构主要以柱梁承重，墙壁只做间隔之用，并不承受上部屋顶的重量，因此墙壁的位置可以按所需室内空间的大小安设，并可以随时按需要改动。正因为墙壁不承重，墙壁上的门窗也可以按需要开设，可大可小，可高可低，甚至可以开成空窗、敞厅或凉亭。

由于木材建造的梁柱式结构是一个富有弹性的框架，这就使它还具有一个突出的优点，即抗震性能强。它可以把巨大的震动能量消失在弹性很强的结点上，这对于多地震的中国来说，是极为有利的。因此，有许多建于重灾地震区的木构建筑，上千年来至今仍然保存完好。如像高达 67 米多的山西应县辽代木塔，为现存世界上最高的木塔，天津蓟县辽代独乐寺观音阁高达 23 米，这两处木构已经近千年或超过了 1000 年。后者曾经经历了在附近发生的八级以上的大地震，1976 年又受到唐山大地震的冲击，还安然无恙，充分显示了这一结构体系的抗震性能的优越性。

中国古代建筑同样以它优美柔和的轮廓和变化多样的形式引人注意，令人赞赏。但是这样的外形并不是任意造成的，而是适应内部结构的性能和实际用途的需要而产生的。如像那些亭亭如盖、飞檐翘角的大屋顶，即是为了排除雨水、遮阴纳阳的需要，适应内部结构的条件而形成的。两千多年前的诗人们就曾经以“如翚斯飞”这样的诗句来描写大屋顶的形式。在建筑物的主要部分柱子的处理上，一般把排列的柱子上端做成柱头内倾，让柱脚外侧的“侧脚”呈现上小下大的形式，还把柱子的高度从中间向外逐渐加高，使之呈现出柱头外高内低的曲线形式。这种做法既解决了建筑物的稳定功能，又增加了建筑物外形的优美曲线，把实用与美观恰当地结合起来，可以说是适用与美观的统一佳例。

中国古代建筑的艺术造型外观一般可以分作台基、屋身和屋顶三个部分。台基是建筑物的下部基础，承托着全部上层建筑的重量。高大的台基不仅使上部建筑华丽壮观，而且有防潮去湿的作用。屋身（主要构架）是建筑物的主体部分，以柱子、墙壁构成各种形式的室内空间，供各种用途的需要。屋顶（也称为屋盖）是旁屋的顶盖，起防备雨雪以及各种下坠物品侵害和遮阴蔽日、防寒保暖的功用。屋顶在艺术造型上有着非常显著的特色。在屋顶之上精心布置了许多装饰，特别是在一些华丽雄伟的建筑物屋顶上，装饰着人物、飞禽、走兽和各种形式的图案花纹。在重要的建筑物上，还以屋顶的形式来区分建筑的等级。台基、屋身和屋顶三部分共同构成了中国古建筑的艺术形象。他们的造型不仅庄严雄伟，而且优美柔和。

古建筑雕刻的表现技法大致可分为线刻、平雕、浮雕（浅浮雕、高浮雕）、半圆雕等种类。宋代《营造法式》中总结了四种石刻表现技法，基本包括了几千年来古建筑雕刻的表现形式，具体如下。

（1）素平，这是最简单的做法，即把砖石表面打制光平的技法。

（2）减地平钑，即一般称之为阴刻的技法，把石面打垂平之后，向下平刻出各式花纹图案和各种题材。

（3）剔地隐起，即把表面打制光平之后，刻去不需要的部分，留出需要的各式花纹图案和各种题材，一般称之为阳刻。

（4）剔地起突，也就是现代称为浮雕的表现形式，包括浅浮雕、高浮雕。

以上四种表现形式和雕刻方法均是在建筑物上的雕刻方法。这几种表现形式虽然列在该书《石作》一章内，但砖、木、金属等也基本相同。

至于塑制的形也有许多种类，主要有以下几种。

（1）单体塑像及群像，如佛、道神像、供养人、动植物等。

（2）塑壁，在墙壁之上浮塑出各种佛道神像、天宫楼阁、山海景色、鱼龙幻变、人物故事等。

（3）屋顶塑饰，即在屋顶、屋脊、檐头等塑制（包括塑成后烧制的瓦件）的各式题材的作品。

（4）塑绘，这种表现形式较为少见，即是在壁画之上采用雕塑手法，在主要题材的主要部分浅塑成突面，以加强其立意，在后来的建筑彩画上的“沥粉”也有类似的效果。

建筑本身就是一个环境，供人们从事多种活动，因此被称为空间的艺术。在这方面，中国古建筑有着很高的成就，有许多精辟的理论与成功的经验，古人不仅考虑建筑物内部环境主次之间、相互之间的配合与协调，也注意到它们与周围大自然环境的协调。中国古代建筑中有一种讲究阴阳五行的“堪舆”之学，也就是看风水之学，其中虽然夹杂了不少封建迷信的东西，但剔去其糟粕，仍有不少可供借鉴之处。特别是其中讲地形、风向、水文、地质等部分，还是有参考价值的。中国古代建筑设计师和工匠们在进行规划设计和施工的时候都十分注意周围的环境，对周围的山川形势、地理特点、气候条件、林木植被等，都要认真进行调查研究，使建筑的布局、形式、色调、体量等与周围的环境相适应。例如《管子》论述选择都城条件时就强调，非于大山之下，必于广川之上，高尚勿近旱而水用足，低勿近涝而沟防省，因天时、就地利，等等。至于山区城镇、城堡、村庄、寺观、园林、民居等，也都是随着山形地势起伏转折，高低错落，相宜部署。江河湖海岸边的建筑物必然随着港湾河汊的地形高下予以安排。历代陵墓尤其重视地形环境。所谓的“龙脉”即考虑到周围数里、数十里，甚至数百里范围的地形、风水。园林更是综合了空间与时间的艺术，景随时换，步移景转。对园内外环境的关系，相互配合最为讲求。“借景”就是造园技法中巧妙地运用环靠的一种表现手法。明代计成的《园冶》一书中专门有“借景”一章。他说：“园林巧于因借……借者园虽别内外，得景则无拘远近。”把园外远处的山峰冈峦、楼阁塔影以至于山林树木、海山景色都可借入园内成景。景与景之间也相互为借，隔院楼台，出墙红杏都可相互借用，构成一个大的环境空间。

一个建筑与另一个建筑之间的配合协调，一个建筑组群与另一个建筑组群之间的配合协调，是中国古建筑艺术中十分重要的特征之一，也是中国古建筑艺术的巨大成就之一。

《拓展阅读》

一、中国传统音乐

中国传统音乐是指中国人运用本民族固有方法、采取本民族固有形式创造的，具有本民族固有形态特征的音乐，不仅包括在历史上产生、流传至今的古代作品，还包括当代作品。可见，传统音乐包括“国乐”，但不包括“新音乐”，但它们都是“中国音乐”。

我们在许多民乐CD中都可看到“国乐”二字，这里“国乐”指的是从古代流传下来，在近代又有所发展的属于“国粹”的音乐，可见“国乐”的创作时间指的是古代。

（一）新音乐

新音乐指的是那些学习过西方音乐的人所写的音乐，如学堂乐歌，可见新音乐的创作时间是在1840年鸦片战争之后。

（二）中国音乐

中国音乐不仅指古代传承下来的音乐，也指中国人按西方理论创作和改编的音乐。

传统音乐是我国民族音乐中一个极为重要的组成部分，传统音乐与新音乐的区别并不在于创作时间的先后，而在于其表现形式及风格特征。如二胡独奏曲《二泉映月》《渔舟唱晚》虽是近代音乐作品，但其表演形式属中华民族所固有，所以也是传统音乐。相反，学堂乐歌、钢琴独奏曲《牧童短笛》等因其音乐形态特征借鉴了西方音乐，故不是传统音乐。

传统音乐的划分最早见于中国音乐研究所编写的《民族音乐概论》，分为五大类：歌曲、歌舞音乐、说唱音乐、戏曲和器乐，但大多院校在教学中把歌舞音乐并入民歌，于是就变成四大类：民歌、民族器乐、曲艺（“说唱”）音乐、戏曲音乐。

实际上，“民族音乐”“传统音乐”“民间音乐”又是三个不同的概念。民族音乐包括传统音乐和新音乐，而民间音乐只是传统音乐的一个类别，而且我国的民族音乐是非常丰富的，除了民间音乐，还包括宫廷音乐、宗教音乐和人文音乐。

杜亚雄先生则将中国传统音乐分类如下：民间音乐、文人音乐、宗教音乐、宫廷音乐。其中，民间音乐包括民间歌曲、民间器乐、民间歌舞、戏曲音乐和说唱音乐；文人音乐包括古琴音乐、诗词吟诵调、文人自度曲；宗教音乐包括佛教音乐、道教音乐、基督教音乐、伊斯兰教音乐、萨满教及其他宗教音乐；宫廷音乐包括祭祀乐、朝会乐、导迎及巡幸乐、宴乐。

（三）戏曲

戏曲“四大声腔”

四声腔，展辉煌，对戏曲，有影响；

昆山腔，经改良，艺术上，有开创。

弋阳腔，节奏强，加滚白，调高亢；

梆子腔，声响亮，花苦音，巧用上。

皮黄腔，二合一，称二黄，和西皮；

西皮腔，二黄抑，后发展，成京剧。

声腔中以昆山腔、弋阳腔、梆子腔、皮黄腔为典型。

二、书法名家

中国古代有许多著名书法家，其中以王羲之、欧阳询、褚遂良、颜真卿、柳公权、张旭、赵孟頫、苏轼最为出色。

（一）王羲之

王羲之（303—361 年），世称“书圣”，字逸少，号澹斋，原籍琅玡（今属山东临沂），后迁居山阴（今浙江绍兴），官至右军将军，会稽内史，是伟大的书法家。代表作品有行楷《兰亭叙》，草书《十七帖》，行书《姨母帖》《快雪时晴帖》《丧乱帖》，楷书《乐毅论》《黄庭经》等。有天下第一行书的美誉，写出的字端庄清秀，飘若浮云，精研体势，心摹手追，广采众长，冶于一炉，创造出“天质自然，丰神盖代”的行书，如图 10-12 所示。

图 10-12　王羲之书法

（二）欧阳询

欧阳询（557—641 年），字信本，潭州临湘（今湖南长沙）人。欧阳询楷书法度之严谨，笔力之险峻，世无所匹，被称为唐人楷书第一。代表作楷书有《九成宫醴泉铭》《皇甫诞碑》《化度寺碑》《兰亭记》，行书有《行书千字文》。后人以其书于平正中见险绝，最便初学，称为“欧体”，如图 10-13 所示。

图 10-13　欧阳询书法

（三）褚遂良

褚遂良（596—658 年），字登善，唐朝政治家、书法家；钱塘（今浙江杭州）人，一说阳翟（今河南禹州）人。褚遂良博学多才，精通文史，隋末时跟随薛举为通事舍人，后在唐朝任谏议大夫、中书令等职，贞观二十三年（649 年）与长孙无忌同受太宗遗诏辅政；后坚决反对武则天为后，遭贬潭州（今长沙）都督，武后即位后，转桂州（今桂林）都督，再贬爱州（今越南北境清化）刺史，显庆三年（658 年）卒。褚遂良工书法，如图 10-14 所示，初学虞世南，后取法王羲之，与欧阳询、虞世南、薛稷并称“初唐四大家”。传世墨迹有《孟法师碑》《雁塔圣教序》《伊阙佛龛》。

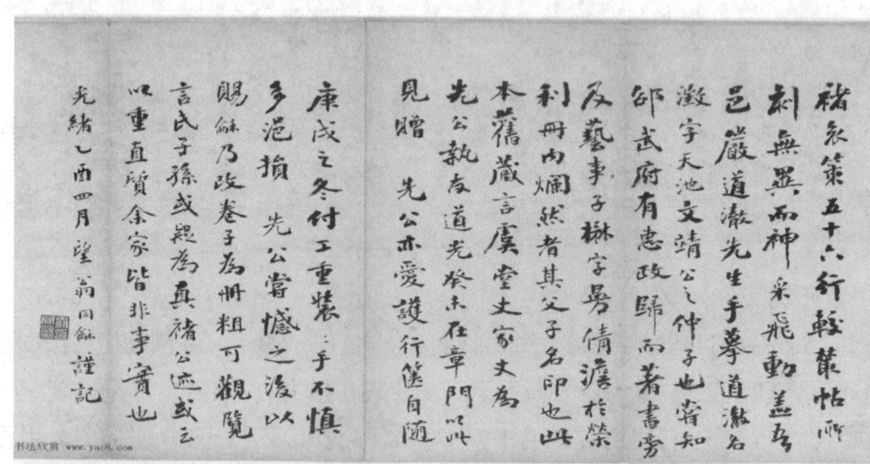

图 10-14　褚遂良书法

（四）颜真卿

颜真卿（709—784 年），字清臣，琅玡孝悌里（今临沂市费县）人，唐代中期杰出书法家。初学褚遂良，后师从张旭得笔法，又汲取初唐四家特点，兼收篆隶和北魏笔意，完成了雄健、宽博的颜体楷书的创作，树立了唐代的楷书典范。他创立的“颜体”楷书与赵孟頫、柳公权、欧阳询并称“楷书四大家”，和柳公权并称“颜筋柳骨”。《颜氏家庙碑》，书法筋力丰厚，也是他晚年的得意作品。传世墨迹有《争座位帖》《祭侄文稿》《刘中使帖》《自书告身帖》等，如图 10-15 所示。

图 10-15　颜真卿书法

（五）柳公权

柳公权（778—865 年），字诚悬，京兆华原（今陕西耀县）人，官至太子太师，世称“柳少师”，是唐朝最后一位著名书法家。由于他也被皇帝封为河东郡公，因此后人也称他“柳河东”。他是颜真卿的后继者，后世以“颜柳”并称他们，成为历代书法的楷模。柳公权一生书碑特多，主要代表作有《金刚经刻石》《李晟碑》《玄秘塔碑》，如图 10-16 所示。

图 10-16　柳公权书法

（六）张旭

张旭（675—750 年）（大概时间），字伯高，一字季明，汉族，唐朝吴（今江苏苏州）人。曾官常熟县尉，金吾长史。善草书，性好酒，世称张颠，也是“饮中八仙”之一。其草书当时与李白的诗歌、裴旻的剑舞并称“三绝”，诗亦别具一格，以七绝见长。他与李白、贺知章等人共列“饮中八仙”之一。唐文宗曾下诏，以李白的诗歌、裴旻的剑舞、张旭的草书为“三绝”。又工诗，与贺知章、张若虚、包融号称“吴中四士”。传世书迹有《肚痛帖》《古诗四帖》等，如图 10-17 所示。

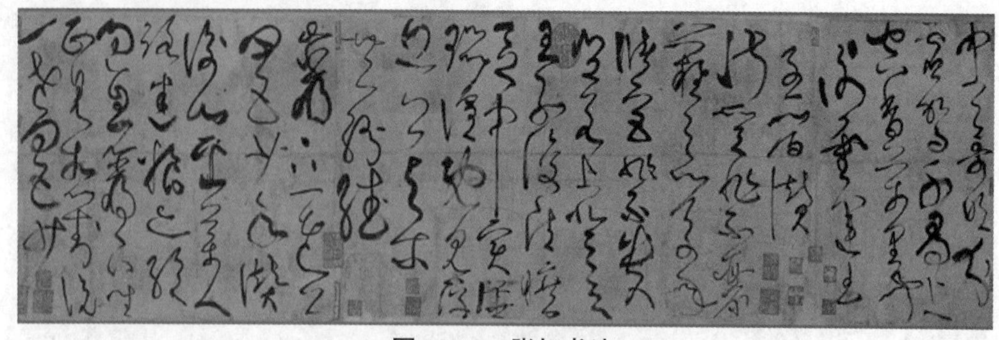

图 10-17　张旭书法

（七）苏轼

苏轼（1037—1101 年），眉州（今四川眉山，北宋时为眉山城）人，字子瞻，又字和仲，号“东坡居士”，世人称其为“苏东坡”。祖籍栾城。他是北宋著名的文学家、书画家、词人、诗人、美食家，唐宋八大家之一，豪放派词人代表。其诗、词、赋、散文均成就极高，且善书法和绘画，是中国文学艺术史上罕见的全才，也是中国数千年历史上被公认文学艺术造诣最杰出的大家之一。其散文与欧阳修并称“欧苏”，诗与黄庭坚并称“苏黄”，词与辛弃疾并称“苏辛”，书法与黄庭坚、米芾、蔡襄合称“宋四家”，其画则开创了湖州画派。

苏轼的主要书法代表作有《中山松醪赋》《洞庭春色赋》《答谢民师论文帖》《江上帖》《李白仙诗帖》《令子帖》《怀素自叙》等，如图 10-18 所示。

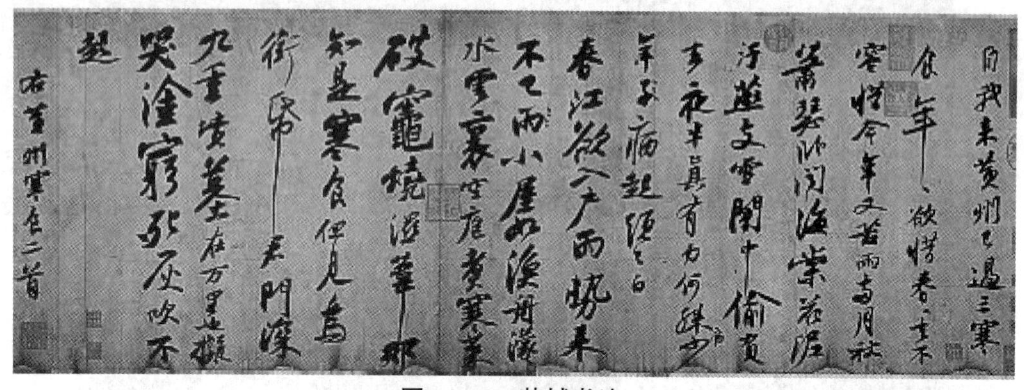

图 10-18　苏轼书法

三、绘画大师——齐白石

（一）生平简介

齐白石（1864—1957 年），湖南湘潭人，20 世纪中国画艺术大师，20 世纪十大书法家，画家之一，世界文化名人。齐白石于 1864 年 1 月 1 日（清同治三年癸亥冬月廿二）出生于湘潭县白石铺杏子坞，1957 年 9 月 16 日（丁酉年八月廿三）病逝于北京，终年 94 岁。宗族派名纯芝，小名阿芝，名璜，字渭清，号兰亭、濒生，别号白石山人，遂以齐白石名行世，并有齐大、木人、木居士、红豆生、星塘老屋后人、借山翁、借山吟馆主者、寄园、萍翁、寄萍堂主人、龙山社长、三百石印富翁、百树梨花主人等大量笔名与自号。

齐白石出身贫寒，做过农活，学过木匠，从民间画工入手，习古人真迹，学诗文书法，游山川名胜，做幕僚寓客，终于成了诗、书、印、画全人神品的千古伟人。他将中国画的精神与时代精神统一得完美无瑕，使中国画得到国际的重视。他朴实谦虚、自信自强的精神，使他的作品刚柔兼济、工书俱佳，不愧人民的艺术家。大凡花鸟虫鱼、山水、人物无一不精、无一不新，为现代中国绘画史创造了一个质朴清新的艺术世界，他成功地以经典的笔墨意趣传达了中国画的现代艺术精神，他深深得益于经典样式而又善于出新，因而他的画能够直接地感动人心，向天下众生传达生命的智慧和生活的哲理。他的山水画表达他对自己艺术创新的自信与深刻体悟，他的人物画长于传神达情，他的书法简约大方、雄健浑厚的笔意融入人物画中，完善了人物内在的神情的表达。

齐白石家道贫寒，少时读书一年，牧牛砍柴之余读书习画。1877 年做木匠学徒，次年改学雕花木工，曾习摹《芥子园画传》并据以作雕花新样，如图 10-19 所示。1888 年起始学画，曾任龙山诗社社长。1890 年 26 岁时转从萧芗陔、文少可学画像，27 岁始从胡沁园、陈少蕃习诗文书画。37 岁拜硕儒王闿运为师，并先后与王仲言、黎松庵、杨度等结为师友。齐白石在家乡先后居出生地星斗塘、梅公祠借山吟馆、茹家冲寄萍堂。自 40 岁起，离乡出游，五出五归，遍历陕、豫、京、冀、鄂、赣、沪、苏及两广等地，饱览名山大川，广结当世名人，樊樊山、夏午诒、郭葆荪等皆为挚友。画风由工转写，书法由何绍基体转学魏碑，篆刻由丁龙泓、黄小松一路改学赵之谦体。55 岁避乱北上，两年后定居北京。与陈师曾、徐悲鸿、罗瘿公、林风眠等时相过从。

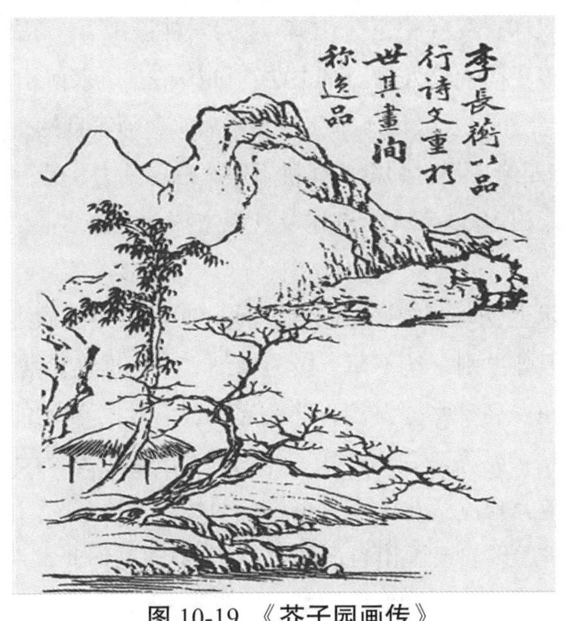

图 10-19 《芥子园画传》

1926 年，齐白石任国立北平艺术专科学校名誉教授、北平美术作家协会名誉会长、中央美术学院名誉教授、中央文史馆研究馆员、中国人民对外文化协会理事、中国画院名誉院长、北京中国画研究会主席、全国美术家协会主席；齐白石于1949年7月、1953年9月两次出席中华全国文学艺术工作者代表大会，连续当选为全国文联委员；1954年8月，齐白石当选第一届全国人民代表大会代表；与毛泽东主席交谊甚深并受到过接见；1953年1月，文化部授予其荣誉奖状及“人民艺术家”称号；1955年12月，德意志民主共和国艺术科学院授予其通讯院士荣誉状；1956年4月，世界和平理事会授予其1955年度国际和平奖金，9月举行授奖仪式；1963年，齐白石被世界和平理事会推举为世界文化名人。抗日战争期间，表示“画不卖与官家”。1946年，齐白石重操卖画治印生涯，同年赴南京、上海举办个展，并任北平艺专名誉教授。齐白石著有《借山吟馆诗草》《白石诗草》《白石印草》《白石老人自传》等。出版有《齐白石作品选集》等各种画集近百种。74岁游蜀，与黄宾虹、金松岑相见。

齐白石一生共有两妻室，共有七子五女。1874年由父母做主娶童养媳陈氏春君，1881年与妻陈春君圆房，育有三子（良元、良黼、良琨）二女，1940年发妻陈春君在湘潭老家去世；1919年聘四川籍胡宝珠为副室，1941年立继扶正，育有四子（良迟、良巳、良年、齐良）三女。1943年胡宝珠病殁。

（二）艺术特色与主张

齐白石主张艺术“妙在似与不似之间”；衰年变法，绘画师法徐渭、朱耷、石涛、吴昌硕等，形成独特的大写意国画风格，开红花墨叶一派，尤以瓜果菜蔬、花鸟虫鱼为工绝，兼及人物、山水，名重一时，与吴昌硕共享“南吴北齐”之誉；以其纯朴的民间艺术风格与传统的文人画风相融合，达到了中国现代花鸟画最高峰。篆刻初学丁敬、黄小松，后仿赵撝叔，并取法汉印；见《祀三公山碑》《天发神谶碑》，篆法一变再变，印风雄奇恣肆，为近现代印风嬗变期代表人物。其书法广临碑帖，历宗何绍基、李北海、金冬心、郑板桥诸家，尤以篆、行书见长。诗不求工，无意唐宋，师法自然，书写性灵，别具一格。其画、印、书、诗人称四绝。一生勤奋，砚耕不辍，自食其力，品行高洁，尤具民族气节。留下画作3万余幅、诗词3000余首、自述及其他文稿并手迹多卷。其作品以多种形式一再印制行世。

齐白石在绘画艺术上受陈师曾影响甚大，他同时吸取吴昌硕之长。他专长花鸟，笔酣墨饱，力健有锋。但画虫则一丝不苟，极为精细。他还推崇徐渭、朱耷、石涛、金农。尤工虾蟹、蝉、蝶、鱼、鸟，水墨淋漓，洋溢着自然界生气勃勃的气息。山水构图奇异不落旧蹊，极富创造精神，篆刻独出手眼，书法卓然不群，蔚为大家。齐白石的画，反对不切实际的空想，他经常注意花、鸟、虫、鱼的特点，揣摩它们的精神。他曾说：“为万虫写照，为百鸟张神，要自己画出自己的面目。”他的题句非常诙谐巧妙，他画的两只小鸡争夺一条小虫，题曰：“他日相呼。”一幅《棉花图》题曰：“花开天下暖，花落天下寒。”《不倒翁图》题曰：“秋扇摇摇两面白，官袍楚楚通身黑。”

（三）作品的市场行情

齐白石一生创作勤奋，作画极多，一天不画画心慌，五天不刻印手痒，创作多得惊人，好得出奇，仅 1953 年一年，大小作品就有 600 多幅。1922 年，陈师曾把齐白石的画介绍到东京，参加中日联合会绘画展览会，结果大受欢迎。全部以高价卖出，但当时在国内他的画作价却很低。20 世纪 20 年代，齐白石得到徐悲鸿的提携，作品逐渐被收藏家所认识，价格稳步提高。现在，国内一级市场已难见到齐白石作品进行公开出售，书画商店见到他的真迹自会以高价收购，而标价出售则极少能见到。在香港和纽约市场，每年固定拍卖齐白石作品，他是作品被拍卖最多的现代画家。在香港市场，他的最新价格是 30 万 ~ 100 万港元，较高价格是 1989 年创造的，达 120 万港元。在国内拍卖市场中，齐白石的价格最高，最高纪录是嘉德拍卖公司拍卖的一件《山水》册页，为 517 万元。后来嘉德公司又搞了一次齐白石作品专场拍卖，效果虽然较好，但此后齐白石作品的价格一直处于较低状态。

（四）生活轶事

抗日战争时期，北平伪警司令、大特务头子宣铁吾过生日，硬邀请国画大师齐白石赴宴作画。齐白石来到宴会上，环顾了一下满堂宾客，略为思索，铺纸挥洒。转眼之间，一只水墨螃蟹跃然纸上。众人赞不绝口，宣铁吾喜形于色。不料，齐白石笔锋轻轻一挥，在画上题了一行字——“横行到几时”，后书“铁吾将军”，然后仰头拂袖而去。

一个汉奸求画，齐白石画了一个涂着白鼻子，头戴乌纱帽的不倒翁，还题了一首诗：“乌纱白帽俨然官，不倒原来泥半团。将妆忽然来打破，通身何处有心肝？”

1937 年，日本侵略军占领了北平。齐白石为了不受敌人利用，坚持闭门不出，并在门口贴出告示，上书：“中外官长要买白石之画者，用代表人可矣，不必亲驾到门，从来官不入民家，官入民家，主人不利，谨此告知，恕不接见。”齐白石还嫌不够，又画了一幅画来表明自己的心迹。画面很特殊，一般人画翡翠时，都让它站在石头或荷径上，窥伺着水面上的鱼儿；齐白石却一反常态，不去画水面上的鲟鱼，而画深水中的虾，并在画上题字：“从来画翡翠者必画鱼，余独画虾，虾不浮，悲翠奈何？”齐白石闭门谢客，自喻为虾，并把作官的汉奸与日本人比作翡翠，意义深藏，发人深思。

齐白石 70 多岁的时候，对人说：“我现在才知道自己不会画画。”人们齐声称赞老人的谦逊。老画家说：“我真的不会画。”人们越发称赞，当然没有人相信他说的话。

四、国家大剧院

国家大剧院（中国国家大剧院）位于北京市中心天安门广场西侧，其是中国国家表演艺术的最高殿堂，更是中外文化交流的最大平台，是中国文化创意产业蓬勃发展的重要基石。

国家大剧院凭借独特的造型成为“新北京十六景”之一的地标性建筑。一池清澈见底的湖水、绿地、树木和花卉，无处不彰显着人与人、人与艺术、人与自然和谐共融、相得益彰的理念，如图 10-20 所示。

图 10-20　国家大剧院

主体建筑由外部围护结构和内部歌剧院、音乐厅、戏剧场和公共大厅及配套用房组成。外部围护结构为钢结构壳体，呈半椭球形，其东西长轴为212.20米，南北短轴为143.64米，建筑总高度为46.285米。椭球形屋面主要采用钛金属板，中部为渐开式玻璃幕墙。主体建筑外环绕人工湖，湖面面积达35 500平方米，北侧主入口为80米长的水下长廊，南侧入口和其他通道也均设在水下。人工湖四周为大片绿地组成的文化休闲广场。国家大剧院北入口与地铁天安门西站相连，并有能容纳1000辆机动车和1500辆自行车的地下停车场。在入口处设有售票厅，观众通过水下长廊进入大剧院。水下长廊的两边设有艺术展示、商店等服务场所。大剧院内有三个剧场，中间为歌剧院，东侧为音乐厅，西侧为戏剧场，三个剧场既完全独立，又可通过空中走廊相互连通。在歌剧院的屋顶平台设有大休息厅，在音乐厅的屋顶平台设有图书和音像资料厅，在戏剧场屋顶平台设有新闻发布厅。内部歌剧院主要演出歌剧、芭蕾、舞剧，有观众席2416席；音乐厅主要演出交响乐、民族乐、演唱会，有观众席2017席；戏剧场主要演出话剧、京剧、地方戏曲、民族歌舞，有观众席1040席。各剧院都设有化妆间、指挥休息间、练琴房、演员候场区、换装间、服装整烫间、道具间、演员休息厅。舞台技术用房设有音响控制室、灯光控制室、调光器设备间、音响设备室、摄像机房等。大剧院共有五个排练厅，位于三个剧场之间，可以共用，也可以分别使用。一个大排练厅主要用于合成排练；两个中排练厅一个主要用于舞蹈排练，一个用于乐队排练；两个小排练厅主要用于分部排练。大剧院设有集中音像制作中心，有大录音棚一间、同期录音演播室一间，以及电视转播机房和音像后期制作室。大剧院设有一间大绘景间，设布景吊挂和绘景设备，还设有布景、道具整修间和布景仓库，以及为集装箱运输用的升降平台2台。

参考文献

[1] 张建 . 中国传统文化 [M]. 2 版. 北京：高等教育出版社，2014：1-15.

[2] 秦其良 . 中国传统文化 [M]. 大连：大连理工大学出版社，2010：16-25.

[3] 张万红 . 中国传统文化概论 [M]. 北京：北京师范大学出版社，2012：26-35.

[4] 吕思勉 . 国学知识大全 [M]. 南京：江苏人民出版社，2014：36-50.

[5] 肖瑜 . 国学经典与人生修养 [M]. 北京：科学出版社，2015：51-70.

[6] 黄高才 . 国学概论 [M]. 北京：中国人民大学出版社，2014：71-95.

[7] 桑楚 . 国学常识全知道 [M]. 昆明：云南人民出版社，2013：100-120.

[8] 龚鹏程 . 中国传统文化十五讲 [M]. 北京：北京大学出版社，2013：125-145.

[9] 张晓东 . 中国优秀传统文化读本 [M]. 南京：江苏人民出版社，2015：150-175.